지금 다시 손자병법

지금다시
손자병법

초판 발행 1쇄 발행   2023년 10월 31일

저자   김병주·최보윤 ⓒ 2023

발행인   김환기
발행처   도서출판 이른아침
주소   경기도 고양시 덕양구 삼원로 63 고양아크비즈 927호
전화   031-908-7995
메일   booksorie@naver.com

값 18,000원

ISBN 978-89-6745-153-0 (03320)

지금 다시
손자병법
孫 子 兵 法

김병주·최보윤 지음

이른아침

어느덧 국회에 들어온 지 3년이 넘었다. 군에서 보낸 39년이 먼 옛날 일처럼 느껴질만큼 참으로 폭풍같은 시간이 지나갔다. 첫 해는 코로나19와의 전쟁 속에서 국회 업무를 익히고 의정 활동의 초석을 다지느라 바빴고, 두 번째 해는 국가 중대사인 대통령 선거전을 치르는데 온 힘을 쏟았다. 새 정부가 들어서고 난 후에는 국가 안보의 큰 물길이 바뀌면서 내가 해야 할 역할이 더 많아졌다. 국가 안보는 우리 나라의 명운을 결정하는 일이기에 정부가 잘못된 방향으로 나아가지 않도록 누군가는 항상 견제해야 하기 때문이다. 내가 야당 최고의 안보 전문가로서 늘 깨어있는 목소리를 내기 위해 노력하는 이유다.

그리고 이제는 또 한 번의 중요한 시험을 앞두고 있다. 내년에 치러질 총선에서 남양주을 진접 · 별내 · 오남 지역에 재선을 위한 도전을 시작했다. 가장 친숙한 생활권인 남양주시 발전을 위해 힘들고 어려운 도전을 시작한 것이다. 지역구 선거 출마는 처음이고, 쉽지 않은 길인 걸 알고 있지만 두려움이나 걱정은 없다. 국가와 국민을 위해 군에서 39년, 국회에서 4년 가까이 보낸 시간들이 진심이었듯, 남양주시를 위해서도 내가 가진 모든 것을 쏟아부을 자신이 있기 때문이다. 선택은 남양주 시민들의 몫이 되겠지만, 그 선택이 나를 향할 수 있도록 최선의 노력을 다할 것이다.

이런 나에게 많은 사람들이 질문한다. "왜 항상 어려운 길을 가느냐고", "좀 더 쉬운 길로 갈 수는 없냐고" 말이다. 그런 이들에게 대답 대신 권유하는 책이 있다. 바로『손자병법』이다.『손자병법』속에는 수천년의 지혜가 담겨 있다. 한 줄 한 줄 읽어나가다 보면 어느새 책 속에 빠져들어 무릎을 치게 된다. 내가 몰랐던, 알지만 실천하지 못했던 인생의 노하우들이 담겨있기 때문이다. 그뿐인가. 올바른 목표와 가치관을 세우고 대의를 위해 나아갈 수 있도록 용기를 심어주고, 나의 수많은 허점을 극복하고 대체불가의 경쟁력을 갖도록 채찍질도 해준다. 수많은 위기가 닥치더라도 기회로 바꿀 수 있는 묘수를 갖게 하고, 그 어떤 불리한 상황에서도 포기하지 않도록 도전과 열정을 불지펴주기도 한다. 나의 하루하루를 내가 원하는 방향대로 주도권을 갖고 나아갈 수 있게 해주는 고마운 '내비게이션'인 셈이다.『손자병법』의 지혜를 항상 가슴에 품고 있으면 아무리 어려운 길도 어렵지 않게 느껴진다. 실패가 두렵지 않다. 실패를 이겨낼 수 있는 방법도『손자병법』속에 있다.

이것이 내가 새로운 도전에 뛰어들 때마다 다시『손자병법』을 꺼내드는 이유다. 몇 번을 정독해도 새롭게 배울 이야기가 있고, 읽을 때마다 새로운 삶의 진리가 보인다. 그렇게 깨닫고 몸으로 익히며 생활 속에서 실천해온 『손자병법』 지혜를 그냥 흘려보낼 수 없어 매일 조금씩 기록해왔다. 그 기록들을 정리해 두 권의 책을 내기도 했다. 이 책은 두번째 책『뉴노멀, 뉴타입, 뉴드림』을 새롭게 다듬은 것이다. 코로나19가 한창일 때 썼던 책이라 그 이후의 이야기를 조금 더 담고 싶었다. 때마침 또 한 번의 새로운 도전을 앞둔 시기라 더 도움이 될 것 같다. 나와 같이 새로운 시작을 앞두거나 인생의 어느 지점에서 갈 길을 잃고 헤매고 있는 분들과 함께 나누고 싶은 책이다. 단언컨대 『손자병법』을 보면 길이 열린다. 그리고 누구나 자신이 원하는 길로 쉽게 나아갈 수 있는 희망이 생긴다. 이 책을 통해 여러분과 그 기적같은 경험을 함께 나누고 싶다. 우리는 누구나 더 나은 내일을 위해 도전해야 하기에, 나를 필요로 하는 곳에서 사명을 다할 때 더욱 빛이 나기에, 그 속에서 누구보다 우리 스스로가 행복해야 하기에.

2023년 10월
대표저자 김병주

... 차 례

프롤로그 • 004

CHAPTER 1. 다중 위기의 시대, 손자를 소환하다

다중 위기의 시대, 우리는 무엇을 준비해야 하는가? • 014

왜 지금 다시 『손자병법』인가? • 017

『손자병법』의 핵심 내용 • 021

    [1편 시계편] 싸우기 전에 신중히 계획하라 • 022

    [2편 작전편] 오래 끌지 말고 속전속결하라 • 025

    [3편 모공편] 온전히 이기는 전승을 추구하라 • 027

    [4편 군형편] 반드시 이길 수 있는 형세를 갖춰라 • 029

    [5편 병세편] 일시에 쏟아질듯한 기세를 유지하라 • 031

    [6편 허실편] 바위로 계란을 치듯 쉽게 이겨라 • 033

    [7편 군쟁편] 결정적 승리의 요건을 선점하라 • 034

    [8편 구변편] 변화하는 상황에 따라 변신하라 • 035

    [9편 행군편] 적의 형세를 살펴야 승리한다 • 037

    [10편 지형편] 땅과 하나가 되어라 • 039

    [11편 구지편] 극한 상태로 모든 걸 걸고 싸워라 • 041

    [12편 화공편] 마지막까지 싸움의 결과를 생각하라 • 043

    [13편 용간편] 첩보전에서 승리하라 • 045

『손자병법』을 체득하면 3가지가 바뀐다 • 047

CHAPTER 2. 손자에게 배우는 뉴타입 전략 10

[뉴타입 전략 1] 위기를 기회로 바꿔라 - 이환위리 · 054

위기를 기회로 바꾸는 손자의 전략 · 055

이환위리의 달인! 이순신 장군 · 057

위기의 징후, 기회의 징조 · 062

홍수의 위기, 10년의 발전을 앞당기다 · 066

전화위복이 된 북한무인기 침투 사건 · 070

일상 속 위기 징후를 살피는 방법 · 076

[뉴타입 전략 2] 경쟁의 개념을 바꿔라 - 전승의 법칙 · 079

가장 경제적인 승리, 서희의 외교 담판 · 080

팔씨름 경기로 윈윈하다 - 사우스웨스트 항공 · 082

유튜브도 윈윈한다 · 085

군대에서 벌모를 실천하다 · 087

[뉴타입 전략 3] 주도권을 선점하라 - 밀당의 법칙 · 092

전략가 손빈의 주도권 선점 이야기 · 093

월마트, 빼앗긴 주도권을 되찾다 · 096

주도권 빼앗긴 네이버 라인, 일본에서 날다 · 097

텃세 심한 곳에서 주도권을 가져오는 방법 · 101

주도권을 선점하려면 '배트나'를 확보하라 · 105

[뉴타입 전략 4] 데이터를 선점하라 - 정보 우위의 법칙 · 111

23전 23승을 가능케 한 정보의 힘 · 114

정보 전쟁, 러·우 전쟁을 통해 현실이 되다 · 117

이라크전 보고서를 4일만에 작성한 비결 · 120

가장 강력한 무기, 데이터 · 124

빅데이터 전략으로 승리한 다이슨 · 126

돈이 되는 정보 '언박싱' · 128

정보 전쟁, 데이터 리터러시로 승부하라 · 129

[뉴타입 전략 5] 타이밍으로 승부하라 – 졸속의 법칙 · 131

K방역은 졸속의 승리 · 134

졸속의 경제 이론 – 선점 효과 · 135

졸속이라고 다 같은 졸속이 아니다 · 136

졸속으로 성공하는 방법 · 139

[뉴타입 전략 6] 심리전으로 승부하라 가탈기, 가탈심의 법칙 · 143

사면초가를 탄생시킨 해하 전투 · 144

제갈량, 거문고 한 대로 15만 대군을 물리치다 · 147

조직원들의 심리를 살펴라 – 조직 문화의 힘 · 150

탐욕과 공포, 두 가지 함정 · 152

심리적 사기를 높여야 성공이 따라온다 · 154

[뉴타입 전략 7] 나에게 유리한 판을 짜라 – 14궤의 법칙 · 158

인천상륙작전, 유리한 판의 전략 · 160

뉴노멀 시대! 새 판 짜기를 시도하라 · 161

[뉴타입 전략 8] 최소의 노력으로 쉽게 이겨라 – 기정 전략 · 165

정치인 유튜버 조회수 2위의 비밀 · 166

콜라가 아니어도 괜찮아! 펩시의 기정 전략 · 169

기정 전략, 20:80 균형감각을 유지하라 · 171

역사 공부로 기책을 마련하다 · 173

[뉴타입 전략 9] 상대의 약점을 노려라 – 허실 전략 · 175

마지노선은 마지노선이 아니다 · 177

[뉴타입 전략 10] 때로는 멀리 돌아가라 – 간접접근 전략 · 181

전쟁에서의 우직지계 전략 · 183

오티스, 엘리베이터의 성공 신화 · 184

기업 마케팅에서의 간접접근 전략 · 185

일상 속 우직지계의 힘 · 188

CHAPTER 3. 뉴드림의 성공 키워드 5

[뉴드림의 성공 키워드 1] 비전(道) • 193

베트남전에 없고 걸프전에 있었던 것 • 195

내 인생의 도 이야기 1 • 198

내 인생의 도 이야기 2 • 200

ESG 경영의 도를 지키는 유한킴벌리 • 204

[뉴드림의 성공 키워드 2 인재] • 208

창의적인 인재를 키우는 법 – 지신인용엄 • 209

학력보다 창의력, 정주영의 내공 • 211

[뉴드림의 성공키워드 3] 협력 • 216

적과의 동침이 필요한 이유 • 217

연합작전, 협력을 통해 시너지를 높이다 • 218

콜라보레이션과 오픈 이노베이션 • 223

크라우드소싱, 뉴노멀 시대의 협력 • 225

[뉴드림의 성공 키워드 4] 혁신 • 228

140년의 명성을 무너뜨린 성공의 덫 • 229

네스프레소, 홈카페로 뒤집은 판 • 232

군의 악습을 끊어낸 혁신 • 235

자기 혁신은 노력에서 시작된다 • 239

[뉴드림의 성공 키워드 5] 유연성 • 244

이스라엘의, 유연성의 승리 • 245

뉴드림, 회복력에 달려 있다 • 249

CHAPTER 4. 뉴노멀 시대 성공 전략 요소 6

[뉴노멀 시대 성공 전략 요소 1] 목표 · 257

아마존의 목표는 이윤 아닌 고객 만족 · **259**

[뉴노멀 시대 성공 전략 요소 2] 수단 · 261

[뉴노멀 시대 성공 전략 요소 3] 방법 · 266

[뉴노멀 시대 성공 전략 요소 4] 장소 · 273

[뉴노멀 시대 성공 전략 요소 5] 시간 · 277

[뉴노멀 시대 성공 전략 요소 6] 심리 · 279

심리를 이용해 성공한 디즈니·픽사 · **280**

뉴노멀 시대 성공 전략 6요소를 활용한 지렛대 법칙 · **283**

성공 전략의 6요소를 활용한 지렛대 법칙으로 성공한 후지필름 · **284**

지렛대 효과를 누려라 · **286**

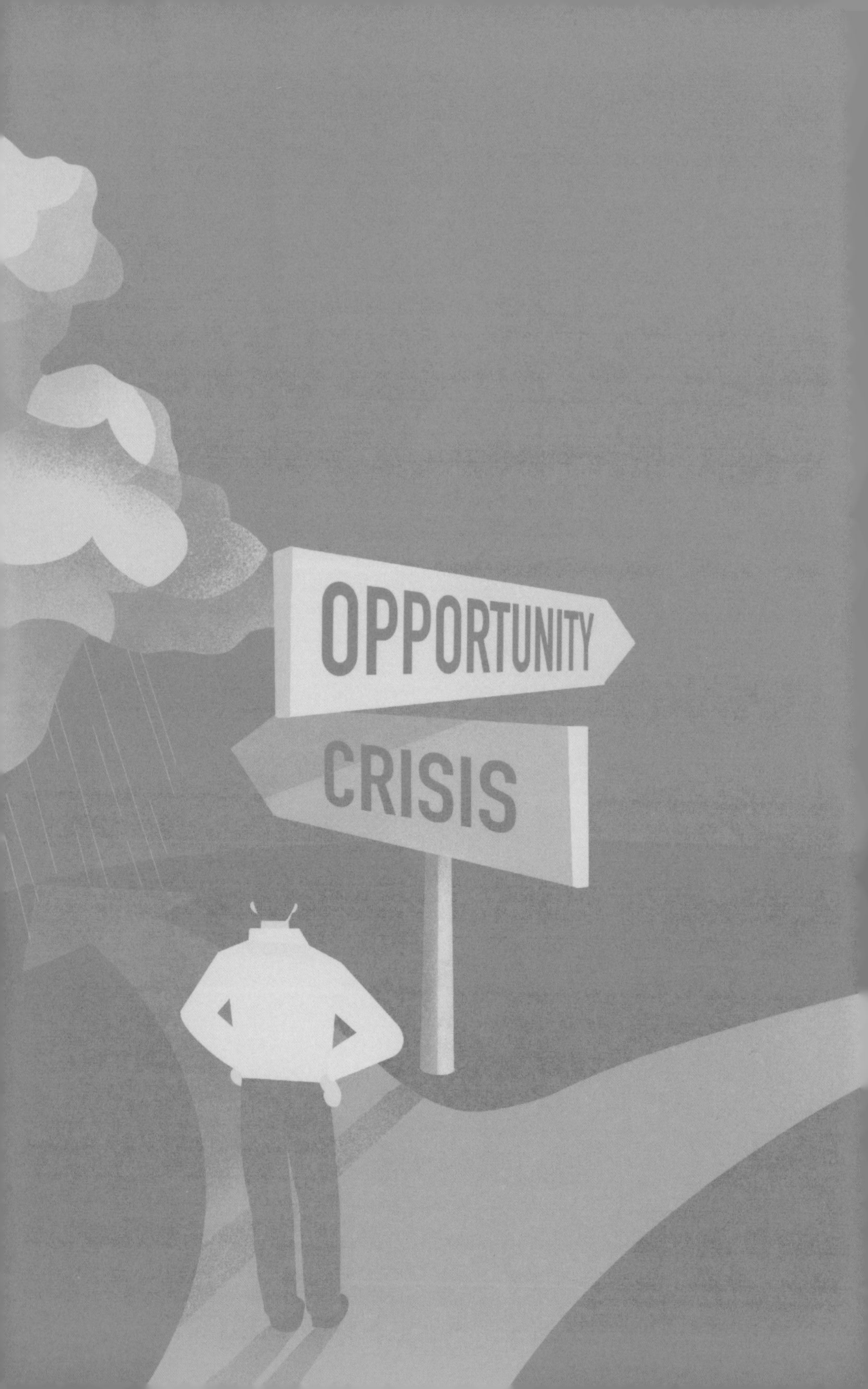
OPPORTUNITY
CRISIS

다중 위기의 시대,
손자를 소환하다

다중 위기의 시대,
우리는 무엇을 준비해야 하는가?

코로나19만 끝나면 될 줄 알았다. 세계를 뒤흔든 바이러스의 공포가
걷히고 나면 모든 것이 제자리를 찾아가고 새로운 희망이 보일 거라 생
각했다. 그런데 어디까지나 우리의 바람일 뿐이었다. 코로나19는 또 다
른 위기의 폭풍을 몰고 올 작은 나비에 불과했을 뿐, 우리는 상상조차 하
기 힘든 위기의 블랙홀 속으로 빨려 들어가고 있다.

가장 피부로 와닿는 건 기후 위기다. 전 세계 과학자들은 지구의 온도
가 1도만 더 올라도 수많은 생명체가 멸종하고 인류에 엄청난 기후 재난
이 닥칠 거라 경고하고 있다. 수십 년 전부터 기후 위기론은 늘 존재해왔
지만 최근의 현실을 보면 단순한 경고로 받아들이기 힘들다.

2022년 지구 평균 기온은 1850~1900년 평균보다 1.15℃ 높았고,
2015년에서 2022년은 1850년 이후 기록된 가장 따뜻한 8년으로 기록
됐다. 이렇게 지구의 기온이 높아질수록 북극 빙하가 녹는 시간을 가속화

시키고 있는데 1970년 이후 빙하의 누적 두께 손실은 거의 30m! 급기야 2022년에는 유럽 산악 지역의 빙하가 급격히 녹아내렸다.

이렇게 북극 빙하가 많이 녹게 되면 어떤 일이 벌어질까. 제트기류가 남북으로 길게 흐르게 되면서 폭염이나 대홍수 같은 강력한 기후재난을 발생시킨다. 아니나 다를까. 전 세계에서 실시간으로 전해지고 있는 뉴스를 보고 있자면 극심한 공포감이 밀려든다. 이례적인 태풍과 허리케인, 쓰나미, 지진까지 오늘 당장 어느 지역에 어떤 재난이 닥칠지 예측할 수 없기 때문이다.

이건 마치 전 세계 국가들이 언제 터질지 모르는 폭탄 돌리기를 하는 것 같다. 더 심각한 건 식량 문제다. 코로나19에 이어 기후재난까지 이어지며 2022년 기준 전 세계 7억 명이 굶어죽었다. 식량 수입 의존도가 높은 우리나라의 식량안보지수는 OECD 국가 중 최하위. 전쟁이나 기후재난, 이상 기후로 인한 식량 생산량이 급격히 줄어들게 되면 가장 먼저 미래 식량을 걱정해야 하는 처지다. 이대로 식량에 대한 대비 없이 흘러간다면 반도체 산업으로 아무리 돈을 많이 벌어도 당장 먹을 것을 구하지 못해 국가적 위기에 처할 수 있다.

경제 위기는 더이상 말하기도 입이 아플 정도다. 코로나19로 인해 세계 경제가 밑바닥을 친 가운데 러시아·우크라이나 전쟁까지 발발하면서 고물가, 고환율, 고유가의 삼중고가 계속되고 있다. 더 큰 문제는 스태그플레이션stagflation, 경기 침체 속 물가상승이다. 통상 경기 침체 국면에는 저물가가 동반되는데 올해는 인플레이션이 해소되지 않은 채 고물가와 고금리가 계속 이어지고 있다. 가계 부채는 눈덩이처럼 불어나 언제 터질지 모르는 시한 폭탄이 되었고, 고금리를 버티지 못한 부실 기업들이 줄

도산할지 모른다는 공포도 커지고 있다. 전 세계 경제 전문가들 역시 너도 나도 앞다퉈 이제껏 우리가 경험하지 못했던 경제 위기가 닥쳐올 거란 예측을 내놓고 있다.

문제는 이런 경제 위기를 극복해나갈 수 있는 기회의 모멘텀이 뚜렷하게 보이지 않는다는 것이다. 특히 우리나라는 합계출산율이 0.8명밖에 되지 않는 심각한 저출산 국가 아닌가. 인구 수가 급격히 줄어들어 지방 소멸의 위기가 눈 앞에 다가와 있다. 인구가 줄면 첫째 내수시장이 작아질수밖에 없고, 산업 군 간의 모든 부문에서 고용이 축소되기 시작할 터. 벗어날 수 없는 경제 위기의 늪에 빠질 수 있다. 그 뿐인가. 65세 이상 고령화 인구가 이미 800만 명을 넘어섰다. 일본보다 더 심각한 초고령화 사회를 목도하고 있으니 암울함이 깊어진다.

이 모든 위기를 더욱 심화시키는 건 안보 위기다. 현재 전 세계는 끝이 보이지 않는 미중 패권전쟁으로 긴장감이 높아지고 있는 상황이다. G2 강대국인 미국과 중국이 러시아와 우크라이나 전쟁이 장기화되고 있는 가운데 타이완을 두고 첨예하게 대립하고 있는 것. 우리나라로서는 미중 패권 싸움 사이에서 아슬아슬한 줄타기를 할 수밖에 없는 상황이기에 그 어떤 나라보다 힘든 처지에 놓여 있다. 이런 와중에 이스라엘과 팔레스타인의 하마스 사이에도 전쟁이 시작되었다는 뉴스가 전해졌다. 하루하루가 가시밭길이라 할 수 있는 지금, 정부의 안보 정책의 방향이 명확하지 않아 국민들의 불안감이 가중되고 있다. 안보 위기는 곧 국가의 위기이자 국민의 위기. 그야말로 총체적 난관이라 할 수 있다.

왜 지금
다시 『손자병법』인가?

　다중 위기의 시대라 해도 과언이 아닌 지금. 우리는 과연 무엇을 할 수 있을까. 나는 다시 『손자병법』을 꺼내 들었다.

　왜 『손자병법』일까. 『손자병법』은 따로 설명이 필요 없을 정도로 널리 알려진 동양 고전이다. 춘추시대 제나라 출신의 천재 병법가兵法家이자 전략가인 손무孫武가 지은 대표적인 병법서兵法書인데, 약 2,500년 동안 줄곧 베스트셀러를 유지해왔다. 『성경』, 『불경』 등의 종교서적과 아주 극소수의 책만 2,500년 이상 베스트셀러로 이어져 내려오는 것을 보면 대단히 놀라운 책임에 틀림이 없다. 『손자병법』은 어떻게 2,500년의 생명력을 유지할 수 있었을까?

　『손자병법』이 탄생하게 된 배경은 더없이 복잡하다. 과거 어느 때보다 경쟁이 치열했던 시기가 있었다. 140:7:1. 이것이 무엇을 의미할까? 국가의 숫자이다. 140여 개 제후국이 7개 제후국으로 통합되고, 다시 한 개

국가로 통합이 되는 숫자다. 즉, 중국의 춘추전국시대를 말한다. 당시 주나라의 통제력이 약해지면서 크고 작은 제후국이 140여 개로 분화됐고, 전쟁의 소용돌이가 몰아쳤다. 『춘추』의 기록에 의하면 춘추시대인 242년 동안, 제후국과 각국 내부에서 발생한 전쟁이 483회나 되었고, 전쟁과 직접적 관련된 정치 군사적 활동 등이 450차례에 달했다고 한다. 피 튀기는 경쟁 시대 속에 대국 사이의 패권 전쟁, 이민족과의 전쟁, 제후국 내부의 정권 쟁탈, 군신 간의 시해사건 등이 판을 쳤다. 지금 못지 않게 다중 위기의 시대였던 것이다.

그렇게 험난했던 춘추시대는 250년 가까이 지속되었고, 7개 국가가 경쟁하던 전국시대를 거쳐 진시황제가 중국을 천하통일하고 진나라를 세우면서 마침내 춘추전국시대는 막을 내린다. 자고 일어나면 전쟁이고, 새로운 나라가 생기고 망했다. 전쟁의 소용돌이에서 백성들의 고통은 이루 말할 수 없었다. 이러한 때에 등장한 책이 『손자병법』이다. 어떻게 하면 국가가 강해지고 전쟁에서 승리할 수 있는지, 그 방법을 제시했다.

『손자병법』은 손자라는 사람에 의해 춘추시대에 저술이 되었다. 그는 춘추시대 말기 제나라 장수 집안 출신이었는데 제나라에서의 출세를 포기하고 신흥 소국이었던 오나라 왕 합려에게 13편의 병법서인 『손자병법』을 바쳐 오나라의 장군이 되었다. 누구도 따라올 수 없는 지혜와 통찰력을 담은 손자병법으로 오나라를 반석 위에 올려놓았다. 그래서 오나라를 반석 위에 올려놓았다. 이렇게 쓰여진 『손자병법』은 100여 년이 지난 후 전국시대 손빈에 의해 보강되었는데, 당시 위왕은 강력한 군사력에 힘입어 적극적으로 병법을 정리하는 분위기를 조성했다. 손무의 병법은 손무병법으로, 또 오나라의 『오손자병법』으로 불렸고, 손빈의 병법은

『손빈병법』,『제손자병법』으로 불리기도 했다. 모두『손자병법』으로 통용되었다.

이런『손자병법』은 전체 6,109자로 총 13편으로 구성되어 있는데 200자 원고지로 계산하면 고작 30여 장 분량에 불과하다. 동양 고전치고 분량이 짧은 편에 속한다. 그렇다고 해서 글의 양과 내용의 깊이가 얕다고 생각하면 큰 오해다. 그 속에는 국가 전쟁에 대한 개념 정리가 잘 되어 있다. 전쟁을 수행하기 위한 전략과 수행 작전으로 큰 숲을 그리고, 각종 전술을 통해 나무를 촘촘히 세워둔 것과 같다. 지금으로 따진다면 국가 통수기구의 전쟁 지도에서부터 말단부대 소대장의 전투수행 방법까지 기록이 되어있는 셈이다.

그러나『손자병법』을 정확히 이해하는 것이 쉽지는 않다.『손자병법』속에는 무수한 비유적 표현이 나오는데, 인간과 자연, 그리고 그 시대적 배경을 정확히 이해하지 않고서는 그 함의를 제대로 파악하기 어렵다.『손자병법』의 진가는 읽는 사람이 '6,109'자의 함의를 얼마나 새롭게 해석해내느냐에 달려 있다. 수천 년 동안『손자병법』이 수많은 사람들에 의해 전해져 내려올 수 있었던 것도 어느 시대에 누가 읽느냐에 따라서 매번 그 가치가 달라졌기 때문일 것이다.

실제로 우리 선조들은『손자병법』을 수백 번 반복해 읽으면 그 원리가 터득된다고 했는데 정말 그랬다.『손자병법』책을 책상 옆에 두고 수백 번 틈 나는 대로 읽고, 전쟁사에 적용되는 사례를 다각도로 연구하다보니 점차 손자가 제시한 원리를 이해할 수 있었다. 처음 접했을 때는 어렵게 느껴졌지만, 일단 중추적 맥락을 이해하고 나면 그 다음은 굉장히 실용적인 내용이 정말 많았다. 무엇보다 내가『손자병법』을 공부하면서 가장 놀라웠던 점은 손자의 지혜가 경쟁하는 모든 곳, 개인·조직·국가를 경영하는 데 있어 모두 도움이 된다는 사실이다.

　나의 경우 육군 소위로 임관하여 군에서 40여 년간 생활하면서 『손자병법』을 책상 앞에 두고 수없이 응용할 수 있었다. 일례로, 군에서는 워게임 형식으로 실제 상황과 거의 동일하게 전투를 수행하게 되는데 그때 『손자병법』이 효과를 발휘했다. 최소의 희생으로 압승을 거두는 횟수가 눈에 띄게 늘었다. 『손자병법』을 통해 배운 리더십을 적용하게 되면서 장병들을 다루는 것도 수월해졌다. 나 스스로 『손자병법』의 전략들을 리더십과 군의 작전 운용에서 활용해 성공의 경험을 누적해왔다. 그것이 내가 한미연합군사령부 부사령관, 육군대장의 자리에 올랐던 비결이라 자신 있게 말할 수 있다. 여기서 『손자병법』의 내용을 잠시 요약해보겠다.

『손자병법』의
핵심 내용

『손자병법』은 총 13편으로 구성되어 있다. 전쟁이란 무엇인지 큰 그림을 펼쳐놓고, 전쟁에서 쉽게 이기기 위해서 어떤 전략과 전술을 펼쳐야 하는지 세밀하게 그려 나간다.

자세한 설명 대신 함축적인 은유를 통해서 간결하게 표현하면서도 다양한 해석을 가능케 했다. 각각의 편이 하나의 완성된 글이자 전체적으로 조화로운 이야기를 만들어내는 퍼즐 조각 같다. 그 각각의 글에 어떤 핵심적인 키워드가 담겨 있는지 소개한다.

1편 시계편 　싸우기 전에 신중히 계획하라

「시계始計」편은 『손자병법』을 여는 도입부로 '시작 혹은 근본적인 계책'이란 뜻을 담고 있다. 전쟁의 개념에서부터 전쟁을 시작하기 전 무엇을 고려해야 하는지, 또 어떻게 전쟁을 수행해야 하는지 잘 정리하고 있다. 여기서 손자는 전쟁이란 국가의 가장 중요한 문제라 정의하고, 국민들이 죽고사는 문제이자 나라가 망하느냐 존재하느냐가 결정되는 중요한 일이라 강조했다.

◆ 전쟁은 나라의 중대한 일이다

> 孫子曰: 兵者는 國之大事라 死生之地오 存亡之道니
> 손자왈　병자　　국지대사　　사생지지　　존망지도
>
> 不可不察也니라
> 불가불찰야
>
> 故로 經之以五事하고 校之以七計하여 而索其情하나니
> 고　경지이오사　　교지이칠계하여　이책기정

손자는 국가의 존망이 달려있는 전쟁을 할 때는 더없이 신중해야 하며, 전쟁을 통해 무엇을 얻고 무엇을 잃을 것인지 철저히 이해득실을 따져봐야 한다고 말했다. 또한 반드시 승산이 있을 경우에 전쟁에 나설 것을 당부한다.

무엇보다 전쟁을 결심하기 전에 승산을 높이려면 국력을 '도천지장법道天地將法'으로 무장해야 한다고 말한다. 도천지장법은 '5사五事'라고 하는데, 여기서 말하는 '도道'는 임금과 백성이 한뜻으로 뭉치는 것을 의미

한다. 또한 천天은 기상氣象과 시기를, 지地는 지형, 장將은 장수의 자질을,
법法은 유형 전투력을 말한다.

◆ 오사,국력배양의 5가지 요건

一曰道오 二曰天이오 三曰地오 四曰將이오 五曰法이니
일 왈 도   이 왈 천   삼 왈 지   사 왈 장   오 왈 법

道者는 令民으로 與上同意하여 可與之死 可與之生하여
도 자   령 민   여 상 동 의   가 여 지 사 가·여 지 생

而不畏危也오
민 불 외 위 야

天者는 陰陽 寒暑 時制也오
천 자   음 양 한 서 시 제 야

地者는 遠近 險易 廣狹 死生也오
지 자   원 근 험 이 광 협 사 생 야

將者는 智信仁勇嚴也오
장 자   지 신 인 용 엄 야

法者는 曲制 官道 主用也라
법 자   곡 제 관 도 주 용 야

凡 此五者를 將莫不聞이니 知之者勝하고 不知者不勝이니라
범 차 오 자 장 막 불 문   지 지 자 승   부 지 자 불 승

故로 校之以七計하여 而塞其情하나니
고   교 지 이 칠 계   이 색 기 정

이 중 장수의 자질로 '지신인용엄' 5개 요소도 제시했는데, 지신인용
엄은 리더의 조건과 자질이다. 더불어 칠계七計 즉 7가지의 요소를 통해
상대국과 자신의 국력을 비교해야 한다는 내용도 강조했다. 칠계는 5사
五事를 더 구체적으로 세분화한 것인데, 이를 기준 삼아 우리에게 승산이
있으면 전쟁을 하고 승산이 없으면 전쟁을 해서는 안 된다는 것이다.

◆ 칠계, 국력평가의 7가지 요소

曰 主孰有道며 將孰有能이며 天地孰得이며 法令孰行이며
왈 주숙유도   장숙유능   천지숙득   법령숙행

兵衆孰强이며 士卒孰鍊이며 賞罰孰明인가 吾以此로 知勝負矣
병중숙강   사졸숙련   상벌숙명   오이차   지승부의

니라

만약 이 모든 것을 숙고해본 후에 전쟁을 선택했을 경우, 기필코 이겨
야 한다. 전쟁을 시작한 이상, 끊임없이 승리 여건을 조성해 나가야 한다
고 강조하며 여건 조성 방법으로 14가지를 제시했다. 이 14가지를 '14
궤'라 하는데 13편 「용간用間」편과 연계성을 가지며 『손자병법』의 시작과
끝을 이룬다.

2편 작전편 오래 끌지 말고 속전속결하라

「작전作戰」편에는 전쟁을 할 때의 문제점과 이를 극복하기 위한 방법이 제시되어 있다. 여기서 '작전作戰'이란 전쟁을 수행하는 것을 뜻한다. 그런데 전쟁을 하려면 엄청난 비용과 예산이 들어간다. 즉, 전쟁을 유리하게 만들기 위한 외교 비용, 무기 및 물자 획득 비용, 전쟁 수행 기간의 장비 정비 비용, 전장까지 물자를 수송하는 비용 등 엄청난 비용이 소요된다. 따라서 전쟁을 하려면 이를 감당할 수 있는 경제적 능력이 뒷받침되어야 하며 인적·물적 피해도 각오해야 한다.

◆ 전쟁을 하면 엄청난 비용이 든다

孫子曰 凡 用兵之法에 馳車千駟
손자왈 범 용병지법   치차천사

革車千乘 帶甲十萬과 千里饋糧이면
혁차천승 대갑십만   천리궤량

則內外之費와 賓客之用과 膠漆之材와
즉내외지비   빈객지용   교칠지재

車甲之奉이 日費千金이니 然後에 十萬之師를 擧矣니라
차갑지봉   일비천금   연후   십만지사   거 의

이에 손자는 「작전」편에서 전쟁을 할 경우 무조건 속전속결로 끝내야 할 것을 강조했다. 전쟁 시 소모되는 예산 문제를 해결하고, 피해를 최소화하기 위해선 전쟁을 길게 끌지 않는 것이 최선이라 판단했기 때문이다. 그리고 이를 위해선 전쟁을 졸속으로 수행하기 위한 '작전'이 필요함을 설파했다.

◆ 전쟁은 다소 미흡하더라도 속히 끝내야 한다

故로 兵聞拙速이오 未睹巧之久也라
고　 병문졸속　 미도교지구야

夫 兵久而國利者 未之有也니
부 병구이국리자 미지유야

故로 不盡知用兵之害者면 則不能盡知用兵之利也니라
고　 부진지용병지해자　 즉불능진지용병지리야

　손자는 완벽한 승리가 아니더라도 전쟁을 속히 끝내는 것이 중요하다고 강조하며 이를 위해 현지 조달과 적 자원을 탈취해 활용하는 전략을 구사해야 한다고 말했다. 장병들의 적개심을 최대한 고취시켜 전쟁을 졸속으로 수행하고, 이를 위해 전쟁 자원을 현지에서 직접 조달하거나 적 자원을 탈취해서 적극 활용하는 방안을 강조했다.

　이와 함께 전쟁의 목적이 어느 정도 달성되면 전쟁을 지속하지 말고 졸속으로 멈춰야 한다는 것을 강조했는데, 완벽한 승리를 위해 계속 전쟁을 하다 보면 전쟁이 장기화되어 결국 국력이 약화될 것을 우려했다. 이렇게 되면 전쟁에서 이긴다 해도 이후 제3국의 침입 등 더 큰 위기를 자초할 수 있다는 것을 유념해야 하며, 이러한 전쟁의 폐단과 성공의 요체를 아는 자만이 국가 안위를 책임질 수 있다고 말했다.

3편 모공편   온전히 이기는 전승을 추구하라

『손자병법』의 3편은 '모공謨攻'에 관한 이야기다. 모공이란 '교묘한 책략으로 적을 굴복시킨다'는 말이다. 손자는 적을 굴복시킬 수 있는 교묘한 책략으로 '벌모, 벌교, 벌병, 공성'의 4가지를 제시했다. 벌모伐謨는 적의 계책을 치는 것으로 적의 마음을 변화시켜 굴복시키는 것이다. 벌교伐交는 외교를 쳐서 적을 고립시켜 굴복시키는 것을 말하며, 벌병伐兵은 적 군사력을 쳐 적을 굴복시키는 것이고, 공성攻城은 성을 공격하는 것이다. 이때 벌모, 벌교는 싸우지 않고 이기는 것이고, 벌병과 공성은 싸워서 이기는 것을 뜻한다. 이 중에 손자는 싸우지 않고 있는 이기는 벌모를 최고의 책략으로 여긴 반면, 싸워서 이기는 공성을 최하책으로 생각했다.

◆ 적을 온전한 채로 굴복시키는 것이 상책이다

孫子曰 凡 用兵之法에 全國爲上 破國次之하고
손자왈 범 용병지법   전국위상 파국차지

全軍爲上 破軍次之하고 全旅爲上 破旅次之하고
전군위상 파군차지   전려위상 파려차지

全卒爲上 破卒次之하고 全伍爲上 破伍次之니라.
전졸위상 파졸차지   전오위상 파오차지

是故로 百戰百勝이 非善之善者也오
시고   백전백승   비선지선자야

不戰而屈人之兵이 善之善者也라
부전이굴인지병   선지선자야

실제로『손자병법』은 싸우지 않고 온전히 이기는 것을 추구하기 때문에 '온전할 전全'의 전승 사상, 또는 싸우지 않고 이긴다 하여 부전승 사상이라고 한다. 그리고 승리하기 위한 5원칙인 '지승유오_{知勝有五}'를 제시하고 있다. 승리 5원칙은 대세판단, 작전적 숙달, 전투의지 및 단결, 신중성 유지 및 실수 방지, 지휘 통솔이다. 『손자병법』에서 유명한 문구인 '지피지기 백전불태'에 대해서도 이 편에서 명쾌하게 설명하고 있다. 제10장 「지형」편에서도 다시 '지피지기'에 대해 언급한다. '지피지기'에 더해서 지_地와 천_天까지 알면 승리가 온전하다고 말하고 있다.

4편 군형편 반드시 이길 수 있는 형세를 갖춰라

군형軍形이란 '적과 아군이 서로 대치한 가운데 전투력을 배치하는 것 혹은 배치된 상태와 편성, 태세' 등을 총괄적으로 의미한다. 적이 전쟁을 할지 안 할지는 적에게 달려 있지 않고 나에게 달려 있다. 내가 강한 형을 만들고 대비태세가 잘 되어 있으면 감히 적이 전쟁을 하지 않을 것이고, 내가 약한 형을 지니고 대비태세가 허술하면 적은 전쟁을 하면 승산이 있겠다는 유혹을 받게 된다. 손자는 강한 형을 만들기 위해 도량수칭승度 量數稱勝을 해야 한다고 설명하고 있다. 도는 영토의 넓이, 량은 인구와 물 산량, 수는 군대의 수, 칭은 비교 판단, 승은 승리 확보를 의미한다. 즉, 영 토를 넓혀야 인구와 물산량이 증가하고, 그렇게 되면 군대의 수를 늘릴 수 있다. 그런 후 적과 나를 비교해 보고 승산이 있으면 전투를 하여 승리 하라고 한다.

◆ 먼저 불패의 태세를 갖춰라!

孫子曰 昔之善戰者는 先爲不可勝하여 以待敵之可勝하나니
손 자 왈 석 지 선 전 자   선 위 불 가 승   이 대 적 지 가 승

不可勝은 在己하고 可勝은 在敵이라
불 가 승   재 기   가 승   재 적

故로 善戰者라도 能爲不可勝이오 不能使敵之必可勝이니라
고   선 전 자   능 위 불 가 승   불 능 사 적 지 필 가 승

故로 曰 勝可知不可爲니라 不可勝者는 守也오 可勝者는 攻也니
고   왈 승 가 지 불 가 위   불 가 승 자   수 야   가 승 자   공 야

손자는 형과 세에 대해서도 잘 설명하고 있다. 군의 힘을 최대한으로

발휘하게 하는 것이 세勢인데 이 세는 군형에 따라 강하거나 약하게 된다. 「군형」편에서는 적보다 압도적이고 우월한 형을 조성해 승리의 조건을 만들어야 한다는 것을 강조하고 있다. 5편 「병세兵勢」편과 연관지어 이해해야 한다. 형은 현대적으로 표현하면 양병으로 강하게 훈련을 시켜 병력을 편성하는 능력을 키우는 것이며, 세는 용병으로 실질적인 군대의 운용으로 야전부대가 훈련하는 것이며, 절은 적의 핵심을 타격하는 마비전이라 할 수 있다.

이 편에서는 유명한 문구인 '이겨놓고 싸운다'라는 선승이후구전先勝而後求戰에 대해 잘 설명하고 있다.

5편 병세편　일시에 쏟아질듯한 기세를 유지하라

전쟁은 힘의 대결이다. 힘을 최대한 발휘하기 위해서는 군대에 세를 부여해야 한다. 이와 같은 맥락에서 '병세兵勢'란 '힘이 움직이는 기세'를 뜻한다. 즉 축적된 힘이 모든 것을 휩쓸어 버릴 것 같은 맹렬한 기세로 적에게 가해지는 동적인 상태를 말한다. 힘은 정지되면 발휘되지 못하고, 움직여야 밖으로 나타난다. 이에 「병세」편은 육성된 국력과 전투력을 잘 갖추어진 태세를 통해 적을 깨뜨리는 위력을 설명하고 있다. 어떻게 하면 강한 세를 만들 수 있느냐이다. 즉 세勢를 형성해 군대를 큰 물줄기처럼 몰아가는 것이다. 그래서 이 편은 「군형軍形」 및 「허실虛實」편과 연계되어 있다. 강력한 세로 적이 대비되지 않은 약한 지점에 몰아쳐야 한다는 것이다. 그리고 세를 운용할 때 정공법과 기책을 조화롭게 운용해야 쉽게 승리한다고 강조한다.

◆ 전투는 奇(기), 正(정)을 배합하여 승리한다

凡 戰者는 以正合하야 以奇勝이라
범 전자　이정합　　이기승

故로 善出奇者는 無窮如天地하고 不竭如江海니
고　선출기자　무궁여천지　　불갈여강해

終而復始는 日月이 是也요 死而更生은 四時 是也라
종이복시　일월　시야　　사이갱생　사시시야

聲不過五이나 五聲之變을 不可勝聽也요
성불과오　　오성지변　불가승청야

色不過五나 五色之變을 不可勝觀也오
색불과오　　오색지변　불가승관야

味不過五나 五味之變을 不可勝嘗也오
미불과오　　오미지변　불가승상야

戰勢는 不過奇正이나 奇正之變을 不可勝窮也라
전 세　　불 과 기 정　　기 정 지 변　　불 가 승 궁 야

奇正相生이 如循環之無端이니 孰能窮之哉리오
기 정 상 생　　여 순 환 지 무 단　　숙 능 궁 지 재

또한 세를 잘 만들려면 편성, 지휘통제 수단과 운영술을 잘 써야 한다.

편성이 잘 되면 많은 병력을 적은 병력 지휘하듯이 만들고, 지휘통제 수단은 혼란한 전투 현장에서 일사불란하게 지휘하게 한다. 그리고 운용술로 기정奇正 전략을 들고 있다. 이정합以正合 이기승以奇勝, 정공법正攻法으로 대치하고 기책奇策으로 승리하라는 의미이다. 정공법과 기책을 조화롭게 운용해야 쉽게 승리할 수 있다.

6편 허실편 바위로 계란을 치듯 쉽게 이겨라

중국 당나라의 제2대 황제 당 태종이 『손자병법』의 백미라 손꼽은 편이 바로 6편 「허실虛實」편이다. 허실虛實이란 '허한 것과 실한 것'을 말하는데 적이 대비하고 있는 곳이 실한 부분이고, 적이 대비하지 않은 곳이 허한 곳이다. 손자는 허실이라는 개념을 통해 적의 실한 곳을 피하고 허한 곳을 타격한다는 피실격허避實擊虛와 주도권 확보를 강조했다. 주도권을 확보하기 위해서는 적의 대비된 실한 곳을 피하고 적이 대비되지 않고 예상하지 못한 곳으로 나아가야 한다. 예를 들어 병력 운용을 할 때는 물이 높은 곳에서 지형을 따라 낮은 쪽을 향해 흘러가듯 실한 곳은 피하고 허한 곳을 향해 나아가야 한다.

◆ 주도권을 잡아라

孫子曰 凡 用兵之法에 將이 受命於君하여 合軍聚衆하고
손자왈 범 용병지법   장   수명어군   합군취중

交和而舍에 莫難於軍爭이니
교화이사   막난어군쟁

軍爭之難者는 以迂爲直하고 以患爲利라
군쟁지난자   이우위직   이환위리

또한 전투현장에서 주도권을 잡기 위해서는 적의 허실을 잘 간파해야 하며, 나는 집중하고 적은 분산시켜야 한다. 그리고 적 부대 간 상호 지원과 협조를 방해해야 한다. 적을 허실의 관점에서 파악하여 적의 허한 곳을 공격하면 바위로 계란을 치듯 쉽게 이길 수 있다.

7편 군쟁편　결정적 승리의 요건을 선점하라

군쟁軍爭이란 '군대를 사용하여 승리를 얻는다'는 뜻으로 실제 군사력을 어떻게 운용해야 하는지를 설명한다. 앞선 6편까지 전쟁을 하기 전 명심해야 할 전제조건들을 설명했다면 「군쟁」편에서부터 실제 전장에서 적과 마주했을 때 전술 운용법을 기술한 것이다. 여기서 군사력 운용 시 적이 대비된 곳을 피하고 대비되지 않은 허한 쪽으로 돌아가는 우직지계迂直之計를 강조했다. 우직지계는 영국의 대전략가가 이론화한 간접접근 전략과 유사한 개념이다.

◆ 우직지계의 이치를 적용한다

孫子曰 凡 用兵之法에 將이　受命於君하여　合軍聚衆하고
손자왈 범 용병지법　　장　　수명어군　　　합군취중

交和而舍에 莫難於軍爭이니
교화이사　　막난어군쟁

軍爭之難者는 以迂爲直하고 以患爲利라
군쟁지난자　　이우위직　　　이환위리

위기를 기회로 바꾸는 전략인 이환위리以患爲利 의 용병술을 발휘해야 한다고 강조했다. 또한 부대의 사기와 지휘관의 마음이 중요하므로 적 지휘관의 마음을 흔들어 놓고 적의 사기를 저하시켜야 쉽게 이긴다고 했다.

8편 구변편 변화하는 상황에 따라 변신하라

구변九變이란 '상황에 따른 무궁무진한 용병의 변화'를 말하는데 여기서 '구九'는 수의 개념이라기보다는 무궁하고 무한하다는 것을 뜻한다. 구변이란 모든 사물에는 이로운 것과 해로운 면이 동시에 존재하는데 이러한 양면성을 잘 이해하고 상황에 맞게 활용해야 함을 강조한다.

◆ 불변의 절대적 원칙과 가변의 상대적 원칙을 구분하라

孫子曰 凡 用兵之法에 將이 受命於君하고 合軍聚衆하니
손자왈 범 용병지법   장   수명어군   합군취중

圮地無舍하며 衢地合交하며 絶地無留며 圍地則謀하며
비지무사   구지합교   절지무류   위지즉모

死地則戰하며 途有所不由하며 軍有所不擊하며
사지즉전   도유소불유   군유소불격

城有所不攻하며 地有所不爭하며 君命을 有所不受니라.
성유소불공   지유소불쟁   군명   유소불수

이 편의 중심 주제는 임기응변臨機應變으로, 전략가는 원칙을 이해하고 상황에 따라 다양한 전략전술을 구사해야 함을 강조하고 있다. 상황에 집중하여 상황 상황에 맞게 전략전술을 다변화해야 하는 것이다. 또한 손자는 유비무환을 이야기한다. 적이 오지 않을 것을 믿지 말고 나에게 적을 대비하는 태세가 있음을 믿어야 하며, 적이 공격하지 않을 것이라 믿지 말고 나에게 적이 공격할 수 없는 태세가 있음을 믿어야 한다.

◆ 장수에게 다섯 가지 위태로운 일이 있다

故로 將有五危하니 必死는 可殺이오 必生은 可虜오
고   장유오위   필사   가살   필생   가로

忿速은 可侮요 廉潔 可辱이오 愛民 可煩也니
분속   가모   염결 가욕   애민 가번야

凡 此五者는 將之過也오 用兵之災也라
범 차오자   장지과야   용병지재야

覆軍殺將이 必以五危니 不可不察也니라
복군살장   필이오위   불가불찰야

전투에 임해서 장수가 부대를 위태롭게 하는 5가지 심리로 장유오위를 제시했다. 장수가 필사적인 자는 가히 죽일 수 있고, 살려고만 하는 자는 가히 사로잡을 수 있고, 노하기 쉽고 급한 성격은 가히 모욕하여 성내게 할 수 있고, 청렴결백에 치우친 자는 가히 욕하여 격분시킬 수 있고, 백성 사랑에 지나치게 치우친 자는 (백성을 괴롭혀서) 가히 생각을 번거롭게 할 수 있다는 것이다. 지나침을 경계하고 있다.

9편 행군편 　 적의 형세를 살펴야 승리한다

행군行軍이란 '군대의 행진'을 뜻하나 여기서는 전쟁터로 기동하면서 고려해야 하는 요소 모두를 설명하고 있다. 군을 전장으로 이동시킬 때, 행군行軍, 숙영宿營, 전투戰鬪, 기동機動 그리고 적정관찰법을 잘 해야 한다. 산악지역, 강, 소택지, 평지에서 부대 배치하는 방법 등 지형별 행군과 숙영 원칙을 잘 기술하고 있다.

◆ 지형을 잘 판단해야 한다

上雨水沫至어든 欲涉者 待其定也니라
상 우 수 말 지 　 욕 섭 자 　 대 기 정 야

凡 地有 絶澗 天井 天牢 天羅 天陷 天隙이어든 必亟去之하고
범 지유 절간 천정 천뢰 천라 천함 천극 　 필 극 거 지

勿近也니
물 근 야

吾 遠之면 敵 近之하고 吾 迎之면 敵 背之오
오 원 지 　 적 근 지 　 오 영 지 　 적 배 지

軍旁에 有險阻 潢井 林木 蒹葭 翳薈者어든 必謹覆索之니 此
군 방 　 유 험 조 황 정 임 목 겸 가 예 회 자 　 필 근 복 색 지 　 차

伏姦之所也라
복 간 지 소 야

또한 적 징후별 판단법을 30개 이상 제시하고 있다. 적의 태도로써 적의 형세를 살피는 것, 풀과 나무의 동정에서 정세를 살피는 법, 새와 짐승의 움직임에서 정세를 살피는 법, 먼지의 모양과 움직임, 적의 사신의 태도, 적 사졸의 움직임, 적 숙영지의 동정, 적의 기강상태, 적의 식량사정을 살피는 징후, 적 장수들의 움직임에서 정세를 살피는 법 등 다양한 징후

와 해석법을 제시한다.

전투 현장에서 규율을 어떻게 유지하고 어떻게 처벌해야 하는지도 자세히 설명했다. 사졸들과 친해지기 전에 벌하면 심복하지 않을 것이니, 심복하지 않으면 쓰기 어렵다. 사졸들이 친해졌음에도 벌을 행하지 않으면, 역시 쓸 수 없게 된다. 따라서 먼저 사졸들에게 덕을 베풀어 마음이 따라오게 하고, 이후에 군 기강을 엄정히 하고 잘못한 것에 대해서는 법령 집행을 엄히 하라는 것이다.

10편 지형편   땅과 하나가 되어라

　지형地形이란 말 그대로 '땅의 형상'이며 상이한 지형 조건 하에서 용병의 원칙을 제시하고 있다. 지형의 형태를 6가지로 분류하고 6가지 지형별 특징과 활용 방법을 제시했다.

　◆ 지형에는 6가지가 있다

孫子曰 地形이 有通者 有掛者 有支者 有隘者 有險者
손자왈 지형　　유통자 유괘자 유지자 유애자 유험자

有遠者하니
유원자

我可以往하고 彼可以來를 曰 通이니
아가이왕　　피가이래　　왈 통

通形者는 先居高陽하여
통형자　　선거고양

利糧道以戰則利하고
리량도이전즉리

　6가지 유형이란 '통형, 괘형, 지형, 애형, 험형, 원형'을 말한다.

　통형通形은 피아 진출이 유리한 곳으로 먼저 선점해야 하며, 괘형掛形은 진출은 유리하나 복귀가 불리한 지형으로 성공이 확실할 때만 진출해야 한다. 지형支形은 피아 진출이 불리한 지형이기 때문에 우리가 진출하는 대신 적이 진출하도록 유도하는 것이 좋다. 애형은 산간 협로로 선점하는 측이 유리하다. 험형險形은 통행이 곤란하므로 요지 선점을 하도록 노력해야 한다. 만약 적이 선점 시는 진출을 하지 않는 것이 좋다. 원형遠形은 멀리 이격된 전장으로 도전측이 불리하고 압도적인 전투력을 가졌을 때만 도전해야 한다. 이와 더불어 '지피지기 백전불태'를 '지피지기_{知彼知己} 승내불태_{勝乃不殆}'라고 다르게 표현했다. 이에 더해 지천지지 승내가전에 대해 자세히 설명한다. 적을 알고 나를 알면 승리가 위태롭지 않고, 여기 서 추가해 하늘과 땅을 알면 승리는 온전하다는 것이다.

11편 구지편 극한 상태로 모든 걸 걸고 싸워라

「구지九地」편에서는 크게 군사력을 운용하는 데 아주 중요한 3가지를 제시했다. 먼저 지형의 유형과 상황에 따른 전법, 둘째는 유리할 때와 불리할 때의 용병 사용법, 마지막으로 장병의 심리 상태에 따른 전법을 제시한다. 먼저 손자는 산지와 경지, 쟁지, 교지, 구지, 중지, 비지, 위지, 사지의 9가지 지형을 제시하고 각각의 상황에서 어떻게 싸워나가야 하는지를 명쾌하게 풀어냈다.

◆ 9가지의 전략적 지리와 활용

孫子曰 用兵之法에 有散地하고 有輕地하고 有爭地하며
손자왈 용병지법 유산지 유경지 유쟁지

有交地하고 有衢地하고 有重地하며 有圮地하고 有圍地하고
유교지 유구지 유중지 유비지 유위지

有死地하니
유사지

諸侯 自戰其地者 爲散之오 入人之地 而不深者 爲輕地오
제후 자전기지자 위산지 입인지지 이불심자 위경지

我得亦利 彼得亦利者 爲爭地오 我可以往 彼可以來者 爲交地오
아득역리 피득역리자 위쟁지 아가이왕 피가이래자 위교지

諸侯之地三屬에 先至而得天下之衆者 爲衢也오
제후지지삼속 선지이득천하지중자 위구야

入人之地深하여 背城邑多者 爲重地오 山林 險阻 沮澤 凡
입인지지심 배성읍다자 위중지 산림 험조 저택 범

難行之道者 爲圮地오
난행지도자 위비지

所由入者 隘하고 所從歸者 迂하여 彼寡로 可以擊吾之衆者 爲圍地오
소유입자 애 소종귀자 우 피과 가이격오지중자 위위지

疾戰則存하고 不疾戰則亡者 爲死地라
질전즉존 부질전즉망자 위사지

상황별 군사 운영법에서 첫째는 지형을 고려해야 한다는 것이다. 예컨대 산지散地는 자기 영토에서 전투를 하는 상태이므로 사졸들이 고향이나 가족에 연연하여 도주하는 경우가 많으니 가급적 싸우지 말아야 한다. 중지重地는 적지의 깊숙이 진격한 상태이므로 단결은 잘 되나 보급 지원이 어렵다. 이와 같이 9가지 지형의 특성과 지형에 따른 사졸들의 심리, 이를 극복하는 방법이 잘 묘사되어 있다.

둘째, 우열 상황별 전법으로 아군이 상대보다 불리하면 아군은 유리한 상황을 조성해야 하고 유리하면 싸우고 불리하면 싸워서는 안 된다고 이야기한다. 이를 위해서 적의 단합과 협조와 상호신뢰와 재집결을 방해해야 한다. 그리고 상황의 유불리에 맞게 행동하고, 적이 우세할 때에는 기습으로 적 급소를 탈취하여 주도권을 장악해야 한다.

셋째, 장병 심리 상태별 전법을 제시하고 있다. 지휘관은 중국의 상상 속 뱀인 솔연率然처럼 조직을 만들어야 한다고 역설한다. 군사적 천재들의 용병법은 위 세 가지를 잘하는 것이다. 위 세 가지 중 한 가지라도 잘 모르면 군사적 천재라 할 수 없다고 손자는 이야기하고 있다.

12편 화공편   마지막까지 싸움의 결과를 생각하라

화공火攻이란 '불로 적을 공격하는 전술'을 말하는데 고대 전법 중에서 중요한 특수작전 중의 하나였다. 화공의 원칙과 방법을 설명하므로「화공火攻」편으로 이름 붙었다.

◆ 화공 작전의 종류

孫子曰 凡 火攻이 有五하니
손 자 왈 범 화 공   유 오

一曰火人 二曰火積 三曰火輜 四曰火庫 五曰火隊니
일 왈 화 인 이 왈 화 적 삼 왈 화 치 사 왈 화 고 오 왈 화 대

行火에 必有因하고 煙火를 必素具하며 發火有時하고
행 화   필 유 인   연 화   필 소 구   발 화 유 시

起火有日하니
기 화 유 일

時者는 天之燥也오 日者는 月在 箕 壁 翼 軫也니
시 자   천 지 조 야   월 재   월 재 기 벽 익 진 야

凡 此四宿者는 風起之日也라
범 차 사 숙 자   풍 기 지 일 야

화공에는 5가지가 있다. 화인, 화적, 화치, 화고, 화대이다. 화인火人은 불로서 사람에게 피해를 주는 것이다. 화적火積은 쌓아놓은 보급품을 태우는 것이고, 화차火輜는 보급품 수레를 태우는 것이다. 화고火庫는 창고를 태우는 것이고, 화대火隊는 부대 대형을 태우는 것이다.

그리고 화공을 하기 위해서는 실시 조건이 충족되어야 한다. 화공 장비와 인화물이 있어야 하고, 건조한 계절과 시기, 강풍이 부는 때, 적이 화

공에 용이한 지역에 위치해야 한다.

화공과 수공 중 화공을 중요시 여겨 별도의 편으로 만들어 설명하고 있다. 수공水攻은 화공과 비교하여 설명하고 있다.

그리고 뒷부분에 전후처리 즉 논공행상論功行賞과 개전의 신중성을 강조하고 있다. 전쟁은 신중하게 실시해야 한다. 사사로운 감정으로 해서는 안 된다고 말한다.

13편 용간편　첩보전에서 승리하라

용간用間은『손자병법』의 마지막 편으로서 정보활동의 중요성과 필요 조건, 과제와 보완법에 대해 기술하고 있다. 정보활동은 병력 운용과 승패의 핵심 요소다. 따라서 리더는 점괘, 미신과 추리 등 불확실한 것을 기초로 의사결정을 해서는 안 된다. 첩보원을 써서 정확한 정보를 기초로 의사결정을 해야 한다. 이러한 정보활동의 예산은 아껴서는 안 된다.

◆ 공격하려면 적에 관한 정보를 알아야 한다

凡 軍之所欲擊과 城之所欲攻과 人之所欲殺이면
범 군지소욕격　성지소욕공　인지소욕살

必先知其守將 左右 謁者 門者 舍人之姓名하여
필선지기수장 좌우 알자 문자 사인지성명

令吾間 必索知之하며
령오간 필색지지

必索敵間之來間我者하여 因而利之하고 導而舍之니
필색적간지래간아자　인이리지　도이사지

故로 反間을 可得而用也오
고　반간　가득이용야

因是而知之故로 鄕間 內間을 可得而使也오
인시이지지고　향간 내간　가득이사야

因是而知之故로 死間이 爲誑事하여 可使告敵이요
인시이지지고　사간　위광사　가사고적

因是而知之故로 生間을 可使如期니
인시이지지고　생간　가사여기

五間之事 主必知之니 知之必在於反間이라
오간지사 주필지지　지지필재어반간

故로 反間을 不可不厚也니라
고　반간　불가불후야

그러면서 첩보원의 유형 5가지와 활용법을 제시한다. 첩보원의 유형 5가지는 향간鄕間, 내간內間, 반간反間, 사간死間, 생간生間이다. 5가지 유형을 숙지하고 신묘하게 활용을 하여야 한다는 것이다.

'향간'이란 적국의 주민을 활용하는 것이고, '내간'이란 적국의 관리를 활용하는 것이고, '반간'이란 적의 정보원을 역으로 활용하는 것으로 이중 스파이를 말한다. '사간'이란 거짓 사실을 꾸며서, 거짓 정보를 적에게 흘린다. 밝혀지면 죽게 되므로 사간이라 한다. '생간'이란 직접 몸으로 부딪혀 정보를 파악하는 간첩을 말하는데 반드시 살아 돌아와 보고하는 것이 중요한 역할이라 '생간'이라 칭한다.

5가지 유형의 첩보원 중에서 반간, 즉 이중 스파이가 가장 중요하다. 그래서 적의 첩보원을 색출하여 후하게 대해 반간으로 삼으면 좋다. 반간은 적에 대한 사정을 잘 알고 있으므로 공작에도 활용될 수 있고, 반간을 통해서 향간, 내간을 포섭하기도 한다.

전군의 일 중에서 정보활동보다 더 중요한 것이 없다. 따라서 첩보원을 아주 후하게 포상해야 한다. 그리고 어떤 일보다도 은밀히 하여야 한다. 전쟁의 승패는 정보활동에 달려 있다. 「용간」편이야말로 『손자병법』의 토대가 되는 중요한 편이다.

『손자병법』을 체득하면
3가지가 바뀐다

앞에서 짚어본 것처럼 『손자병법』에는 전쟁의 원리와 전쟁에서 이기기 위한 다양한 전략 전술, 그리고 전쟁을 이끌어 나가는 장수들의 심리가 잘 설명돼 있다. 신기한 것은 이런 『손자병법』에 적용된 개념들이 2,500년이 지난 현대 사회에도 고스란히 적용될 수 있다는 사실이다. 병법서이지만 비단 군사적인 분야 뿐만 아니라 경쟁이 존재하는 모든 곳에서 활용될 수 있다. 국가의 경영, 기업의 경영, 나아가 개인의 인생 전략을 세우는 데에도 도움이 된다.

『손자병법』을 열독하며 실제로 이를 적용했던 사람들은 역사 곳곳에서 발견할 수 있다. 나폴레옹도 그러했고 『삼국지』의 조조도 『손자병법』을 늘 갖고 다녔다고 전해진다. 현재 중국을 태동시킨 모택동도 그러했다. 기업인 중에는 빌게이츠, 소프트뱅크의 손정의 회장이 있다. 『손자병법』을 체득하면 따라오는 장점은 크게 세 가지로 요약해볼 수 있다.

우선, 통합적 사고가 길러진다. 『손자병법』은 세세한 부분도 중요시 여기지만 전체적인 그림까지 강조한다. 전쟁의 모든 스펙트럼을 총망라하고 있기 때문에 책을 읽다 보면 절로 종합적 사고 능력이 키워진다.

두 번째, 매사에 적극적인 태도를 기를 수 있다. 『손자병법』은 철저히 공세적인 책이다. 140여 개국이 생존을 걸고 다투는 상황에서 방어만 했다간 하루 아침에 국가를 위기로 몰아넣을 수밖에 없는 법! 이에 『손자병법』은 수단과 방법을 가리지 않고 국력을 키우고 타국을 정복하는 방법들을 담고 있다. 또한 『손자병법』은 최선이 아니면 차선을 택하고 차선이 아니면 차차선을 행하라고 끊임없이 강조한다. 주어진 상황을 수동적으로 받아들이고 포기하기보다는 새로운 여건을 만들어서 문제를 극복해나가는 적극적인 자세를 배울 수 있는 셈이다.

마지막으로 손자의 지혜로운 계책들을 통해 문제 해결 능력이 배양된다. 『손자병법』 속 수많은 묘수들을 몸으로 익혀 어떠한 문제가 와도 현명하게 해결해낼 수 있는 자신감을 얻게 된다. 전략적으로 대응하는 자세가 익숙해지면 한 치 앞을 알 수 없는 미래도 두렵지 않을 것이다.

『손자병법』에는 전쟁의 원리와 전쟁에서 이기기 위한
다양한 전략 전술, 그리고 전쟁을 이끌어 나가는
장수들의 심리가 잘 설명돼 있다.
신기한 것은 이런 『손자병법』에 적용된 개념들이
2,500년이 지난 현대 사회에도 고스란히 적용될 수 있다는 사실이다.
병법서이지만 비단 군사적인 분야 뿐만 아니라
경쟁이 존재하는 모든 곳에서 활용될 수 있다.
국가의 경영, 기업의 경영, 나아가
개인의 인생 전략을 세우는 데에도 도움이 된다.

CHAPTER 2

손자에게 배우는
뉴타입 전략 10

・・・

　뉴노멀 시대를 살아가는 우리가 수많은 위기의 징후들 속에서 '기회'의 타이밍을 잡기란 쉽지 않다. 기회를 알아차리는 것 자체도 힘들지만, 기회라는 걸 뻔히 알면서도 도전하지 않는다. 기존의 방식을 버리고 새로운 방법으로 도전하는 것을 선호하지 않기 때문이다. 시대가 빠르게 변해가고 성공의 방정식이 하루가 다르게 진화해가고 있는데, 정작 우리는 기존의 방식만 고집하다가 기회를 놓칠 때가 많다. 새로운 방식에 대한 리스크를 안고 도전하는 것이 쉬운 일이 아니기 때문이다.

　하지만 우리가 여기서 반드시 기억해야 할 것이 있다. 새로운 판이 열린 만큼 여기에 기존의 성공 방식을 대입해선 통하지 않는다는 것이다. '뉴노멀 시대'에는 '뉴타입New Type'의 방식으로 접근해야만 한다. 그래야 우리가 찾은 '기회'도 비로소 성공의 가능성을 품는다. 여기서 말하는 '뉴타입'이란 기존의 성공 방식에서 탈피하는 것을 말한다. 이제까지 반드시 옳다고만 생각했던 것들, 반드시 이렇게 해야만 한다고 생각해온 모든 고정관념에서 탈피하는 것이다. 물론 새로운 방식을 찾는다는 것 자체만으로도 어렵게 느껴질 수 있다. 하지만 그것 역시 고정관념이다. 간단히 생각을 바꾸는 것만으로도 얼마든지 새로운 방식을 찾아낼 수 있다. 아마도 뉴노멀 시대에는 '최대한 안전한 선택'을 하기 위해 기존 방식을 고집하는 사람과 '다소 리스크를 감수하더라도 미래를 위한 뉴타입'을 개척해나가는 사람의 결과가 확연히 달라질 것이다. 우리가 지금부터라도 '뉴타입'을 고민해야 하는 이유다. 그 힌트가 바로 『손자병법』에 담겨 있다. 이제부터는 바로 그 힌트들, 즉 '뉴타입'의 생존 방식을 하나씩 소개하려 한다.

위기를 기회로 바꿔라 – 이환위리

지금 우리에게 가장 필요한 『손자병법』속 문구가 있다. 인생의 위기를 마주할 때마다 마음속에 되새기는 한 단어, 바로 '이환위리以患爲利'다. 『손자병법』「군쟁軍爭」편에 나오는 이환위리는 '근심을 이로움으로 삼는다'는 뜻의 사자성어다. 쉽게 말해 '위기를 기회로 바꾼다'는 말이다. 너무 많이 인용되어서 이제는 어쩌면 고리타분하게 들릴 수도 있지만, 『손자병법』에 나오는 모든 지혜와 전략들이 그러하듯이 시대의 변화에 따라 이환위리를 실천하는 방식도 얼마든지 변할 수 있다. 그 기본 진리를 천천히 되새기다 보면 새로운 위기 극복의 길이 보이기 마련이다.

사실 위기란 단순히 위기만을 뜻하는 말이 아니다. 위기危機는 위태로울 '위危'와 기회 '기機'가 더해진 것으로, 위태로움 속에 기회가 있다는 말이다. "기회는 위기의 외투를 입고 온다"는 말처럼, 위기라는 외투를 벗겨보면 수많은 기회가 숨어 있기 마련이다. 그런데 사람들은 예기치 못한 위기에 직면했을 때 막상 위기를 기회로 보지 못한다. 위기를 극복하지 못하고 그냥 포기해버리는 사람이 대부분이다. 하지만 그 중에 어떤 이들은 위기 속에서 새로운 기회를 찾아내기도 한다. 이 두 종류의 사람들 중에서 성공의 가능성이 더 높은 쪽은 어느 쪽일까? 당연히 위기를 기회로 바꿀 줄 아는 사람들, 즉 손자가 말한 '이환위리'를 잘 실천하는 사람들이다.

위기를 기회로 바꾸는 손자의 전략

한 편의 이솝우화를 보자. 토끼와 거북이의 경주 이야기다. 토끼와 거북이가 경주를 하게 되었다. 당연히 토끼의 승리가 예상되는 경기다. 하지만 곧 반전이 생긴다. 잘 달리는 토끼가 방심한 나머지 경주 중에 잠을 자고 만 것이다. 그 사이 느림보 거북이는 부지런히 걸어 결승점에 도달한다. 토끼는 경기에서 졌다. 토끼는 자신의 능력만 믿다가 결정적 실수를 범했고, 거북이는 자기의 부족함을 알면서도 끝까지 포기하지 않고 달려 끝내 이길 수 있었다. 그런데 이것이 온전한 거북이의 승리일까? 그렇지 않다. 거북이는 거북이의 능력만으로 이긴 것이 아니다. 토끼가 결정적으로 실수를 했기 때문에 승리할 수 있었다.

다시 말해 요행이 따랐던 승리라 할 수 있다. 그럼에도 불구하고 거북이는 지금도 자신의 승리에 도취되어 있을 수 있다. 그러다 만약 분에 못 이긴 토끼가 다시 거북이에게 재도전을 신청한다면 어떻게 될까? 또다시 거북이가 토끼를 이길 수 있을까?

토끼를 한 번 이겨본 거북이는 또 한 번 토끼를 이길 수 있다고 생각하기 쉽다. 그리고 다시 이기기 위해 아침부터 밤 늦게까지 달리기 연습을 할지도 모른다. 하지만 이건 어디까지나 거북이의 착각일 수 있다. 타고난 능력의 한계라는 것이 존재한다는 것은 어쩔 수 없이 인정해야 하는 부분이기 때문이다. 거북이가 태생적으로 토끼보다 빠를 수 없다는 것은 부정할 수 없는 사실이다. 더구나 한 번 쓰라린 패배를 맛본 토끼는 또다시 낮잠을 자는 실수 따위는 하지 않을 것이다. 결국 거북이가 아무리 열심히 노력한다 해도 토끼를 이길 수는 없다. 거북이에게 역전의 기회는 다시 쉽게 주어지지 않을 수 있다.

이 이솝우화를 보면서 한 단어가 떠올랐다. 그것은 바로 '이생망', 즉 '이번 생은 망했다'는 뜻의 신조어다. 이번 생에서는 어떻게 해도 더 나아지지 않을 거란 젊은이들의 자조가 섞인 말이다. 거북이가 토끼를 절대 이기지 못하는 태생적 한계를 갖고 있듯, 이 시대 많은 젊은이들도 그런 장벽을 느끼고 있을 것이다. 하지만 단언컨대 이생망을 바꿀 수 있는 길은 분명히 존재한다. 나는 그것을『손자병법』에서 찾았다. 손자의 지혜를 적용하면 얼마든지 태생적 한계를 극복할 수 있다.

손자의 시각으로 이솝우화를 다시 보자. 손자는 늘 이겨놓고 싸우라고 강조했다. 이겨놓고 싸우라는 것은 판이 돌아가는 흐름을 읽고, 그 판을 자신에게 유리한 쪽으로 바꿔서 이기라는 말이다. 즉, 토끼가 잠을 자지 않고 열심히 경기에 임하더라도 거북이를 절대 이길 수 없는 방법을 모색하라는 것이다. 불가능할 것 같지만 분명히 답은 있다. 예를 들어보자. 손자의 법칙을 아는 거북이는 열심히 연습하지 않는다. 대신 토끼에게 조건을 하나 내거는 쪽을 선택한다.

"경주 코스를 내가 선택하게 해주면 너의 도전을 받아들일게."

토끼의 입장에서는 코스가 산, 들판, 운동장, 어디든 이길 자신이 있다. 제안을 거절할 이유가 없으니 흔쾌히 거북이의 제안을 승낙한다. 그런데 이것이 거북이에게 결정적 기회가 된다. 토끼와의 경주를 선택할 수 있게 된 거북이는 자신에게 유리한 여건을 조성할 수 있다. 그 이유는 거북이에게 태생적 한계가 존재하듯 토끼 역시 그런 약점을 갖고 있기 때문이다. 거북이에겐 있지만, 토끼에겐 없는 것. 눈치챘는가? 그렇다. 수영 능력이다. 육지에선 아무리 빠른 토끼라 해도 물 앞에선 아무것도 할 수 없다. 거북이가 경주 코스에 물을 끼워넣는 순간 토끼가 극복하기 힘든 판이 된다. 정답을 찾은 거북이는 경주 코스에 강을 끼워 넣는다. 결과는 뻔하다. 토끼는 다시 태어나도 강을 건너지 못한다. 거북이가 승리하는 건 시간문제다. 『손자병법』을 배운 거북이가 전략을 잘 짠 것이다.

그런데 이런 거북이도 전략의 중수 정도밖에 되지 않는다. 진짜 고수인 거북이는 육상 경기가 아닌 수상 경기를 하자고 제안할 것이다. 즉, 수영 경기로 승부를 보자는 것이다. 수영 경기를 한다면 거북이가 이길 뿐만 아니라 승리할 수 있는 시간도 단축할 수 있다. 이것이 손자가 말하는 전략, 즉 이겨놓고 싸우는 법이다.

이환위리의 달인! 이순신 장군

역사적 인물 중에서 이겨놓고 싸우는 전략을 잘 실행했던 이가 있다.

더 이상 설명이 필요 없는 이순신 장군이다. 이순신 장군은 단 한 번도 전투에서 지지 않았다. 절대적으로 불리한 상황에서도 23전 23승의 기록을 세운 그의 전략은 돌아볼수록 놀랍다. 그중에서도 가장 놀라운 전투는 명량대첩이다. 겨우 배 13척으로 133척과 싸워서 압승을 거둔, 그야말로 믿기 힘든 승리였다. 어떻게 그것이 가능했던 것일까? 절대적으로 열세인 조선 수군을 이끌고 대승을 거둘 수 있었던 비결은 무엇이었을까? 바로 이순신 장군의 치밀한 전략이 있었기에 가능한 일이었다.

명량대첩 당시 조선 수군은 원균이 칠천량 전투에서 대패하면서 엄청난 피해를 입은 상태였다. 기존 함선 160척 중 남아 있던 배가 겨우 12척, 2만여 명의 수군은 거의 전멸하다시피 했다. 그런데 이 때 이순신 장군이 다시 삼도수군통제사, 지금으로 말하면 해군총사령관의 임무를 맡게 되었다. 당시 조선 수군의 전투력이 너무 약한 상황이라 선조는 이순신 장군에게 해군을 해체하고 육군과 통합해도 좋다고 제의했다. 하지만 이순신 장군은 이를 거절하며 그 유명한 말을 남긴다.

"신에게는 아직 12척의 배가 남아 있습니다. 죽기를 각오하고 막으면 오히려 지켜낼 수 있습니다."

죽기를 각오하고 싸우겠다며 결의를 다진 이순신 장군은 곧바로 전략 구상에 들어간다. 먼저, 남해안과 서해안을 일본 수군으로부터 지켜낼 방도를 고민하기 시작했다. 당시 일본 수군은 300척 이상의 함선을 가지고 있었다. 조선 수군은 12척 그리고 부서진 한 척을 수리해 겨우 배 13척을 보유한 상황이었다. 숫자로 보면 13:300척 이상의 승부. 그야말로 절체절명의 위기 상황이었다. 조선 수군이 만약 명량에서 패하게 되면 남해안이나 서해안의 해상권을 일본에게 내줘야 하는 상황이었다. 그렇게 되면 일본 육군의 주력 보급선이 연결되고 바다와 육지의 합동작전이 이루어질 수 있었다. 이순신 장군은 물러설 곳이 없었다. 그래서 적은 병력으로 최후의 전선에서 기꺼이 싸우려 했던 것이다. 이순신 장군의 부하들은 전투를 해서는 안 된다고 만류했지만, 이순신 장군은 끝까지 포기하지 않았다. 오직 그가 할 일은 주어진 상황에서 최대한 승리할 수 있는 여건을 만드는 것이었다. 그리고 결국 그는 해냈다.

최소의 병력으로 최대의 병력을 물리칠 수 있는 지형을 찾아낸 것이다. 그 열쇠는 다름 아닌 울돌목이었다. 손자는 아군이 열세할 때는 험하거나 좁은 지형에서 싸우면 유리하다고 했다. 울돌목은 폭이 약 300m밖에 되지 않았다. 배를 가로로 전투대형을 만들면 10척씩밖에 세워지지 않는 지역이다. 이것은 무얼 의미하는 걸까? 아무리 일본군의 함선이 많아도 조선 수군 앞에 실제 맞닥뜨리는 적은 10척 내외라는 사실이다. 나머지 일본 함선은 종대로 촘촘히 서게 될 것이 뻔했다. 만약 이때 수상 전투가 벌어지면 어떻게 될지 상상해보라. 앞에서 부서진 함선들의 잔해가 바다에 떠다니면서 대형을 흐트러뜨릴 것이다. 또한 앞의 함선이 불타면 근처에 있던 함선으로 금세 불이 옮겨붙어 대형 화재로 이어지기 십상이다. 앞뒤로 다닥다닥 붙은 일본 함선의 밀집대형을 잘 이용하면 조선 수군이 열세한 상황이라도 이길 수 있는 가능성은 충분했다.

이순신 장군은 여기에 또 하나의 전략을 더했다. 바로 5km 정도 후방 지역에 주민 어선 수백 척을 배치해놓은 것이다. 일본 수군이 봤을 때 앞에 나온 10여 척은 선봉선 같이 보이고 뒤에 본대가 엄청나게 많은 것처럼 보이도록 말이다. 이것은 열세한 병력을 숨기고 많은 병사들이 있는 것처럼 보이게 해서 적의 사기를 꺾어놓기 위한 전략이었다.

육지에서도 이와 비슷한 전략이 행해졌다. 전날 밤 아낙네들을 동원해 마을 동산에 올라 횃불을 들고 강강술래를 계속하게끔 한 것이다. 조선군이 많은 것처럼 가장하기 위해서였다. 울돌목 주변 조선 수군과 육군이 수적으로 많아 보이게 위장해 일본군의 사기를 누를 수 있는 여건을 미리 조성한 것이다.

그리고 전투 당일 13척 대 133척의 전투가 시작되었다. 처음에는 조류가 조선 수군에 불리하게 흘렀지만 한두 시간 만에 그 흐름이 바뀌면서 다시 대공격을 할 수 있었다. 울돌목은 좁고 수중 지형이 매우 험하다 보니 조류가 10노트 정도로 급하게 흐른다. 이순신 장군은 바로 그런 자연의 이치까지 염두에 두고 조류의 흐름을 미리 파악해 전투에 활용했던 것이다. 당시에는 동력선이 없고 사람이 손으로 노를 젓던 시대라 조류의 영향을 크게 받을 수밖에 없었다. 치밀함에 치밀함을 더해 전략을 짠 셈이다.

그 결과는 실로 대단했다. 조선 수군은 순식간에 적선 133척 가운데 31척을 파괴했다. 더 놀라운 것은 조선 수군의 배는 단 1척도 피해를 입지 않았다는 것이다. 그야말로 압승이었다. 열세한 상황 속에서도 믿을 수 없는 완전무결한 승리를 이뤄낸 이순신 장군. 가장 큰 비결은 전투 전 여건을 충분히 조성했기 때문이다. 이길 수 있는 판을 만들어놓고 싸웠기 때문에 10 대 1의 열세 속에서도 승리할 수 있었던 것이다. 이것이 바로 손자의 이겨놓고 싸우는 전략이다.

그 예를 하나 들어보자. 일본에 '아오모리森'라는 지역이 있다. 맛있는 사과 생산지로 명성이 자자한 곳이다. 그런데 아오모리 지역을 더욱 유명하게 만든 사과가 있다. 바로 합격사과다. 시험을 앞둔 사람이 이 사과를 먹으면 합격을 할 수 있다고 해서 수험생들에게 큰 인기를 끌었던 제품이다. 행운의 사과라고도 할 수 있는 이 합격사과는 어떻게 탄생한 것일까?

1991년, 일본 아오모리현에는 큰 태풍이 찾아왔다. 어찌나 강력한 태풍이었는지 아오모리현은 그야말로 쑥대밭이 되었다. 사과나무가 심어져 있던 과수원 역시 엉망이 되었고, 농민들은 자식처럼 애지중지 키워온 사과를 모두 버려야 할 처지에 놓였다. 사과의 90%는 바닥에 떨어져 못쓰게 되었고 그나마 나뭇가지에 붙어 있던 10%의 사과들 역시 상품 가치가 떨어졌다. '아오모리 사과'라는 명성이 무색할 정도로 겉표면이 온통 상처로 멍들었다. 사과 농사로 생계를 이어가던 농부들에겐 이런 날벼락이 또 없었다. 앞으로 살아갈 길이 막막했다. 1년 농사를 하루아침에 망쳐버린 위기 앞에 농부들은 절망했다.

그런데 한 농부는 달랐다. 이미 못쓰게 되어버린 90%의 사과 대신 아직 그대로 나뭇가지에 달려 있는 10%에 주목했다. 10개 중 1개 꼴로 살아남는 사과들이라는 생각이 머릿속을 스치는 순간 좋은 아이디어가 떠올랐다. 태풍의 모진 비바람도 끝까지 버텨낸 이 신통한 사과들에 '합격사과'라는 이름을 붙여 판매하자는 것이었다. 태풍도 이겨낸 합격사과를 먹으면 그 어떤 어려운 시험이라도 붙을 수 있을 거라는 의미를 담아 새로운 판매 전략을 짠 것이다. 마을 주민들 모두 농부의 아이디어를 반겼다. 그리고 함께 힘을 모아 '합격사과'를 탄생시켰다. 그 방법은 결코 어려운 게 아니었다. 그동안 사과 여러 개를 박스에 포장해서 판매했다면, 이번엔 사과를 하나씩 낱개로 포장해서 납품하는 방식이었다. 한 가지 다른 것이 있다면 겉표면에 희망의 문구를 하나씩 적어두는 것이다. 예를 들어 "내 인생에 어떤 시련이 몰아친다 해도 나를 떨어지지 않게 해줄 합격사과" 같은 것들이다. 모진 태풍을 이겨낸 사과들에 잘 어울리는 문구들이었다. 비록 멍들고 깨진 사과들이었지만 의미를 담으니 보통의 사과보다 더 특별해 보였다. 고객들도 그 점을 높이 평가했던 걸까. 합격사과는 일반 사과보다 열 배나 비싼 값이었는데도 불티나게 팔려나갔다. 일본은 한국 못지않게 입시 경쟁이 치열하기로 유명하기 때문인지 '합격사과'의 스토리가 더 빛을 발했다. 이처럼 합격사과가 인기를 끌면서 아오모리현의 사과는 더욱 유명세를 타게 되었다. 지금도 지역 특산물의 대표적인 성공 사례로 회자되는 이유다.

여기서 우리가 주목할 것은 무엇일까? 태풍이 마을 사람들에게 큰 위기였던 것은 분명한 사실이다. 하지만 농부는 떨어져서 못 팔게 된 90%의 사과 대신 나뭇가지에 달려 있던 단 10%의 사과에 주목했다. 그리고 바로 그 지점에서 새로운 기회가 시작되었다. 이것은 아무리 힘든 상황이라 해도 그 상황을 어떻게 받아들이고 대응하냐에 따라서 결과가 크게 달라질 수 있다는 것을 보여준 사례다. 생각해보면 위기를 기회로 바꾸는 것은 그렇게 어렵고 복잡한 일이 아니다.

위기의 징후, 기회의 징조

우리는 갑자기 열이 나거나 전에 없던 통증이 생기면 혹시나 큰 병의 징후는 아닌지 의심하게 된다. 내 몸에 나타나는 사소한 징후들이 건강 상태를 예측할 수 있는 바로미터가 되기 때문이다. 그런데 이것은 단지 건강에만 국한되는 이야기가 아니다. "하나를 보면 열을 알 수 있다"는 속담처럼 사소한 징후를 통해서 앞으로 일어날 큰 일을 예측할 수 있다. 손자 역시 징후의 중요성을 강조했다. 특히 전장에서는 늘 징후를 예의주시하고 그에 맞는 대비책을 세워야 한다고 했다.

만약 전쟁에서 적이 보여주는 사소한 징후를 알아차리지 못하거나 무시하게 되면 어떤 일이 벌어질까? 곧바로 적의 기습을 받거나 함정에 빠져 위기에 봉착하게 될 것이 자명하다. 이를 잘 알고 있던 손자는 사전에 징후를 파악할 수 있는 방법을 제시했다. 전장에서 흔히 일어나는 30개 이상의 유형별 징후를 제시하면서 이를 어떻게 해석해야 하는지 소상히 설명해놓은 것이다.

예를 들면 먼저 '적군의 움직임'을 통해서 징후를 파악할 수 있다. 손자는 적이 가까이 있는데도 공격해오지 않는 것은 바로 험준한 지형을 믿고 있는 것이라고 했다. 즉, 아군이 먼저 공격을 해오도록 기다리고 있다는 것이다. 반대로 적이 아주 멀리 있으면서도 기어이 싸움을 걸어오는 것은 아군을 유인하려는 움직임이라고 말했다. 과거의 전쟁은 대부분 근접전이었다. 적의 주 병력이 가까이 있어야만 결정적인 전투가 이뤄지는 것이다. 그런데 양측의 주력은 멀리 있는데 일부 부대가 와서 싸움을 거는 것은 무슨 뜻일까? 아군을 자신들에게 유리한 지형으로 유인해 싸움을 하려는 속셈으로 봐야 한다는 얘기다. 그래서 이 경우 함부로 군대를 움직여서는 안 된다고 강조했다.

둘째, 손자는 자연현상을 통해 적의 동태를 파악할 수 있다고 했다. 만약 멀리서 많은 나무가 움직인다면 이것은 보병들이 오고 있다는 뜻이다. 또, 우거진 숲에서 특정 지역의 나무들만 움직이고 있다면 이것은 적이 수풀을 헤치고 이동하고 있을 확률이 크다. 어떻게 보면 지극히 당연한 일들이지만 전쟁 중에 이를 정확히 파악해내고 그에 대비하기란 쉽지 않다. 실전에서 이를 잘 활용한 하나의 예를 들어보자.

6·25전쟁에 참전했던 한 간부의 증언으로 알려진 얘기다. 북한군이 38선 전 지역에서 기습 남침을 했을 당시 우리 국군 6사단은 춘천 지역에서 북한군을 방어하고 있었다. 그때 간부는 소양강 너머로 밀밭과 보리밭 그리고 잡목이 우거져 있는 지역을 살피고 있었다고 한다. 그런데 어찌된 일인지 바람이 전혀 불지 않는데도 멀리서 밀밭과 보리밭이 움직이는 것이 보였다는 것이다. 이것은 백발백중 적이 낮은 포복 자세로 다가오고 있다는 징후인 게 분명했다. 그래서 간부는 부대원들에게 숲의 나무나 밀 보리들이 움직이는 것을 유심히 관찰하고 있다가 적의 움직임이 포착되면 집중 포격을 가하라고 명령했다. 아니나 다를까, 부대원들은 곧 밀밭과 보리밭에서 수상한 움직임을 감지하고 포격을 가했다. 그 순간 무수한 적들이 쓰러져 나왔다. 당시 16포병대대는 이러한 징후들에 예민하게 대응하며 다양한 화력전을 전개해나갔고, 그렇게 해서 춘천 일대 북한군의 공격을 사흘이나 막아낼 수 있었다. 16포병대대가 이런 방식으로 사흘간 버텨준 것은 한국군에 큰 힘이 되었다. 유엔군이 한국에 투입될 수 있는 시간을 충분히 벌어주었기 때문이다. 사소한 징후를 잘 포착해냄으로써 적의 공격을 성공적으로 막아낸 16포병대대. 전장에서 적군이 보이는 사소한 징후 하나도 그냥 지나쳐선 안 된다는 것을 잘 보여주는 사례라 할 수 있다.

이처럼 징후를 살피는 것은 승패를 가르는 결정적 요인이 된다. 현대전에서도 징후를 살피는 것은 굉장히 중요하다. 세계에서 가장 강한 미군도 사전 징후 파악에 많은 노력을 투입하고 있다. 그 대표적인 것이 바로 징후목록표다. 미군은 상황마다 나타나는 징후를 미리 뽑아서 징후목록표를 만든다. 일종의 징후 체크리스트라고 할 수 있다. 병사들이 징후목록표를 만들어 정보부대에 넘겨 유심히 살펴보게 한다. 그러면 해당 부대에서는 매일매일 수집된 징후를 체크하고, 그중에서 의미 있는 정보를 추출한 다음 지휘관에게 보고한다. 이를 근거로 지휘관은 상황에 따라 적절하게 지휘 명령을 내릴 수 있게 된다.

손자가 말한 징후는 전쟁에서 뿐만 아니라 우리 일상에서 일어나는 크고 작은 사건, 사고에도 적용된다. 혹시 하인리히 법칙Heinrich's Law이라는 것을 아는가? 대형 사고가 일어나기 전에는 반드시 크고 작은 사고들이 먼저 일어난다는 규칙을 밝힌 이론이다. 1920년대 미국의 여행자보험 회사에 다니던 허버트 하인리히Herbert William Heinrich는 7만 5,000개의 산업재해 자료를 정밀분석했다. 그리고 통계학적으로 굉장히 의미 있는 규칙을 찾아냈다. 평균적으로 한 건의 큰 사고 전에 29회의 작은 사고가 발생하고, 300회의 잠재적 징후들이 나타난다는 사실이다. 실제로 그는 『산업재해예방 : 과학적 접근』이라는 책을 펴내며 '1:29:300의 법칙'을 발표했다. 산업재해로 인해 중상자가 1명 나올 경우 그 전에 같은 원인으로 발생한 경상자가 29명 있었고, 다치지는 않았지만 같은 원인으로 경미한 사고를 겪은 사람이 무려 300명 있었다는 사실을 밝혀낸 것이다. 이것은 우리가 300개 이상의 사전 징후들만 잘 알아차려도 1개의 큰 사고를 막을 수 있다는 뜻이기도 하다. 위기를 극복하는 것 못지 않게 위기의 징후를 예민하게 알아차리는 것이 무엇보다 중요한 이유다.

홍수의 위기, 10년의 발전을 앞당기다

군 생활은 가히 위기의 연속이라 할 수 있다. 1년 365일 위기 상황을 가정하고 그에 대응하는 훈련을 하는 곳이니 당연한 일이다. 그런 군에서 40년 가까이 몸 담았던 나에게 손자의 '이환위리' 정신은 하나의 사명과 같은 것이었다. 위기를 체화하고 극복하는 것을 넘어 기회로 만들 줄 아는 리더십을 몸에 익혀야 했기 때문이다. 실제로 나는 군에서 숱한 위기를 겪을 때마다 손자의 '이환위리' 정신을 생각했다. 1년 365일 위기의 징후를 민감하게 살피고, 무언가 걸리는 것이 있으면 즉시 해결했다. 작은 위기를 놓치면 상황은 걷잡을 수 없이 악화되기 때문에 회생이 불가능한데. 작은 위기를 잘 살펴서 이를 뚫고 나가면 새로운 기회가 열렸다. 그 중에서도 가장 기억에 남는 사례를 하나 소개할까 한다.

세기말을 앞두고 있었던 1999년, 나는 경기도 최북단에 자리한 연천에 있었다. 400여 명의 육군 포병들을 지휘해야 하는 대대장의 임무를 수행하기 위해서였다.

보통 최전방이라고 하면 강원도 철원, 양구 일대를 떠올리지만 경기도 연천 역시 북한의 사정거리 안에 속해 있는 최전방 지역 중 하나다. 군사 분계선과 인접해 있고 언제 북한으로부터 포가 날아올지 모르는 위험 지역이다 보니 이 곳 부대들은 대부분 산 속 깊은 계곡에 자리해 있다. 드넓은 개활지보다 나무가 많은 산 속 계곡에 숨어 있어야만 북한의 포탄으로부터 피해를 줄일 수 있다. 우리 부대 역시 마찬가지로 주변에 산으로 둘러싸인 계곡지 근처에 자리하고 있었다. 이 뿐 아니라 대대 내에는 4개

포대가 있었는데 포대와 포대 사이에는 작은 하천이 가로질러 지나가 어려움이 많았다. 겨울엔 어마무시한 추위와 눈폭탄을 걱정해야 했고, 여름엔 언제 갑자기 호우가 쏟아져 홍수 피해가 날지 마음 졸여야 했다. 포대와 포대 사이 소하천이 집중 호우로 넘칠 수 있어서 부대에는 큰 위험 요소였다. 당시 연천 지방은 1996년에 한 차례 게릴라성 집중 호우로 엄청난 수해를 입은 적이 있었다. 30년 만에 한 번 내릴까 말까 한 1,500mm 이상의 비가 쏟아져 연천 일대가 쑥대밭이 되었던 것. 전해듣기로 연천댐은 한 순간 폭삭 무너져내렸고 연천 지대 일대가 해변가 마을처럼 변했었다고 한다. 수마가 농경지를 휩쓸어 농사를 망쳐놓았고, 그 뒤로 폐사된 가축들의 시체가 가득했을 정도였다고 하니 얼마나 심각한 상황이었는지 어렵지 않게 짐작이 갔다. 여름이 다가올수록 걱정은 늘었고 어떻게든 비 피해를 최소화할 수 있는 방안을 찾아야 했다

6월초 무렵 나는 부대원들과 우리 부대 주변에 있는 계곡과 부대를 가로지르는 하천들을 돌아다니기 시작했다. 우선 부대 주변 계곡과 하천 등이 집중 호우가 어느 정도 내릴 때까지 버틸 수 있는지 계측하기 위해서였다. 또한 홍수가 날 경우 어떤 상황이 벌어지게 될지 여러가지 상황을 시뮬레이션을 하며 그에 맞는 행동요령 등을 매뉴얼화 하기 시작했다. 계곡이 버틸 수 있는 수량을 체크한 다음 그에 맞게 대비 전략을 짠 것인데 예를 들어 부대를 가로지르는 다리의 1/3가량 물이 찰 경우 저지대에 있는 차량과 포병 포탄 등을 높은 곳으로 옮기는 훈련을 반복하는 것이다. 특히 차량과 포탄 등은 침수되면 다시 회복이 불가능하기 때문에 비가 오기 전에 미리 대피시키는 것이 무엇보다 중요했다. 다리의 1/2가량이 차면 병력 이동을 통제했다. 사고가 우려됐기 때문이다. 하지만 직접 훈

련을 하는 장병들 입장에선 불만이 많을 수밖에 없었다. 특히 30년 이상 그 부대에서 근무했던 부사관들은 물이 다리를 넘은 적이 없다며 수차례 훈련을 하는 것을 썩 마뜩치 않아 했다. 큰 비가 내린다는 예보가 온 후에 대비해도 충분할 거라 생각했던 것 같다. 하지만 그때부터 이미 이상 기후로 인해 날씨 변화의 폭이 큰 편이었다. 기상청에서 슈퍼컴퓨터와 기상 레이더 등 첨단 장비를 가지고도 쉽게 예측할 수 없는 기후에 접어든 것이다. 보다 세밀하고 정확도 높은 기후 예측이 힘들어졌다. 후라이팬에 콩을 볶을 때 콩이 튈 거라는 사실은 알 수 있지만, 언제 어느 위치에서 콩이 튈지 알 수 없는 것과 같은 이치다. 그렇기에 나는 더더욱 호우 대비가 필요하다고 생각했다. 위험 요소는 단 10% 아니 단 1%의 가능성만 있다 하더라도 크게 번질 수 있기에 위기를 원천봉쇄하기엔 부족한 것보다는 과한 쪽이 낫다고 믿었다.

아니나 다를까. 결국 우려가 현실이 되었다. 장마가 끝나가던 7월 말 주말을 앞두고 경기 북부 지역에 엄청난 집중 호우가 예보됐다. 잠시도 지체하지 않고 부대들에게 홍수에 대비하라는 명령을 내렸다. 부대원들은 수차례 연습을 해왔던 대로 저지대에 있는 군 차량과 포탄을 고지대로 발빠르게 옮겼다 그리고 얼마 후 비가 내리기 시작됐다. 계곡물이 불어나 부대까지 침수되더라도 손실되는 자원이 없도록 부대 곳곳을 다시 한 번 살피고 정비했다. '홍수'라는 적을 맞이할 만반의 준비를 마친 것이다. 그런데 적은 내 생각보다 훨씬 거셌다. 1996년과 마찬가지로 시간당 100mm가 넘는 수마가 덮쳐온 것. 임진강과 한탄강의 수위가 빠르게 상승하면서 삽시간에 물이 불어났고, 연천 전 지역이 물에 잠겼다. 곳곳이 고립돼 사람들이 갇혔는데, 우리 부대도 예외는 아니었다. 연병장은 냇가로 바뀌고 PX건물과 병영식당은 지붕만 보일 정도로 침수됐으며 곳곳의 다리가 무너졌다. 하지만 거기까지였다. 부대에서 사용하는 차량을 비롯해 각종 탄약 등은 모두 고지대로 옮겨놓은 덕분에 조금의 손실도 없었고, 인명 피해 역시 전무했다. 저지대 건물에 있던 장병들을 고지대로 대피시키고, 경계초소도 과감히 조정한 덕에 인명 피해도 전무했다. 부대에서 500m 떨어진 곳에 낚시터가 있어 낚시꾼들이 많았는데 그 곳에 부하들을 보내 부대 내 고지대로 긴급 대피시켜 민간인 인명 피해도 막았다. 그 조치가 없었다면 20여 명의 인명 피해도 일어날 수 있는 상황이었다.

부대 전체가 4일간 고립되는 최악의 상황 속에서도 부대원들 모두 우왕좌왕하는 일 없이 일사불란하게 대피했다. 홍수 상황을 염두에 두고 훈련을 거듭한 보람이 있었다. 연천군 전역이 폐허로 변하고 2만여 명의 이재민이 발생했던 당시 상황을 생각하면 다시 생각해도 천만다행인 일이었다. 다른 부대와 달리 피해가 전무해 연대장과 사단장도 놀라워 할 정도였다. 그 뿐이 아니었다. 전력 손실이 없었으니 복구 속도도 빨랐으며, 연천군민들 구호에도 빠르게 나설 수 있었다. 그렇게 위기 상황은 잘 마무리 된 것 같았다. 하지만 나는 거기서 멈추지 않았다. 군 부대 뿐 아니라 군 부대를 관통하는 하천과 산사태 위험 지역에 대한 제방 공사 예산을 확보하는 일에 적극 나섰다. 보통은 이런 경우 상급 부대에만 상황을 보고하면 끝이지만 나는 한 발 더 나아갔다. 부대 복구 예산은 군 내에서 소화할 수 있다 해도 군 주변 지역에 하천이나 도로, 다리가 유실된 것은 별개 문제였다.

지자체와 힘을 모아 예산을 확보하고 공사도 적극 도와야 했다. 재난에 있어서 예방만큼 후속 조치도 중요하다는 것을 누구보다 잘 알고 있었기에 더 적극 나설 수밖에 없었다. 노력한만큼 결실도 컸다. 백방으로 뛰어다닌 끝에 충분한 예산을 확보할 수 있었고 수해로 유실된 각종 시설과 인프라를 빠르게 복구할 수 있었다. 산사태 위험이 도사리고 있는 곳을 전부 찾아내 안전하게 보수했으며, 도로는 모두 포장했고, 배수 시설도 설치했다. 부대 내 소하천들은 3~5배로 넓히는 공사를 진행하여 어떤 피해에도 견딜 수 있게 했다. 결과적으로 우리 부대 발전을 20년 이상 앞당긴 셈이 됐다. 홍수가 나지 않았다면 절대 불가능했을 일. 그야말로 위기를 기회로 바꾼 것이다. 이런 결실 덕분에 우리 부대는 대대와 연대를 넘어 사단에까지 모범 부대로 소문이 났다. 1년 뒤에는 당시 김동신 국방부장관이 친히 방문하기도 했다. 집중 호우에 잘 대비한 모범 부대를 방문하고 싶다는 뜻을 밝히셨는데 우리 부대가 뽑혔기 때문이다. 어떤 위기도 극복해낼 수 있는 부대로 인정받은 것이니 지금 다시 생각해도 더없이 뿌듯하다. 지금도 나는 어떤 위기가 닥칠 때마다 그때 일을 생각한다. 위기는 누구에게나 닥칠 수 있지만, 그것을 기회로 바꿀 수 있는 것은 준비된 사람들에게만 허락되는 일이다. 위기를 두려워하기보다 위기를 미리 찾아내자. 그리고 대비하자. 대위기의 시대! 이환위리의 정신만큼 우리 스스로를 잘 지켜낼 수 있는 무기는 없다.

전화위복이 된 북한무인기 침투 사건

2022년 12월 26일 대한민국을 떠들썩하게 만든 사건이 발생했다. 북한무인기가 우리나라 상공으로 침투해 날아다니다 북으로 돌아간 것이다. 2017년 5월 2일 사드 기지가 있던 성주에 북한무인기가 침범했던 사건 이후 5년 7개월만에 처음으로 확인된 북한의 무인기 도발이다. 군 당국은 총 다섯 대의 무인기가 식별되었는데, 네 대는 강화도 인근 지역을 맴돌다 돌아갔고, 서울 인근으로 근접한 무인기 한 대는 서울 상공으로 진입해 서울 은평·성북·강북구에서 1시간가량 횡으로 움직이며 비행했다고 밝혔다.

　나는 사건을 보고받자마자 결국 우려했던 일이 터졌구나 싶어 가슴이 철렁했다. 윤석열 정부가 청와대 용산 이전을 추진할 때부터 안보 공백을 걱정했던 터였다. 안보 공백이란 무엇인가. 단순히 지휘 통제에 대한 것뿐 아니라 경호, 경비에 구멍이 나면 그 또한 심각한 안보 공백이다. 미국의 9·11테러 사건이 안보 공백의 대표적인 사례다. 테러 위협으로부터 국민의 안전을 지키지 못했으니 말이다. 최근 전 세계를 위협하는 테러 위협 중 가장 문제인 것이 무인기 폭발물 테러인데 우리나라는 북한의 공중 위협으로부터 취약한 상태다. 최근 우리는 러시아·우크라이나 전쟁을 통해 드론이 군사 무기로 쓰였을 때 얼마나 엄청난 파괴력을 갖는지 똑똑히 지켜봤다. 그런 상황에 무인기 침투에 속수무책으로 당하는 모습을 노출했으니 이거야말로 엄청난 위기 상황인 셈이다. 실제 우리나라의 경우 청와대는 어느 정도 대비가 돼 있다 하더라도 국방부 지역은 아직도 무인기 침투에 대한 대비가 제대로 돼 있지 않은 상태다. 나는 일찍이 이 부분에서 위기의 징후를 느꼈다. 그리고 위기의 징조가 보였을 때 바로 선제 대응에 나서야 더 큰 위기를 부르는 과오를 막을 수 있다는 것을 너무나 잘 알았기 때문에 마음이 급했다. 누구 하나라도 심각한 상황임을 제대로 알려야 했기에 안보 전문가인 내가 나서야 한다는 사명감을 느꼈고, 국정감사를 비롯해 여러 공식적인 자리에서 대공 준비를 철저히 해야 한다고 강조했다. 3월 국회 국방위 전체회의에서 서욱 전 국방장관에게 한시라도 빨리 대공진지을 구축할 필요가 있다고 호통을 치기까지 했다. 이것이 북한의 무인기 침투 사건이 벌어지기 불과 9개월 전의 일이다.

위기의 징조가 실제 위협으로 나타나기 시작했을 때 우리는 당황부터 하기 마련이다. 처음 징조를 느꼈을 때 어떻게든 해결했어야 하는데 그냥 지나친 자신이 미워지기도 하고, 자책하기 쉽다. 때로는 위기의 징조를 놓친 사실을 숨기기 급급하다. 그런데 이것은 위기를 더 키울 뿐, 사건 해결에 전혀 도움이 되지 않는다. 이때 가장 먼저 해야 할 것은 현재 닥친 상황을 정확히 파악하는 것이다. 그래야 더 큰 위기가 오는 것을 막을 수 있으니 말이다. 나는 어떻게 북한 무인기가 우리나라 영공을 뚫고 들어왔는지, 어느 경로를 통해 이동한 후 돌아갔는지, 또 어떤 목적으로 왔는지까지 재빨리 알아낼 필요가 있었다.

이틀 후 국회 국방위원회가 열렸다. 중대사안이 발생하면 이 같이 국회 상임위원회가 열려 국민을 대표해 정부에 질의를 한다. 이 날 국방위에서 나는 국방부 보고를 받고 사안을 살펴봤다. 그런데 합동참모본부가 가져온 북한무인기 침투 지도를 보고 나는 깜짝 놀랐다. 무인기가 서울 은평구, 종로구, 광진구를 비롯한 북부지역을 횡단한 것으로 나타났기 때문이다. 군에서 무인기의 이동 경로를 파악한 내용을 살펴보니 분명한 구멍이 있었다. 무인기가 추적됐다가 사라지는 구간이 반복됐는데 사라지는 구간은 임의로 연결한 것이라 충분히 사실과 다를 수 있었다.

나는 여기서 또 한 번 위기의 징후를 느꼈다. 혹시 북한의 무인기가 용산에 있는 대통령실 비행금지구역에 침투했을 수도 있다는 의구심이 든 것이다. 비행금지구역은 대통령실과 한남동 관저를 지키는 하늘의 울타리다. 청와대 시절 반경 8km가 비행금지 구역이었는데 윤석열 대통령 취임 이후 용산 대통령실로 이전하면서 비행금지 구역이 3.7km로 줄었다. 공중 테러는 지상보다 속도가 빠르고, 노출 범위도 훨씬 크기 때문에 나는 여기에 대해서도 계속적으로 문제를 제기해 왔었다.

　일반적으로 눈에 보이는 지상의 울타리는 잘 인식하고 있지만 하늘의 비행금지구역은 눈에 보이지 않기 때문에 잘 인식하지 못하기 마련인데 내 머리속에는 보이지 않는 하늘의 울타리가 늘 그려져 있었다. 때문에 다른 국방위원들과 달리 나는 이날 국회에서 이종섭 국방부장관에게 대통령실 비행금지구역이 침범됐는지 물었다. 이 장관은 아니라고 부인했다. 그러나 좀처럼 의심이 사그라들지 않았다. 이런 상황에선 무인기의 정확한 이동 경로를 파악한 후 우리나라의 비행 감시 및 금지 구역을 비교해보는 것이 무엇보다 중요한데, 군이 가져온 지도만 보고는 이를 파악할 수 없었으며, 군 전략 작전 지도에 필수적으로 표시돼 있어야 할 민항기 비행 구역, 비행 감시 및 금지 구역 등이 표시되어 있지 않았기 때문이다. 엄청난 위협을 당하고도 제대로 대응해나가고 있는 건지 심히 우려됐다. 서울 상공이 뚫려 시민들의 안전이 무방비 상태로 노출된 상황에서 국민들의 안전을 책임져야 할 대통령실마저 뚫렸다면 이건 정말 큰 문제가 아닌가. 국방위가 끝난 직후 곧바로 의원실로 돌아와 보좌진들과 함께 국방부가 보고한 무인기 침투 지도를 다시 펼쳤다. 위성사진을 바탕으로 한 정밀지도에 반경 3.7km 비행금지구역을 그려 넣고 군이 제공한 비행 궤적과 맞춰봤다. 위기의 예감은 빗나가지 않았다. 북한의 무인기가 비행금지구역을 침범한 것으로 분석된 것이다. 아무래도 국방부장관의 말은 사실이 아닌 것 같았다. 반드시 진실규명이 필요했다.

다음날 나는 아침 라디오 방송 출연 요청을 받았다. 통상적으로 국회 국방위가 열리면 방송사들은 여야 국방위 간사를 인터뷰한다. 나는 방송에 나가 대통령실 비행금지구역 침범 가능성과 연관 의혹들을 제기했다. 이후 많은 언론들이 이 문제를 집중적으로 조명하기 시작했다. 그러자 합동참모본부는 "적 무인기는 비행금지구역을 침범하지 않았음을 알려드린다"는 입장을 내며 나의 의혹 제기를 완전히 차단했다. 여기에 더 나아가서 "사실이 아닌 내용을 마치 사실인 것처럼 호도하는 것은 작전에 참가했던 장병들의 사기도 있고, 적을 이롭게 하는 행위다"라며 강하게 쏘아붙였다. 국방부가 이처럼 예비역 4성장군 출신이며 국방위 간사를 공격하는 것은 이례적이었다. 국방부가 대통령실로부터 압박을 많이 받고 있는 것 같았다.

그렇게 고군분투를 하며 대응해나가던 중 사건 발생 9일만에 "북 무인기에 용산 뚫렸다"는 《조선일보》 보도가 나왔고, 국방부 전비태세검열단도 나를 찾아와 북한무인기가 대통령실 비행금지구역을 침범한 것을 확인했다고 보고했다. 내가 제기했던 의혹이 진실로 확인되는 순간이었다. 그나마 다행이었다. 뒤늦게라도 우리의 안보 공백 현황을 정확히 알 수 있게 됐으니 말이다.

나는 이후 국방부와 대통령실이 내게 사과를 할 줄 알았다. 그러나 대통령실은 되레 적반하장격으로 나를 더욱 공격했다. 김모 대통령실 대변인은 "국방부도 합참도 모르는 정보는 어디에서 입수하셨는지 자료 출처에 의문을 품고 있다"고 말했고, 국회 국방위 신모 의원도 내게 "대통령실 비행금지구역이 침범된 것을 어떻게 알게 되었느냐"며 의문을 제기했다. 그리고 "납득할 설명을 내놓지 못하면 북한과 내통하고 있다는 합리적 의심을 할 수밖에 없다"며 몰아붙쳤다. 메시지를 공격하다 여의치 않자 메신저를 공격한 것이다. 39년 동안 나라지킴에 헌신했던 나를 간첩으로 몰아붙이다니 온갖 자괴감이 밀려들어 왔다. 내 삶이 송두리째 무너지는 것 같았다.

사성장군의 명예는 바닥으로 실추됐고, 나의 의원 생활에도 모함으로 인한 위기가 닥친 셈이었다. 그렇다고 물러설 내가 아니었다. 나의 위기가 문제가 아니라 나라 전체, 국민 전체의 위기를 막는 것이 문제였다. 당장이라도 국방부 발언을 놓고 전면전을 벌일 수도 있었지만 나는 사건의 핵심과 본질을 계속 파고들었다. 국방부가 이처럼 강한 발언으로 나를 공격하는 데에는 분명 이유가 있을 것이라고 생각했다. 결국 작전 실패, 경호 실패, 위기관리에 실패한 대통령실의 압력으로 국방부가 이렇게까지 과잉 반응을 한 것으로 확신할 수 있었다. 이후 나는 여유를 가지고 언론사 인터뷰를 통해 내가 의혹을 제기할 수밖에 없었던 경위를 차근차근 설명해나가기 시작했다. 내가 가진 정보의 출처는 군에서 제출한 지도가 전부이며, 군 전략 작전 지도에 당연히 표기돼 있어야 할 비행금지구역 경로와 비교해보면 누구나 의혹을 제기할 수 있는 문제라는 것을 강조했다. 오히려 이를 제대로 파악하지 못한 정보의 무능함을 지적했다. 더구나 북한무인기의 영공 침범을 파악하고도 정부는 국가안전보장회의NSC를 소집하지 않은 상태였다. 정부는 작전 실시가 상황조치로 NSC를 열지 못했다고 했지만 작전 종료 후 저녁에라도 열었어야 하는 것 아닌가. NSC를 통해 구멍난 영공을 앞으로 어떻게 보완하여 지킬 것인지 토의하고 대응 방안을 마련했어야 했다는 지적도 강하게 제기했다. 이런 활동은 우리나라 전체의 위기를 정확히 직시하는 계기이자 안보의 가장 취약한 부분인 무인기 공격에 적극적으로 대응해나가기 위한 길을 새롭게 튼 것이라 믿는다. 지금의 취약점을 앞으로의 강점으로 전환할 수 있는 전화위복의 계기가 될 것이라고도 확신한다. 아니 꼭 그래야만 한다!

만약 대통령실과 국방부가 내가 제기한 의혹들을 "거짓", "이적행위"로 치부하며 문제를 키워나갔을 때 좌절하며 의혹 제기를 중단했다면 어땠을까. 국가적 위기의 진실은 드러나지 못했을 것이다. 대통령실과 국방부가 키워놓은 위기의 판에 올라가 버텼기에 이를 한번에 뒤집음으로써 전세를 역전시킬 수 있었다. 대통령실과 여당이었던 국민의힘의 거짓말이 들통난 이상 국민들은 내 편이었다. 그 어떤 위기 속에서도 국민을 최우선으로 두고 국민을 지키기 위해 물러나지 않았다는 진심이 전해진 듯했다. 그 결과 당내에서 안보 전문가로서 입지를 다지고 국민의 응원과 성원도 받게 되었으니 그저 감사할 따름이다. 그리고 나는 국민들을 등에 업고 우리나라의 안보 공백에 있어 더 날카로운 촉을 세울 것이다. 아주 작은 위기의 징후라도 감지되면 이를 막기 위해 언제나 최선을 다할 것이다.

일상 속 위기 징후를 살피는 방법

나는 차에 타기 전 나만의 습관이 있다. 내가 탈 차를 한 바퀴 돌아보는 것이다. 차 주변과 차량의 상태를 확인하기 위한 습관이다. 차를 한 바퀴

돌이보면서 차량 주변에 무엇이 있는지 확인한다. 혹시 어린아이들이 있는지, 강아지나 고양이가 웅크리고 있지는 않은지, 또는 어떤 이상한 물건들이 놓여 있는 건 아닌지 확인한다. 그리고 차량의 네 바퀴를 점검하는 것도 잊지 않는다. 발로 차 타이어 공기 상태나 타이어 상태를 체크하는 것이다. 이렇게 하면 사고에 대한 사전 징후를 발견할 수 있다.

한 번은 고속도로를 통해 장거리 여행을 하기로 결심하고 떠나는 날 아침 습관적으로 차를 확인하면서 타이어 네 바퀴를 발로 차보았다. 그러다가 타이어 한 개가 다른 바퀴보다 바람이 빠져 있는 것을 발견했다. 유심히 관찰해보니 못이 박혀 있었다. 나는 예비 타이어로 교체하고 못이 박힌 타이어를 차량 정비소에 가서 교체한 뒤 운전을 했다. 진땀이 났다. 만약 내가 그것을 확인하지 않은 채 차량을 몰고 고속도로를 달렸더라면 어떻게 되었을까? 생각하고 싶지 않은 일이지만 아마도 대형 사고로 이어졌을 확률이 높다. 타이어가 보낸 사고 징후를 미리 읽고 조치함으로써 안전 운행을 할 수 있었던 것이다.

그 이후 군 생활을 하면서 부대 운전병에게도 이러한 절차를 지키도록 매뉴얼화했다. 운행 전 일일·주간·월간 단위로 점검 및 정비사항 등을 규칙으로 정해 반드시 지키도록 한 것이다. 그러한 노력을 통해 사전에 위험요소를 제거하고 안전 운전을 할 수 있는 여건을 만들었다. 사소한 것 같아 보이는 이런 노력들이 큰 사고를 막는 중요한 습관이 된다. 일상 속 크고 작은 사고 위험을 미리 알아차리고 그에 대해 즉각 조치를 취할 수 있도록 우리 스스로 징후의 안테나를 수시로 작동하자.

위기 속 '기회'라는 옥석을 가려내기 위해

가장 필요한 능력은

손자의 '이환위리'의 정신이다.

'이환위리'란 90%의 '부정' 대신

10%의 '긍정'을 바라볼 줄 아는 시각이다.

남이 잘하는, 혹은 남이 짜놓은 판에

끌려 들어가는 것이 아니라

자신에게 유리한 판을 만들고

그곳에서 자신의 강점으로 승부를 보면

결과는 얼마든지 달라질 수 있다.

이것이 손자가 말하는 "이겨놓고 싸우는 법"이다.

경쟁의 개념을 바꿔라 - 전승의 법칙

한국은 정말 치열한 경쟁사회다. 학교 다닐 땐 친구들보다 더 좋은 성적을 내야 하고, 직장에서는 더 빨리 진급하기 위해 동료들과 경쟁해야 한다. 이겨야만 한다는 압박 속에 살다 보니 살아가면서 많은 스트레스를 받는다. 어떻게 하면 넘어지지 않고 경쟁에서 이길 수 있을지, 좀 더 쉽게 이기는 방법은 없는지 끊임없이 고민해야 한다.

그런데 뉴노멀 시대가 도래하면서 상황이 더 복잡해졌다. 미래를 예측할 수 없는 불안과 혼돈 상태에 접어들었고, 경쟁은 더욱 치열해졌다. 새로운 질서가 도래하는 과정에 산업 간의 경계가 무너지면서 경쟁 상대의 범위가 넓어졌기 때문이다. 과거에는 방송국이 타 방송국들과 경쟁을 했다면, 이제는 유튜브나 넷플릭스와 같이 거대하게 성장한 신생 플랫폼들과도 경쟁을 해야 한다. 미디어 생태계가 달라진 탓이다. 비단 방송국만의 이야기일까? 아니다. 사회 전반에 걸쳐 변화의 태풍이 불고 있다. 게임이 더 어려워졌다. 이런 상황에서 우리는 무엇을 어떻게 해야 할 것인가?

손자의 지혜를 빌려보자. 손자는 경쟁을 앞두고 어떻게 이길 것인지부터 고민하지 않았다. 그보다 먼저 경쟁하지 않고도 이길 수 있는 방법, 한마디로 '전승全勝'을 고민했다. '전승'을 한자로 풀면 '온전할 전全'에 '이길 승勝'으로, 전승이란 온전한 승리를 추구하는 것이다. 여기서 온전한 승리란 무엇을 뜻하는 것일까? 손자가 강조한 말 중에 "백전백승百戰百勝은 비선지선자야非善之善者也"라는 것이 있다. 즉, 백 번 싸워서 백 번 이기는 것이 꼭 최선은 아니라는 것이다. 『손자병법』은 백전백승의 전법서로 알려져 있지만 사실은 조금 차이가 있다. 손자는 백 번 싸워서 백 번 이겼다고 해도 전쟁이라는 것은 결국 피해가 생길 수밖에 없다는 사실에 주목했다. 그래서 백전백승보다 싸우지 않고 피해 없이 온전히 이기는 것을 최선의 방안이라고 했다. 당시 대부분의 병법가나 전략가들이 전쟁을 싸워서 이기는 것이라고만 정의했다면, 손자는 싸우지 않고 이기는 것까지도 전쟁의 스펙트럼 속에 포함시킨 것이다. 경제학적 관점에서 봤을 때 손자의 전승이야말로 가장 경제적인 승리라 할 수 있다.

가장 경제적인 승리, 서희의 외교 담판

우리의 역사 속에도 싸우지 않고 크게 이긴 사례가 있다. 적과 직접 싸우지 않고 설득을 통해 원하는 것을 얻어낸 사건, 바로 서희徐熙의 외교 담판이다. 서희는 고려시대의 문신이자 장군이다. 거란이 침공해왔을 때 고려의 영토를 지킨 것은 물론, 오히려 '강동6주江東六州', 즉 압록강 하류

동쪽에 있던 6개의 행정 지역까지 영토를 확장시킨 인물로 잘 알려져 있다. 과연 서희 장군은 어떤 방식으로 싸우지 않고 이기는 전략을 구사했던 걸까?

938년 무렵, 거란은 만주 일대에서 요나라를 세운 후 최고의 전성기를 누리고 있었다. 중국 전체를 정복하겠다는 야망을 이루기 위해 남쪽에 있던 송나라까지 눈독을 들였다. 이런 거란에게는 눈엣가시가 하나 있었는데, 다름 아닌 송나라와 친한 고려였다. 거란이 송나라를 공격할 때 고려가 옆에서 자신들을 공격해오면 허를 찔릴 수 있었기 때문이다. 이를 막기 위해 거란은 먼저 고려를 침략했다. 당시 거란보다 힘이 약했던 고려는 당연히 항복하려고 했다.

하지만 서희가 이를 극구 반대했다. 군사력이 강한 거란과 싸우지 않고도 땅을 지킬 수 있는 방법을 고민한 것이다. 당시 서희는 거란의 상황을 정확히 파악하고 있었다. 거란은 송나라를 빠르게 정복하고 싶었을 뿐 고려와 싸울 생각이 없다는 것을 말이다. 실제로 거란은 병력이 강했지만 무리한 영토 확장 때문에 전국이 혼란을 겪고 있었다. 또한 군대의 규모가 워낙 크다 보니 운용비가 많이 들어 다시 전쟁을 하는 것이 부담스러운 상황이기도 했다. 거란의 이런 상황을 잘 알고 있던 서희는 거란 측에 한 가지 제안을 한다. 고려는 송나라를 도와 거란을 칠 생각이 전혀 없고, 오히려 거란과 친하게 지내고 싶은데 양국 사이에 여진이 가로막고 있어서 직접 교류하기가 어렵다는 뜻을 밝혔다. 한 마디로 거란에게 여진을 함께 쫓아내고 고려와 거란 간의 길을 열자고 주장한 것이다. 여진을 공동의 적으로 몰아 거란과 동맹을 맺는 것, 이것이 바로 서희의 싸우지 않고 이기는 전략이었다. 한 발 더 나아가 거란의 힘을 빌려 압록강 일대의 여진 땅까지 쉽게 얻으려는 의도가 숨어 있었다. 거란과 싸우지 않고 협력하자고 제안함으로써 실익을 추구하고자 한 것이다.

거란은 서희의 제안을 흔쾌히 받아들였다. 그리고 고려를 도와 여진을 몰아냈다. 고려로서는 거란에게 땅을 빼앗기기는커녕, 오히려 압록강 이남의 여진 땅까지 차지할 수 있었다. 이것이 바로 손자가 말한 전승, 즉 싸우지 않고 이기는 것이다. 왜 손자가 백전백승보다 전승을 최선이라고 했는지 그 의미를 깨닫게 해주는 사례다.

팔씨름 경기로 윈윈하다 – 사우스웨스트 항공

싸우지 않고 상대를 이기는 전략은 현대 기업에서도 자주 쓰고 있다. 이른바 윈윈 전략win-win 戰略이다. 윈윈 전략은 본래 미국의 군사전략에서 유래된 것이다. 그 원리를 설명하면 이렇다. 만약 두 지역에서 동시에 전쟁이 일어나 양쪽에서 싸움을 하려면 그만큼 전력이 약해질 수밖에 없다. 그래서 먼저 한 쪽 지역에 모든 병력을 모아 집중해서 싸워 이긴다. 그런 다음 다시 병력을 이동시켜 두 번째 전쟁까지 승리로 이끄는 것을 말한다.

군사전략에서의 윈윈 전략은 현재 그 개념이 경제 분야로까지 확대되어 조금 다른 의미로 쓰이고 있다. 경영에서의 윈윈 전략이란 손자가 얘기한 싸우지 않고 이기는 것을 넘어, 어느 한 쪽도 손해 보지 않고 양쪽 다 이득을 얻는 것을 말한다. 쉽게 말해 누이 좋고 매부 좋은 전략이라 할 수 있다. 실제로 많은 기업들이 윈윈 전략을 통해서 자신들에게 유리한 성과를 거두고 있다. 그중 재미있는 사례가 하나 있어서 소개하고자 한다.

1992년이었다. 미국 댈러스 체육관에서 흥미로운 경기가 하나 열렸다. 이름하여 '댈러스의 대결'이라 불린 팔씨름 경기다. 그런데 경기를 벌인 두 선수들의 이력이 특이했다. 둘 다 미국 항공업계를 대표하는 CEO였던 것이다. 한 명은 저비용 항공사의 대명사인 사우스웨스트 항공Southwest Airlines의 CEO '허브 캘러허Herb Kelleher'고, 또 다른 한 명은 미국의 항공기 제조업체인 스티븐스 에이비에이션Stevens Aviation의 '커트 허월드Kurt Herwald'였다. 그런데 왜 두 사람은 뜻밖의 팔씨름 경기를 하게 된 걸까?

사실 당시 두 기업은 서로 불편한 관계였다. 기업 홍보 문구 하나를 두고 서로 차지하겠다며 팽팽한 신경전을 벌이고 있었기 때문이다. 당시 스티븐스 에이비에이션은 '플레인 스마트Plane Smart'를 슬로건으로 내세웠는데, 사우스웨스트 항공이 이와 비슷한 '저스트 플레인 스마트Just Plane Smart'라는 문구를 사용하기 시작한 것이 화근이 되었다. 스티븐스 에이비에이션의 허월드 회장은 가만있지 않았다. 당장 사우스웨스트 항공을 상대로 상표침해 소송을 제기한 것이다. 두 기업은 결국 상표권을 두고 소송을 벌이기 직전에 다다랐다.

그런데 이때 사우스웨스트 항공의 캘러허 회장이 허월드 회장에게 엉뚱한 제안을 하게 된다. 상표권을 누가 가질지 팔씨름으로 겨루자는 거였다. 허월드 회장으로서는 황당한 제안이었지만 거절할 이유가 없었다. 당시 허월드 회장은 30대의 젊은 나이였고 캘러허 회장은 60대였기 때문에 팔씨름을 해봤자 젊은 자신이 너끈히 이길 수 있다고 생각한 것이다. 두 사람의 팔씨름 경기는 그렇게 성사되었고 유명 CEO들의 이색 대결이었던 만큼 사람들의 관심이 집중되었다. 시합에서 이긴 쪽이 홍보 문구의 권한을 갖게 되는 팔씨름 경기. 과연 그 결과는 어땠을까?

모두의 예측대로 경기는 젊은 허월드의 싱거운 승리로 끝났다. 그런데 실제로 이 경기에서 진 사람은 아무도 없었다. 경기에서 이긴 허월드 회장은 사우스웨스트 항공사가 홍보 문구를 사용하도록 흔쾌히 허락했다. 이미 홍보 문구는 별로 중요치 않은 사안이 되었다. 캘러허 회장이 제안한 이색적인 경기 덕분에 기업 홍보 효과를 톡톡히 누릴 수 있었기 때문이다. 그런 의미에서 두 사람은 경기가 끝난 후 소송비용의 10%인 약 2,000만 원을 사회에 기부하기도 했다. 두 명의 CEO가 벌인 세기의 대결이 화합의 축제로 마무리된 셈이다. 그야말로 전형적인 원윈 게임이 되었다고 볼 수 있다.

이러한 성공은 캘러허 회장의 원윈 전략 덕분에 가능한 일이었다. 사우스웨스트 항공의 캘러허 회장은 소송을 해봤자 승산이 별로 없을 뿐더러 서로에게 흠집만 날 것이라 생각했다. 그래서 홍보 문구를 누가 가질 것이냐를 두고 싸우는 대신 하나의 이색적인 이벤트를 기획한 것이다. 원래 캘러허 회장은 편fun 경영을 즐기는 괴짜로 유명하다. 오찬장에 엘비스 프레슬리Elvis Presley 복장으로 등장하는가 하면 기내 안전수칙을 랩송으로 대신하게 했을 정도다. 이런 캘러허 회장이었기에 소송 대신 팔씨름 시합을 할 생각을 떠올릴 수 있었던 것 아닐까. 그리고 이것은 홍보 문구 소송에서 이긴 것보다 훨씬 좋은 성과를 냈다. 손자의 이기지 않고 싸우는 전승 전략의 효과를 그대로 보여준 것이다. 상대를 누르고 올라서야만 이기는 것이 아니라 함께 이길 수 있는 방법을 찾는다는 점에서 뉴노멀 시대를 살아가야 하는 우리들에게 많은 시사점을 남겨주고 있다.

유튜브도 윈윈한다

　시대 흐름에 따라 윈윈 전략도 진화한다. 그 대표적인 사례가 바로 유튜브다. 유튜브는 그야말로 요즘 제일 잘나가는 플랫폼이다. 우리나라의 경우 전 국민이 쓴다는 카카오톡보다 유튜브 사용 시간이 더 길 정도라고 하니 적잖이 놀랍다. 이쯤 되면 "안 봐도 비디오"가 아니라 "안 봐도 유튜브"라는 말을 해도 과언이 아닌 것이다. 4차 산업혁명 시대를 맞이해 플랫폼 기업이 뜨는 건 당연하다지만, 어떻게 유튜브가 이렇게 대세 중에 대세가 될 수 있었던 것일까?

　나는 유튜브 성공의 답을 윈윈 전략에서 찾았다. 그렇다면 과연 누구와 누구의 윈윈이냐? 바로 플랫폼을 제공한 유튜브와 그 플랫폼에 다양한 콘텐츠를 올리는 유튜버 크리에이터들이다. 다들 알다시피 유튜브는 누구에게나 열려 있는 플랫폼이다. 나이가 많든 적든, 국적이 어디든, 남자든 여자든 상관없다. 누구든 자신만의 콘텐츠를 올릴 수 있고 조회수에 따라 얼마든지 수익을 올릴 수 있다. 키즈 유튜브 채널을 운영하고 있는 7세 어린이의 경우 자신의 채널을 통해 연 매출 70억 원 이상을 벌어들이고 있다는 소식을 접했다. 유튜브의 위력이 그만큼 대단하다. 이런 성공 신화가 가능한 시스템이다보니 사람들은 너도나도 유튜버가 되겠다고 나선다. 어떻게 하면 유튜브를 통해 돈을 벌 수 있을까를 고민하며 자신만의 독특한 채널을 만들고자 한다. 당장 서점에만 가봐도 이런 사회적 흐름이 한눈에 보인다. '유튜브로 성공하기'를 주제로 한 책만 서가 하나를 꽉 채울 정도다. 이렇게 많은 책이 나온다는 건 결국 잘 팔린단 얘기고 그만큼 유튜브에 도전하는 사람이 많다는 뜻이기도 하다. 바로 이 지점에서 유튜브와 유튜버 크리에이터들의 원원 전략이 성립된다. 크리에이터들은 어떻게든 양질의 콘텐츠를 개발해 유튜브에 올리려 한다. 그렇게 유튜버들이 양질의 콘텐츠를 많이 만들어 올릴수록 유튜브에는 많은 사람들이 몰리게 되고, 유튜브의 매체 파워는 더 강력해진다. 유튜버들은 바로 이 유튜브 채널을 통해서 양질의 콘텐츠를 올리고 자신들의 노력에 상응하는 수익을 가져갈 수 있게 된다. 유튜브와 유튜버 크리에이터가 서로 원원하는 공생관계라 할 수 있는 이유다.

최근에는 유튜브 못지않게 인스타그램도 큰 인기를 끌고 있다. 인스타그램은 자신의 일상을 담은 사진이나 동영상을 공유하는 SNS 앱이다. 특히 해시태그(#)를 통해 자신의 관심사를 검색한 후 관련 계정을 볼 수 있다. 모르는 사람이라도 자신과 비슷한 취향과 취미를 가진 사람들과 온라인에서 친구가 될 수 있고, 사진과 동영상을 피드에 올림으로써 서로 소통할 수 있다. 이런 인스타그램 내에서도 수많은 인기 계정이 탄생했다. 키우는 반려견의 귀엽고 사랑스러운 모습이나 다이어트 성공담, 수많은 패션 아이템 관련 콘텐츠를 올려서 인기를 끄는 사람들이 생겨난 것이다. 이름하여 SNS 인플루언서influencer(온라인에서 영향력 있는 개인)들이다. 이들을 중심으로 사람들이 모여들기 시작했고, 하나둘 1인 마켓들이 생겨나기 시작했다. 1인 마켓은 말 그대로 1인 미디어 시대에서 인스타그램이나 페이스북 등 소셜 네트워크 서비스SNS를 통해 제품 판매가 이뤄지는 마켓을 말한다. SNS를 통해 물건을 직접 판매하는 개인 판매자들이 증가하는 현상을 표현한 것으로 세포마켓이라고도 불린다. 세포 단위로 유통시장이 분할되는 모습을 비유한 것이다. 이런 1인 마켓들 역시 인스타그램이라는 플랫폼과 원원한다.

1인 마켓은 자신만의 개성과 특성을 담은 새로운 상품들을 만들어 유저들의 관심을 끌고, 유저들은 자신이 평소 관심이 있거나 취향에 맞는 상품들을 추천받는다. 이들이 서로의 필요에 따라 인스타그램을 더 자주 찾는 만큼 인스타그램은 플랫폼으로서 더 강한 경쟁력을 갖게 된다. 이것은 유튜브뿐 아니라 다른 SNS 플랫폼에도 통하는 이야기다.

이런 원원 전략 뒤에는 또 하나의 의미가 숨어 있다. 과거엔 오프라인 상점을 보유한 유통 대기업이나 유통업자들이 시장을 주도했다면 이제는 온라인 쇼핑 시장이 확대되면서 개개인도 하나의 유통 주체로 활약할 수 있게 되었다는 것이다. 이것은 우리에게 또 하나의 시장이 열렸음을 뜻한다. 유튜브, 인스타그램 등이 누구에게나 커다란 기회의 '장場'이 되어주고 있다. 오프라인 점포를 가지지 않고 큰 자본 없이 혼자서도 얼마든지 온라인 플랫폼을 통해 자신만의 마켓을 운영할 수 있게 되었기 때문이다. 이제 사람들의 관심을 끌 수 있는 콘텐츠를 만드는 것만으로도 SNS 플랫폼과 원원하며 자신도 성공할 수 있는 기회를 잡을 수 있다. 이처럼 서로를 받침대 삼아 더 큰 성공을 이루는 것이 바로 또 하나의 뉴타입 전략이다.

군대에서 벌모를 실천하다

손자의 벌모伐謀, 즉 원원 전략은 우리가 성공적인 인생을 살아가는 데 있어서도 좋은 수단이 된다. 나 역시 손자의 가르침을 되새기며 벌모, 즉 원원 전략을 실천하기 위해 많은 노력을 해왔다. 그중 한 에피소드를 소개하겠다.

내가 군에서 대대장 직책을 수행할 때 있었던 일이다. 군대에는 각 연대마다 네 명의 대대장이 있는데, 이들은 그야말로 치열한 경쟁 관계다. 직속 상관인 연대장의 고과 점수에 따라 진급 속도가 달라지기 때문이다. 나 역시 대대장 시절 동료들과 경쟁을 해야 했다. 만약 내가 이 경쟁에서 어떻게든 이기고자 했다면 굉장한 스트레스를 받았을 것이다. 그런데 오래전부터 『손자병법』에 푹 빠져 있던 나는 다른 방법을 택했다. 동료들과 상생하는 전략을 구사하기로 한 것이다. 방법은 간단했다. 연대장님을 필두로 모여서 저녁을 먹거나, 부부 동반 모임을 할 때마다 같은 동료 대대장들을 열심히 칭찬한 것이다. 나의 아내는 그런 내 모습을 볼 때마다 의아해했다. 경쟁자들을 칭찬해서 왜 나 자신에게 불리한 행동을 하냐고 묻기도 했다. 그런데 내 생각은 이랬다. 남을 빛낼 수 있는 사람이 빛이 나는 법이고, 더불어 함께 빛날 수 있다고 말이다. 실제로 내가 동료들을 칭찬하자 동료들도 서로를 칭찬하기 시작했다. 칭찬 릴레이가 시작된 것이다. 덕분에 동료들끼리 우애가 깊어지면서 군도 더 강해질 수 있었다. 나중에 알게 된 사실이지만 연대장님도 이런 효과를 느끼셨는지 칭찬 릴레이의 시작점인 나를 높게 평가해주었다. 같은 경쟁자인데도 오히려 동료를 칭찬하는 것을 좋게 보셨던 모양이다. 손자의 벌모를 잘 배워서 실천하니 모두가 잘되고 결국 나한테도 좋은 결과가 따라왔다.

군대에서의 윈윈 사례는 또 있다. 내가 30사단장일 때 일이다. 당시 우리 군에는 장병들의 정신건강 문제가 화두에 올랐다.

군 복무 중인 현역 병사들의 정신건강이 계속 나빠지고 있다는 조사

결과가 속속 나오고 있었기 때문이다. 실제로 2020년 국방부에서 군 장병들의 정신건강 실태를 조사해본 결과 한 가지 이상의 정신건강 문제로 고통 받는 현역 병사가 32.4%에 달했다고 한다. 담배 의존, 신체증상, 불면증, 불안, 우울증, 자살 위험을 겪는 병사도 점점 늘고 있는 추세인데 이것은 이미 내가 사단장이었던 시절부터 예견됐던 일이다. 특히나 문제시 됐던 건 장병들의 정신건강이 악화될 경우 단지 개인의 문제로 끝나는 것이 아니라 폭행이나 군 내 가혹행위로 이어질 수 있다는 점이다. 어떻게든 장병들의 스트레스를 줄여주고, 정신건강 관리를 시작해야 했다. 하지만 간부들과 아무리 머리를 맞대고 고민을 해봐도 딱히 좋은 방법이 떠오르지 않았다. 가장 좋은 해결 방법은 군 장병들을 위한 전문 심리 상담사를 고용하는 것이었지만 말처럼 쉽지 않았다. 예산이 부족했기 때문이다. 당시만 해도 군 장병들의 정신건강 문제는 가볍게 치부되기 일쑤였고, 군인이라면 그 어떤 어려움도 정신력으로 극복해내야 한다는 편견이 있었다. 군대에 전문 상담사가 도입된 지 20년 정도밖에 되지 않았고, 그나마 숫자도 턱없이 부족했다.

1개 사단이 약 만명으로 구성됐는데 이에 할당된 전문상담사는 겨우 4명. 연대당 1명으로 편성돼 있었고, 한 명당 약 2,500명을 소화해야 하는 어처구니 없는 상황이었던 것이다. 전문 상담사는 대대에 최소 한 명, 즉 한 명당 400~500명 정도 담당하는 것이 적절했다. 이런 말도 안 되는 여건을 개선해야겠다는 의지는 있었지만 당장 예산을 충당할 방법이 없었다. 상급 부대에 건의했으나 예산 문제로 더 이상 늘릴 수 없다는 답변을 받았다. 어떻게든 차선책을 마련해야 했다. 열심히 고민한 결과 다행히 좋은 아이디어가 떠올랐다.

그것은 바로 간부(장교, 준사관 및 부사관)들을 대상으로 한 상담심리 교육이었다. 군 간부들에게 상담심리 교육을 시켜 상담가로서 전문성을 키워주는 것이었다. 그렇게 되면 상급자들은 전문 상담사로서의 개인 역량을 키울 수 있고, 군은 전문 상담사를 양성해내는 효과를 거둘 수 있으니 이거야말로 윈윈 아닌가.

나는 즉시 간부들의 상담 능력을 파악해보기로 했다. 간부들과 사병들에게 1:1 면담식 상담을 진행하게 한 것이다. 결과는 참담했다. 상담을 하라고 시켜놨더니 취조를 하고 있는 모양새였다. "집은 어딘가", "아버지는 뭐 하시나", "휴가 나가서 뭐 했나" 등등 질문만 퍼붓고 그 뒤에는 일방적인 설교를 하는 방식이었다. 군 장병들이 어떤 문제로 인해 어려움을 겪고 있는지 들어주고 공감해주는 방식의 상담은 전혀 기대할 수 없었다. 결국 전문적인 교육이 절실하다는 결론이 났다. 그 길로 상담 전문 서적을 만들어 교육을 시작했다. 그것만으로는 효과가 적어 군 부대와 제휴를 맺었던 사이버 대학에도 도움을 요청했다. 당시 그 사이버 대학은 심리상담 분야의 전문성을 갖추고 있었기에 믿을 만했다. 다행히 학교 쪽에서도 흔쾌히 우리를 돕겠다고 나섰다. 우리 사단 전 간부들을 대상으로 '상담학 프로그램'을 제작해 교육 프로그램을 진행하는 것이었다. 예산은 육군본부로부터 받았다. 덕분에 그때부터 군 상급자들은 사이버대학을 통해 전문적인 심리상담 교육을 받았고 그 결과 상담사와 비교해 70~80%의 전문성을 갖추게 되었다.

그제서야 병사들이 상급자들로부터 제대로 된 상담을 받을 수 있게 된 것이다. 그리고 오래 지나지 않아 효과가 나타나기 시작했다. 정신건강에 조금이라도 이상 징후를 보이는 병사들을 미리 발견할 수 있었고, 그에 따라 적절한 처방을 할 수 있었다. 무엇보다 간부들이 먼저 마음을 열고 사병들의 이야기를 경청하기 시작하니 서로 마음을 터놓고 얘기할 수 있는 문화가 자리잡기 시작했다. 군 내의 조직 문화도 눈에 띄게 좋아지면서 사병들도 그 나이에 맞게 건강한 활력을 되찾았다. 당연스레 문제 장병들의 사고도 크게 줄어들었다. 그 뿐인가. 당시 심리상담 교육을 받은 간부들 중에는 자신의 상담 역량을 키워 진로를 바꾸는 경우도 생겨났다. 간부 개인의 역량도 키우고 군 장병들의 정신건강을 튼튼히 해 전력도 강화했으니 두 마리 토끼를 잡은 셈. 다시 생각해도 모두가 윈윈할 수 있었던 바람직한 사례라 생각된다. 만약 그때 예산이 부족하다는 사실에만 매몰돼 상황을 그대로 방치했으면 어땠을까. 소중한 군 장병들이 극심한 스트레스 상황에 내몰린 채 인생의 가장 빛나는 시간을 아파하며 허비했을지 모른다. 또 그런 장병들을 이끌어야 하는 군 간부들의 고충도 커졌을 것이다. 다행히 문제의 답을 예산에 국한시키지 않고, 다른 시각에서 해결책을 찾으니 의외로 쉽게 다른 답을 찾을 수 있었다. 손자가 말하는 벌모의 정신도 그런 것이다. 경쟁을 단지 경쟁으로만 바라보지 않는 것. 경쟁을 협치와 협력으로 대신해 새로운 정답을 찾아내는 것. 이것이야말로 우리가 위기에 내몰릴수록 절대 잊지 말아야 할 삶의 지혜가 아닐까.

뉴타입 전략 3

주도권을 선점하라 – 밀당의 법칙

신혼부부들에게 흔히 하는 소리가 있다. 결혼 초반에 주도권을 잡아야 앞으로 편히 살 수 있다는 것 말이다. 실제로 신혼 때 서로 주도권을 잡으려고 신경전을 벌이는 부부들이 많다. 그런데 여기서 말하는 주도권이란 무엇일까? 주도권이란 어떤 일을 결정할 때 자신이 유리한 쪽으로 선택하고 결정해나갈 수 있는 힘을 말한다. 쉽게 말해 결정권이라 할 수 있다. 부부 사이에도 그런데, 기업 경영이나 국가 간 전쟁에서 주도권을 갖는 것이 얼마나 중요한지 백 번 강조해도 부족하지 않다. 주도권을 빼앗긴다는 것 자체가 불리한 여건에 놓이는 것이기 때문이다. 주도권을 놓치는 것은 곧 패배를 의미한다.

손자 역시 이를 일찌감치 깨닫고 주도권 확보의 중요성을 강조해왔다. 특히 주도권을 갖기 위해서 '치인이불치어인 致人而不致於人'하라고 했다. 적에 끌려가지 말고 내가 적을 끌고 가야 한다는 뜻인데, 이를 위해서 손지는 네 가지를 강조했다. 먼저 손자는 전장에서 주도권을 행사하기 위해서 전투를 벌일 결정적 장소와 싸우는 시간을 내가 선택해야 한다고 했다. 즉, 내가 어디서 싸울지, 또 언제 싸울지를 선택해야 한다는 것이다. 자신이 어디서 언제 싸울지를 안다면 천 리 밖에서도 전쟁을 지휘할 수 있다고 했다. 둘째, 아전적분我專敵分, 즉 나는 집중하고 적은 분산시키라고 했다. 전투 현장에서 내가 압도적 우세를 발휘해 쉽게 승리하기 위해서 꼭 필요한 것이다. 셋째, 적 부대 간의 상호지원 및 협조를 방해할 수 있어야 한다. 적이 많은 병력을 가졌더라도 쉽게 이기기 위해서다. 마지막으로 적보다 많이 알아야 한다고 했다. 즉, 정보력을 지녀야 한다는 것이다. 전투 현장에 대해 적군보다 더 많은 정보를 가지고 있을 때 보다 효율적으로 주도권을 행사할 수 있다. 적군보다 빠르게 더 유리한 방향으로 움직일 수 있기 때문이다.

전략가 손빈의 주도권 선점 이야기

손자의 주도권 전략을 잘 실천해서 큰 승리를 거둔 역사 속 사례가 있다. 바로 손자의 후손 중 또 한 명의 뛰어난 전략가로 손꼽히는 손빈孫臏의 이야기다. 기원전 341년의 일이다. 제나라 군대를 이끌던 손빈은 위나라의 장수 방연龐涓과 전투를 벌이게 되었다. 방연은 한때 손빈과 동문수학했던 절친이었지만 나중에 원수가 되어버린 인물이다. 자신의 능력이 손빈에 미치지 못한다는 것을 알게 된 방연이 손빈을 모함해 다리를 못 쓰게 만드는 중형을 받게 했기 때문이다. 결국 손빈은 위나라를 떠나 제나라로 가게 되었고, 두 사람은 목숨을 건 전투를 하게 되었다.

항상 병법에서 방연보다 한 수 위였던 손빈이 먼저 공격에 나선다. 이를 위해 손빈은 결정적 전투 장소를 계릉桂陵으로 정한 후 방연의 군대를 그쪽으로 유인할 방책을 생각해낸다. 주도권을 먼저 잡고 전투에 나선 것이다. 그 이후의 전략도 미리 세워둔 참이었다. 철수하는 척 뒤로 빠지면서 유인했다가 급습하는 것인데, 방법은 간단했다. 당시 군대에선 밥을 해먹는 솥을 아궁이에 걸어두곤 했다. 아궁이 솥의 개수만 세어봐도 적군의 수를 어림짐작으로나마 알 수 있었던 것이다. 이를 잘 알고 있던 손빈은 아궁이에 솥을 적게 걸어두었다. 마치 아군의 병력이 줄어드는 것처럼 보이고자 했던 것이다. 적군이 자신의 군대를 얕보게 만들어 섣불리 공격하도록 만들려는 계략이었다. 이런 전략은 곧 효과를 발휘했다.

방연은 실제로 아궁이와 솥의 숫자를 보고 손빈의 군대가 세력이 약해졌다고 확신했고 추격을 서둘렀다. 방연이 제대로 계략에 걸려든 것을 안 손빈은 그때 다시 아궁이와 솥의 숫자를 조절한다. 첫날에는 10만 개의 아궁이를 남기고, 다음날에는 아궁이를 5만 개를, 그 다음날에는 단 3만 개만 남겨두었다. 손빈 군대의 아궁이 수가 줄어드는 것을 본 방연은 크게 기뻐했다. 제나라 군사가 절반 넘게 달아났다며 승리를 확신한 것이다. 그리고 방연은 그의 보병들은 남겨둔 채 날쌘 소수 정예부대만을 이끌고 재빨리 손빈의 군대가 있는 마릉馬陵까지 도달한다. 손빈의 군대가 3만 명밖에 되지 않을 거라 판단했기 때문에 일부러 많은 부대를 동원하지 않았던 것이다. 앞서 간 손빈의 군대가 어떤 함정을 만들어두었을지 전혀 의심하지 않고 그저 빠르게 추격하기만 바빴던 것이다. 그 이후에 어떻게 됐을까? 방연이 마릉까지 추격해갔을 때는 이미 날이 어두워져 있었다. 그런데 마릉은 길이 좁고 험해 결국엔 길이 막혀 더 이상 나아갈 수 없게 되었다. 당황한 방연이 앞으로 나가 보니 길 양쪽의 나무들이 모두 쓰러져 있었는데 한 가지 이상한 점을 발견했다. 유독 가장 큰 나무 하나만 그대로 서 있는 것이었다. 가까이 다가가서 보니 누군가 나뭇가지를 벗겨 글을 적어둔 것이 보였다. 횃불을 밝혀 그 글을 읽으니 이런 문장이 나왔다.

"방연은 이 나무 밑에서 죽으리라!"

아연실색한 방연이 급히 퇴각하려고 했지만 이미 사방에서 화살이 쏟아지고 있었다. 또한 엄청난 함성소리와 함께 길 양쪽에서 손빈의 군사가 몰려나오기 시작했다. 손빈은 위나라군이 마릉까지 도착할 시간을 예측해 그곳에 궁수들을 매복시켜 두었다. 또 나무 아래에서 불빛이 보이면 그곳에 집중적으로 일제히 활을 쏘라고 명령해놓은 것이다. 그야말로 치밀한 계획이었다. 절망에 빠진 방연은 결국 검을 뽑아 스스로 목숨을 끊었다. 주도권 싸움에서 밀린 방연의 쓸쓸한 최후다.

어디서 언제 싸울 것인지 먼저 정하고 자신이 원하는 대로 전투를 이끌어낸 손빈의 완벽한 승리였다. 이때 만약 방연이 손빈의 계략에 넘어가지 않고 계릉에 가지 않았다면 어떻게 되었을까? 그랬다면 결과는 또 어떻게 달라졌을지 모른다. 주도권 확보 전략에서 가장 중요한 것은 적을 자신이 만든 판으로 끌어들이는 것이기 때문이다. 자신이 짜놓은 유리한 전략대로 적을 마음껏 쥐고 흔들 수 있어야 쉽게 이길 수 있는 것이다.

월마트, 빼앗긴 주도권을 되찾다

기업 경영에서도 주도권 확보는 무엇보다 중요하다. 기업이 시장에서 얼마나 주도권을 갖고 움직이느냐에 따라 그 성과가 크게 달라지기 때문이다. 실제로 시장에서의 주도권을 선점해서 효과적으로 성공한 기업이 있다. 바로 세계 최대의 유통체인 기업 월마트Walmart다. 1960년 대, 미국의 K마트가 소매유통 시장을 점령해나가고 있을 무렵, 샘 월튼 Samuel Moore Walton이라는 인물이 월마트를 세웠다. 샘 월튼은 뉴포트 Newport라는 작은 도시의 소매업체에서 아르바이트를 하며 살아가던 평범한 청년이었다. 그런 그가 자신의 아내와 함께 한 잡화점을 인수했다. 이것이 월마트의 시초다. 그런데 한 가지 놀라운 사실은 이런 작은 잡화점에 불과했던 월마트가 1990년 무렵 당시 유통시장의 강자였던 K마트를 누르고 세계 1위의 유통기업으로 우뚝 섰다는 사실이다.

대체 후발주자였던 월마트는 어떻게 강력한 경쟁자를 따돌리고 유통 업계의 최강자가 될 수 있었던 걸까? 가장 큰 비결은 바로 선발 기업인 K마트의 주도권이 미치지 않는 시장을 찾아내 그곳을 집중 공략한 것에 있다. 1960년대 당시, 대형 마트가 출점하려면 10만 명 이상의 인구가 필요했다. 하지만 월마트는 업계의 상식을 깨고 다른 경쟁 업체들이 신경 쓰지 않는 작은 시골 마을을 공략하기 시작한다. 가장 가까운 큰 도시까지 4시간 정도는 차를 타고 가야 하는 곳에 소규모 점포를 내기로 한 것이다. 소매 할인이라는 비즈니스 모델은 K마트와 똑같았지만 자신에게 유리한 고지를 찾아내 전혀 다른 전략으로 시장의 주도권을 갖기 시작했다. 월마트는 또한 시골 마을의 유일한 할인점이라는 것에 만족하지 않았다. 고객들이 원하는 것을 꾸준히 찾아내고 그에 맞게 혁신을 거듭했다. 그 결과 월마트는 2018년 기준 약 5,000억 달러의 연매출을 기록하는 세계 최대 소매유통기업으로 성장했다. 현재 월마트가 고용한 사람만 약 230만 명에 달한다니 그 규모가 실로 엄청나다. 또 전 세계에 있는 매장을 다 합치면 그 면적이 뉴욕 맨해튼보다 더 넓다고 하니 그저 놀라울 따름이다.

우리가 이런 월마트의 성공 사례를 통해서 배울 수 있는 것은 무엇일까? 주도권을 이미 빼앗긴 불리한 상황에서도 얼마든지 승부를 볼 수 있다는 것이다. 상대가 주도권을 쥐고 있더라도 자신에게 유리한 시장을 찾으면 얼마든지 주도권을 되찾을 수 있다. 그런데 다른 기업이 선점한 시장에 무턱대고 뛰어들었다간 낭패를 보기 쉽다. 또한 이기게 되더라도 많은 시행착오를 겪어야 하고, 또 그만큼의 기회비용을 잃어야 한다. 그래서 손자가 강조했듯이 자신에게 유리한 시장을 먼저 찾고 그곳에서 주도권을 가져와야 하는 것이다. 이를 위해선 적보다 한발 앞서 나가는 기동력, 그리고 그에 앞서 실제 적과의 전투에서 밀리지 않는 기본 내공을 갖추는 것이 중요하다.

주도권 빼앗긴 네이버 라인, 일본에서 날다

국내 기업들 중에서도 주도권 전략을 활용해서 큰 성공을 거둔 기업이 있다. 바로 네이버NAVER의 모바일 메신저 라인LINE이다. 네이버는 일명 초록색 창으로 통하는 검색 엔진을 통해서 국내 시장을 빠르게 선점했다.

그리고 여전히 국내 1위 검색 엔진으로서 시장의 주도권을 쥐고 있다. 그런데 이런 네이버에게도 한 가지 뼈아픈 실책이 있었다. 바로 PC와 인터넷 검색 시장의 최강자였음에도 불구하고 모바일 메신저 시장의 주도권을 신생기업인 카카오에 내주었다는 것이다.

현재 우리나라를 대표하는 모바일 메신저는 누가 뭐래도 카카오톡이다. 국민 10명 중 9명꼴로 사용하고 있으니 말이다. 이렇게 모바일 메신저 시장의 주도권을 카카오에 내준 네이버는 속이 쓰릴 수밖에 없었다. 그래서 어떻게든 이를 만회해보려 했지만 한 번 시장의 주도권을 빼앗긴 이상 다시 되돌리기 힘들었다. 그만큼 카카오의 벽은 높기만 했다. 내가 바꾸고 싶어도 남들이 바꾸지 않으면 새로운 서비스로 옮겨가기 힘든 네트워크 효과 때문이다.

결국 네이버는 더 이상 국내 시장에서 승산이 없음을 인정하고 해외 시장으로 눈을 돌린다. 가장 먼저 눈독을 들인 곳은 일본이다. 네이버는 일찌감치 일본에 진출해 자신들의 주특기인 검색 엔진으로 승부를 내려 했다. 하지만 일본 시장은 좀처럼 열리지 않았다. 이미 일본에는 야후가 검색 시장을 점령하고 있었고 구글이 그 뒤를 바짝 쫓고 있었기 때문이다. 네이버로서는 2위 기업인 구글의 벽을 넘는 것조차 역부족이었다. 그런데 약 10년간 일본 시장에서 겉돌던 네이버가 결정적 한 방을 터뜨리게 된다. 바로 한국 시장에서 카카오에 빼앗겼던 모바일 메신저 시장을 선점하게 된 것이다.

어떻게 이런 일이 가능했을까? 혹시 "라인시테ラインして?"라는 말을 들어본 적이 있는가? 한국말로 "라인 해?"라는 뜻이다. 일본의 젊은 청년들이 자주 쓰는 말이라고 한다. 그만큼 네이버 라인이 일본의 모바일 메

신저로 확고히 자리 잡았다는 깃을 뜻하는 말이다. 라인의 인기는 색관적인 수치로도 확인할 수 있다. 네이버 전체 매출의 35%가 해외에서 발생하는데 이것이 전부 라인을 통해 얻는 수익이다. 실제로 네이버 라인 LINE의 일본 모바일 메신저 시장 점유율은 무려 85%다. 한국 인구수보다 많은 9,500만 명의 활성 사용자수를 보유하고 있다.

그런데 어떻게 국내 시장에서 카카오에 주도권을 빼앗긴 네이버가 이런 성공을 거둘 수 있었던 걸까? 네이버는 2009년 6월 네이버재팬의 시험판을 오픈했다. 그 후 국내에서 성공한 지식인 검색 서비스와 같은 '네이버 마토메'를 무기 삼아서 일본의 검색 엔진 시장을 공략했다. 한국에서 네이버 지식인으로 성공의 기틀을 마련했던 것처럼 일본에서도 같은 전략으로 시장을 사로잡으려 했던 것이다. 시장의 반응은 나쁘지 않았다. 특정 주제에 대해 뉴스, 블로그 등 이용자들이 직접 정보를 생산하고 축적해가는 방식, 즉 유저와 '같이 만들어가는 서비스'였던 마토메는 일본 소비자들에게도 매력적으로 다가간 듯했다. 하지만 네이버가 이끌어낸 반응은 딱 거기까지였다. 마토메 같은 일부 서비스만 주목받았을 뿐 검색 엔진으로서의 네이버는 큰 두각을 드러내지 못했기 때문이다.

이때 네이버가 일본 시장의 주도권을 가질 수 있는 결정적 기회가 생긴다. 바로 2011년 3월 11일 동일본 대지진이 그것이다. 대지진이 일어났던 당시 일본에서는 통신두절 사태가 벌어졌다. 일본 내 통신 상태가 좋지 않아서 대부분의 일본인들이 자신의 가족이나 지인들과 연락을 할 수 없는 상황에 놓이게 된 것이다. 국가적 재난 앞에 아끼는 사람들의 생사를 서로 확인할 수 없으니 얼마나 답답했을까. 당시 일본인들이 느낀 충격은 적잖았다. 네이버는 바로 그런 일본 내 현상을 보고 하나의 아이디어를 얻었다. 가뜩이나 지진이 잦은 일본에서 수시로 전화 연결이 끊기는 상황에 주목했고, 위급한 순간에 빠르게 안부를 전할 수 있는 모바일 메신저가 반드시 필요할 거란 확신을 얻은 것이다. 특히 모바일 메신저의 경우 상대가 메시지를 읽었다고 표시되는 것만으로도 서로 안부를 확인할 수 있기 때문에 더욱 요긴하게 쓰일 거라 판단했다. 이에 따라 네이버는 대대적인 전략 수정에 들어간다. 다행히 당시 일본 시장에서는 우리나라의 카카오톡이나 미국의 왓츠앱WhatsApp이 서비스 되기 전이었다. 네이버는 바로 이 틈새를 공략했다. 실제로 네이버가 발빠르게 움직인 결과 동일본 대지진이 발생한 지 한 달 반 만에 라인을 개발해 출시하는 데 성공했다. 딱히 눈에 띌 만한 모바일 메신저가 없었던 일본 시장에서 라인은 아주 신선한 서비스로 다가갔다. 네이버는 그동안 여러 번 실패를 반복하면서 서비스 개발에 전념했고, 그 과정에서 쌓은 여러 가지 노하우를 바탕으로 그 어느 때보다 빠르게 라인을 개발해 서비스를 론칭할 수 있었던 것이다.

아니나 다를까, 일본 시장의 반응은 뜨거웠다. 그해 6월 첫 서비스를 시작한 라인은 반년 만에 1,000만 가입자를 확보할 수 있었다. 카카오톡이 1,000만 회원을 끌어모으는 데 1년의 시간이 걸린 것을 고려하면 두 배 이상 빠른 속도로 성장한 셈이다. 실제로 네이버는 지진이 발생한 지 불과 3개월 만에 라인 서비스를 개시하고 단 5년만에 일본의 '국민 메신저'로 키우는 데 성공할 수 있었다. 네이버는 비록 국내 모바일 메신저 시장에선 카카오에 주도권을 빼앗겼지만 거기서 멈추지 않았다. 국내 대신 더 넓은 일본 시장으로 눈을 돌려 꾸준히 도전했고, 마침내 동일본 대지진이라는 결정적 기회를 맞이했다. 그리고 과감히 모바일 메신저 시장을 향해 주도권 확보의 승부수를 던진 것이다. 이런 성공은 네이버의 단단한 내공이 있었기에 가능한 일이었다. 한 달 반 만에 새로운 서비스를 개발할 수 있는 저력 말이다.

지금도 네이버는 일본 시장에 만족하지 않고 다시 미국과 유럽 시장을 향해 새로운 도전을 해나가고 있다. 그중에 하나가 바로 미국과 유럽 내에 '밴드Band' 서비스를 안착시키는 것이다. '밴드'는 소그룹 멤버들과 함께 자유롭게 소통할 수 있는 서비스다. 코로나19로 인해 언택트 untact 문화가 확산되면서 '밴드' 역시 새로운 성장 가능성을 갖게 되었다. '비대면 소모임'을 위한 소통의 도구로 충분한 수요가 있을 거라 판단되기 때문이다. 글로벌 시장에서 사람들이 무엇을 원하는지, 시대적인 상황이 어떤 서비스를 요구하는지 정확히 파악하고, 그 시장의 주도권을 빠르게 갖는 것. 바로 이런 전략과 경쟁력이 있는 한, 네이버는 해외에서 지속적인 성장을 꿈꿀 수 있지 않을까.

텃세 심한 곳에서 주도권을 가져오는 방법

살다보면 뜻하지 않게 내가 원치 않는 상황에 놓일 때가 있다. 누가 봐도 나에게 명백히 불리한 판인데 어떻게든 살아남아야 하는 힘겨운 시기. 이럴 때 우리는 쉽게 좌절한다. 나 역시 군에서 그런 시절을 수차례 겪었다. 내가 장군이 된 직후 일이다. 당시 나는 포병 여단장 보직을 마치고 합동참모본부의 전략기획차장이라는 새로운 임무를 명받게 되었다.

합동참모본부는 말 그대로 육·해·공군의 지휘를 통합하고 군의 최고 통수권자를 보좌하기 위한 참모기관이고, 전략기획차장은 『손자병법』의 제갈량과 같은 역할을 하는 자리다. 제갈량이 누구인가. 중국 삼국시대 촉한의 정치가 겸 전략가로, 초인적인 지략으로 명성이 높아 와룡선생이라고 불렸던 인물이다. 유비가 삼고초려 끝에 제갈량을 얻었을 때 자신을 물 만난 물고기라 비유하기도 했다. 제갈량만큼은 아니더라도 나 역시 전략을 구상하고 작전을 수행하는 임무에 자신이 있었는데 전략기획차장에 임명되면서 그 능력을 공식적으로 인정받은 것이다. 그런데 막상 근무를 시작하니 마냥 기뻐할 수만은 없었다.

당시 전략기획부는 약 60여 명의 소령·중령·대령 등 영관급 장교와 군무원으로 구성돼 있었는데 하나같이 화려한 이력을 자랑하는 사람들이었다. 우리나라의 전략과 정책, 군사 외교를 전부 아울러 담당하는 부서다 보니 브레인들만 모아놓은 것이나 다름없었는데, 기본적으로 간부의 1/3은 모두 전략 분야에서 박사학위를 가지고 있었고 전략부서에서 오랫동안 일한 소위 '전략통'들이었다. 그래서 당연히 전략부서에서 근무했던 인원들이 전략기획차장으로 임명되곤 했다. 그런데 나는 예외적인 케이스였다. 전략이 아닌 작전 부서에서 근무하던 사람이 떡 하니 전략기획차장 자리를 차지한 셈이 되었으니 말이다. 알다시피 작전은 전략의 하위 개념이다. 전략이 전체적인 전쟁 수행에 있어서 큰 그림을 그리는 것이라면 작전은 전략에 따라 하부적인 계획을 수행하는 것. 전략부 간부들이 보기에 나는 명백히 급수가 딸리는 작전을 주로 한 '굴러온 돌'이었던 셈이다. 그러니 나를 환대해줄 리 없었다. 상급자들은 물론 직속 부하들마저 나를 차갑게 대했다. 계급에 따라 형식적인 대우는 해주었지만 마음으로 따르지 않으니 나로서는 곤혹스러울 수밖에 없었다. 누가 봐도 불리한 판, 기울어진 운동장이란 생각이 들었다. 하지만 가만히 앉아서 좌절하고 있을 때가 아니었다. 어떻게든 주도권을 가져와야 살아남을 수 있을 테니 나에게 유리한 쪽으로 판을 바꿔야 할 전략이 필요했다. 나의 이력과 상관없이 전략부 구성원들에게 리더로서 인정을 받는 것, 어쩌면 그것이 나에게 처음 주어진 임무였을지 모른다. 개인적으로 운이 나쁜 상황에 놓인 게 아니라 이런 상황 자체가 주어진 임무라고 생각하니 일단 마음이 편해졌다. 평정심을 찾았으니 그 다음 할 일이 보였다. 직속 부하들부터 상급자들까지 한 명 한 명의 객관적인 데이터를 모아서 능력치를 분석해보는 것.

"과연 그들은 정말 전략가로서 자질을 충분히 갖췄는가?"

"나는 그들에 비해 어떤 능력이 떨어지는가?"

"나는 또 그들에 비해 어떤 능력이 더 뛰어난가?"

기업으로 치면 철저한 SWOT 분석을 해야 했다. 상대를 알아야 나에 대한 객관적인 평가가 가능할 것이고 그래야 강점은 살리고 약점을 보완할 수 있으니 말이다

그런데 생각보다 싱거운 게임이었다. 한 명 한 명의 기량을 살피니 이론에만 강하고 실전 감각이 현저히 떨어지는 경우가 많았다. 전략을 글로 배웠으니 실제 현장에서 쓰이는 전략의 제대로 된 원리조차 터득하지 못한 것이다. 그저 오랫동안 전략을 연구하고 박사학위까지 받았으니 스스로 훌륭한 전략가라는 착각에 빠져 있었던 것이다.

냉철한 분석이 끝났으니 목표가 정해졌다. 허울 좋은 전략가가 아니라 마치 '제갈량'과 같이 특출한 전략가를 많이 배출하는 것. 우리 전략부를

성장시킬 수 있는 유일한 방법이라 생각했다. 이와 같은 목표가 정해지자 부하들이 날 어떻게 생각하는지 등은 중요한 일이 아니게 되었다. 어떻게 하면 부하들에게 좋은 전략가로서의 자질을 키워줄 수 있을지만 고민하게 되었다. 나에게 주어진 시간은 단 2년. 당장 특훈을 강행할 필요가 있었다

그렇게 매일 아침 1시간씩 전략 교육 프로그램이 시작됐다.

출근 직후에는 주로 합참의장 주관으로 장군급 회의를 하기 때문에 실무를 보는 소령과 중령, 대령 등 간부들은 시간적 여유가 있었다. 바로 그 시간의 틈을 이용해 체계적인 전략 교육을 시작한 것이다

전략을 짜기 위해서 반드시 알아야 하는 기초부터 탄탄히 배우게 했는데 그 범위가 실로 방대했다. 먼저 우리 군의 운용, 육해공군에 대해서 잘 알아야 하기 때문에 국가안보전략서와 국방부 기본 정책서부터 훑었다. 또한 북한의 전력 상황 등을 면밀히 알기 위해 정보 판단서도 공부했다. 더불어 한미 연합작전을 수행하기 위해 미군들의 전략과 작전도 분석했다. 그렇게 기초를 다진 후에는 실전 감각을 키우는 데 집중했다.

걸프전, 이라크 전 등 과거에 일어났던 실제 전쟁을 분석해 미국이 어떤 전략으로 이길 수 있었는지 철저히 분석하는 것부터 미래전에 대비해 사이버전이나 우주전의 중요성이 얼마나 커지고 있는지까지 섭렵했으며 전쟁 상황이 아닌 평시에 미국은 어떤 전략으로 움직이는지도 함께 배웠다. 필요한 경우 전문가를 초청해 보다 깊이 있는 교육을 하기도 했다. 이 모든 것을 알고 꿰뚫어볼 수 있는 능력을 가져야 비로소 전략에 대한 이론과 실전감각을 모두 키울 수 있기 때문이다. 매일 같이 1시간씩 교육을 이어간다는 게 결코 쉬운 일은 아니었지만 노력한만큼 결과는 확실했

다. 처음 교육을 시작할 때 불만이 많았던 간부들도 차츰 교육 프로그램에 빠져드는 모습을 보였고, 기량도 눈에 띄게 성장했다. 무엇보다 중요한 것은 나를 신뢰하고 따르기 시작한 것이다. 내가 단지 작전 수행에만 능한 사람이 아니라 누구보다 전략적인 식견이 높다는 것을 알고 인정하게 되었기 때문이다. 전략부서원들뿐 아니라 나의 상급자였던 합참의장과 전략본부장도 나의 능력을 인정하기 시작했다. 그러면서 합참의 전략에 대한 주도권은 내가 가지기 시작했다. 실제로 북한의 도발시 나의 전략이 합참의 전략으로 인용됐고, 합참의 전략문서들에 나의 개념이 반영됐다.

지금까지도 그때 나와 함께했던 간부들은 종종 고마움을 전한다. 나 역시 좋은 전략가로 성장해준 그들에게 고마운 마음이 크다. 또 하나 그 어떤 불리한 상황에 놓이더라도 좌절 금지! 나에게 유리한 쪽으로 주도권을 가져오기 위해 노력한다면 얼마든지 상황을 역전시킬 수 있다는 지혜를 얻는 계기가 됐으니 더욱 고맙다. 여러분들도 각자의 상황에서 '주도권 선점의 노하우'를 터득해 자신에게 유리한 판을 주도해나가길 바란다.

주도권을 선점하려면 '배트나'를 확보하라

뉴노멀 시대에는 이런 주도권을 갖는 것이 더욱 중요하다. 안 그래도 위기의 변수가 많은데 나와 직접적으로 경쟁하는 상대마저 변수로 두면 안 된다. 내 방식대로 상대를 끌고 갈 수 있는 판을 만들어야 보다 쉽게 나에게 유리한 판을 만들 수 있다. 특히 양쪽 간의 이해관계가 팽팽하게 대립할 때 누가 먼저 주도권을 갖느냐에 따라서 그 결과는 크게 달라질 수 있다.

구체적인 예를 들면 이런 것이다. 만약 내가 이사를 하기 위해 부동산 중개인과 함께 집을 보러 갔다고 해보자. 여러 집을 둘러보다가 마음에 드는 집을 하나 발견했는데 가격을 좀 낮추고 싶은 상황이다. 그래서 중개인에게 말을 꺼내려는 순간 그가 먼저 입을 뗀다.

"사실 조금 전에 이 집을 보고 마음에 들어하는 사람이 또 있었어요. 그 분이 계약하러 오실지도 모르겠네요."

이 말을 들은 나는 어떻게 반응하게 될까? 갑자기 마음이 다급해진 탓에 가격을 깎기는커녕 서둘러 계약을 진행하게 될지 모른다. 아마도 많은 이들이 그럴 것이다. 이럴 수밖에 없는 이유는 하나다. 부동산 중개인에게 협상의 주도권을 빼앗겼기 때문이다. 만약 내가 먼저 부동산 중개인에게 "여기 오기 전에 본 집이 있는데 그쪽이 더 마음에 들긴 해서 좀 망설여지네요. 가격을 좀 더 깎을 수 있다면 다시 생각해보겠지만……"이라고 얘길 꺼냈으면 결과는 달라질 수 있다. 어떻게든 계약을 성공시키고 싶은 부동산 중개인은 집의 가격을 좀 더 깎아서라도 나를 붙잡으려 할 것이다. 내가 먼저 계약을 좌지우지할 수 있는 주도권을 가졌기에 그 판을 더 유리하게 끌고 나갈 수 있는 것이다.

이처럼 여러 계약이나 협상에서 주도권을 가져야 할 때 우리가 꼭 기억해야 할 전략의 도구가 하나 있다. 바로 배트나BATNA(Best Alternative To a Negotiated Agreement)이다. 배트나는 하버드대의 협상 분야 교수인 로저 피셔Roger Fisher와 윌리엄 유리William Ury가 제안한 개념으로, 쉽게 말해 협상이 결렬되었을 때 내가 선택할 수 있는 최선의 대안을 뜻한다. 예를 들어, 부동산 중개업자의 입장에선 "내가 아니어도 이 집을 계약하려고 하는 B"가 배트나가 되는 것이고, 내 입장에선 "이 집보다 더 싼 집"이 배트나가 되는 것이다. 프로 협상가들은 협상을 하기 전 항상 나의 배트나가 무엇인지 연구를 하는 것으로 알려져 있다. 우리에게도 그런 연습이 필요하다. 나에게 좋은 배트나가 있다면 이를 적극 활용해서 그 판의 주도권을 가져야 한다.

만약 배트나가 없을 경우엔 어떻게 해야 할까? 이 질문에 대한 답을 잘 보여주는 경영 사례가 있다. 미국 텍사스에 휴스턴이라는 전기전력회사가 있다. 휴스턴 전기전력회사는 늘 발전에 필요한 석탄을 대량으로 구입해서 썼다. 그런데 석탄을 회사 발전소까지 운반하려면 반드시 철도를 이용해야만 하는 불편이 있었다. 그런데 회사 발전소까지 오는 철로는 단 한 곳, BNSFBurlington Northern Santa Fe라는 회사의 철도뿐이었다. 문제는 석탄의 운반을 독점하다시피 한 이 철도 회사의 횡포가 점점 심해진다는 거였다. 연간 계약료를 점점 올리는가 싶더니 나중엔 무려 1억 9,500만 달러에 이르렀고, 오히려 서비스는 점점 나빠졌다. 휴스턴의 입장에선 이 철도 회사가 마음에 들지 않았지만 계약 파기를 할 수도 없었다. 이 회사와 계약 관계를 끝내면 당장 석탄을 가져올 방법이 없었기 때문이다. 한 마디로 마땅한 대안, 즉 배트나가 없었기 때문에 불리한 조건에서 계속 계약을 유지해야 했던 것이다.

하지만 그대로 계속 두고 볼 수 없었기에 휴스턴은 결단을 내린다. 어떻게든 BNSF의 경쟁사가 될 만한 곳을 끌어들이기로 한 것이다. 어려운 결정이었지만 일단 마음을 먹으니 방법이 없는 것도 아니었다. 북미 철도 점유율 1위의 유니온 퍼시픽Union Pacific이라는 회사가 있었기 때문이다. 사실 유니온 퍼시픽의 철도는 휴스턴의 회사 발전소까지 이어져 있지 않았다. 그래서 약 10마일의 선로를 연장해야만 했는데 그 설치 비용만 해도 약 2,400만 달러, 한화로 약 285억 원에 달했다. 다른 때 같으면 그냥 포기했겠지만 휴스턴은 과감히 비용을 투자해 선로를 연장했다. 그렇게 유니온 퍼시픽과 계약을 진행한 것이다. 결과는 어떻게 되었을까?

맞다. 협상의 판은 완전히 바뀌고 말았다. 콧대 높게 높은 가격을 부르며 엉망으로 서비스를 하던 BNSF 철도가 오히려 휴스턴 전기전력회사에 계약을 연장해달라고 부탁해야 하는 상황이 되었다. 하지만 이미 버스는 떠났고, 휴스턴은 유니온 퍼시픽과 25%나 할인된 가격으로 계약할 수 있었다. 이로써 계약 첫해에만 1,000만 달러의 비용을 절감할 수 있었는데, 2년 정도 후면 선로를 연장한 비용을 충분히 만회하고도 남는 액수였던 것이다.

우리가 여기서 알 수 있는 것은 무엇일까? 배트나는 저절로 주어지는 것이 아니라, 적극적으로 나서서 만들어내야 한다는 것이다. 지금 현재 상황에선 배트나가 없을 수 있다. 하지만 노력 여부에 따라서 언제든 만들 수 있고 그것을 통해 얼마든지 주도권을 가질 수 있는 것이다. 그리고 주도권을 가진 이상 판은 나에게 유리한 쪽으로 돌아갈 것이다.

리더가 아니어도 판을 주도할 수 있다

주도권을 얘기할 때 우리가 쉽게 빠지는 오류가 하나 있다. 바로 주도권을 가질 수 있는 사람은 오직 권력을 가진 사람 혹은 그 집단의 리더만 가능하다고 생각하는 것이다. 그런데 사실 그렇지 않다. 리더가 아니어도, 권력이 없어도 주도권은 누구나 빌휘할 수 있다. 예를 들어, 어떤 프로젝트를 할 때 그 분야에 자신이 전문성을 갖고 있거나 많은 지식과 정보를 갖고 있다면, 적어도 그 프로젝트에서만큼은 내가 주도권을 가질 수 있다. 상사 혹은 그 윗선보다 더 큰 주도권을 발휘할 수도 있다. 그리고 그렇게 팀원들마다 각자 프로젝트에 대해서 주도권을 갖고 일할 때 일의 능률과 성과도 올라가게 되어 있다.

세계 최대의 검색 엔진 구글만 해도 그렇다. 구글은 2012년부터 2016년까지 사내 조직 문화 개선 프로젝트인 '아리스토텔레스 프로젝트 Project Aristotle'를 실시했다. 겉보기에는 비슷한 수준의 팀원들이 모였는데 왜 어떤 팀은 다른 팀보다 월등한 성과를 올리는지, 또 반대로 어떤 팀은 왜 다른 팀보다 유독 성과가 떨어지는지 알아보기 위해서였다. 실제로 구글에서는 다양한 분야의 전문가들이 모여 4년 동안 구글 안에 있는 180여 개 팀에 대해 구체적으로 조사했다. 그 결과, 구글은 무엇을 알아낼 수 있었을까? 바로 일을 더 잘하는 팀의 경우 팀원들에게 발언권을 충분히 주었다는 사실이다. 일개 사원이라도 팀 안에서 자신의 의견을 충분히 피력할 수 있는 기회를 주었던 것이다. 이것은 회의를 할 때, 누가 어떤 의견을 말하더라도 팀장과 팀원들이 이상한 의견이라고 무시하거나, 깔보거나, 우습게 생각하지 않았기에 가능한 일이기도 했다. 실제로 이런 회의 분위기와 시스템이 만들어지면 팀원 누구라도 모두 자신이 주도권을 쥐기 위해서 열심히 발언을 하려고 한다. 그만큼 회의를 더 열심히 준비할 수밖에 없고 일의 능률과 성과 역시 높아질 수 있는 것이다. 이것이 바로 구글 성공 신화의 비결 중 하나다.

우리 일상에서도 주도권을 확보하는 방법은 크게 다르지 않다. 가장 결정적인 방법은 부지런함이다. 남들보다 일찍 움직이는 것 말이다. 손자는 일찍 가서 기다리는 사람이 이긴다고 말했다. 예를 들어 직장인이라면 남들보다 10분 또는 15분 먼저 출근하는 것이다. 밤 사이에 회사 안팎으로 무슨 일이 일어났는지 체크해보고 그날 처리해야 할 업무를 미리 준비해둔다. 그래야 이후 상사와 선후배 동료들이 정시에 출근하면 자신이 미리 파악해놓은 상황을 그들에게 알려줄 수 있다. 한 마디로, 그날 업무의 주도권은 자신이 쥐게 되는 것이다.

그날 회의가 있다면 어떻게 해야 할까? 회의 장소에 남들보다 15분 정도 먼저 가서 오늘 발표할 내용이 무엇인지, 오늘의 발표자는 누구인지 미리 파악해놓는 것도 방법이다. 회의가 어떻게 진행될 것이고, 어떤 내용이 중요하게 다뤄질지 알 수 있기 때문에 남들보다 더 치밀하게 준비할 수 있다. 이런 준비가 다 된 후에 회의가 시작되면 결과는 정직하게 나온다. 준비를 많이 한 사람이 자연스럽게 주도권을 행사할 수 있는 것이다. 업무상 거래처 사람들을 만날 때도 상대방에 대해 미리 파악해놓는 것이 좋다. 그 사람의 성격, 취향, 식성은 어떤지 등을 파악해놓는다면 관계의 주도권을 갖고 거래를 자신에게 유리하게 이끌어낼 수 있으니까 말이다.

하지만 전투를 할 때나 기업을 경영할 때, 그리고 개인이 리더로서 역량을 발휘할 때 주도권을 갖는다는 것은 결코 쉬운 일은 아니다. 개인과 조직 앞에 놓인 불리한 상황을 유리하게 바꾸고, 그 판을 장악할 만한 협상력이 있어야 한다. 그러기 위해선 돌파력과 배짱이 필수다. 주도권을 갖는다는 것은 내가 상대방을 리드하여 일을 자기에게 유리하게 만들기 위한 것이기도 하지만, 내가 상대방에게 끌려가지 않기 위한 것이기도 하다. 미래에 다가올 경영환경에서는 협상할 일이 더욱 많아질 수밖에 없다. 기업들 간 원원을 위해 협력하는 일이 잦아지고, 복잡한 이해관계를 따질 일이 많아지기 때문이다. 이런 협상에서 주도권을 가지면 자신에게 유리한 판을 이끌어갈 수 있을 뿐 아니라, 설사 위기가 오더라도 손쉽게 극복할 수 있다.

뉴타입 전략 4

데이터를 선점하라 - 정보 우위의 법칙

"앞으로 모든 산업에서 데이터가 승자와 패자를 가를 것이다."

세계 최대 컴퓨터 기업 IBM의 CEO 버지니아 로메티Virginia Marie Rometty가 한 말이다. 4차 산업혁명이 빠르게 진행되고 있는 지금, 치열한 경쟁 사회를 살아가는 우리들에게 데이터, 즉 '정보'가 얼마나 중요한지 이렇게 잘 알려주는 말도 없다. 그런데 한 가지 놀라운 사실은 2,500년 전의 손자 역시 늘 '정보'를 중요시했다는 것이다. 『손자병법』 하면 단번에 떠오르는 말 "지피지기知彼知己면 백전불태百戰不殆"가 바로 그것을 말해준다. "적을 알고 나를 알면 백 번 싸워도 위태롭지 않다." 여기서 나를 알고 적을 아는 것이 다름 아닌 '정보력'이다. 실제로 손자는 전쟁에서 이기려면 항상 상대보다 정보 우위에 서야 한다고 강조했다. 그 이유가 무엇일까?

예전부터 새로운 아이디어가 필요할 때 꼭 들르는 곳이 있다. 바로 서점이다. 서점에 가서 신간 서적들을 살펴보면 사회적으로 어떤 문제들이 이슈가 되고 있는지 한눈에 알 수 있기 때문이다. 코로나19 사태가 막 번지기 시작했을 때도 마찬가지였다. 난생 처음 경험하는 전염병이 창궐하면서 사람들은 대체 왜 이런 전염병이 생겨나게 되었는지, 또 어떻게 극복해나가야 하는지 알고 싶어 했다. 하루에도 수없이 쏟아져나오는 뉴스들을 빠짐없이 챙겨 보고, 관련 유튜브 동영상을 찾아보는 것도 모자라 서점에 나오는 서적들까지 보기에 이르렀다. 전염병의 역사를 다룬 책들부터 바이러스에 관한 의학서적들까지 코로나와 직간접적으로 연관이 된 책들이 불티나게 팔려나갔다. 이유는 하나다. 지피지기 백전불태여야 하기 때문이다. 사실 코로나 사태 초기만 해도 신종 바이러스에 대한 가짜 정보들이 무분별하게 퍼져나갔다.

황당한 에피소드들도 속출했다. 한 교회에선 코로나 방역에 소금물이 효과가 있다는 말만 믿고 교회 신도들 입 안에 분무기를 넣어 입 안 깊숙이 소금물을 뿌렸다. 결과는 참담했다. 그 교회에서만 수십 명 무더기 확진자가 나왔던 것이다. 신도들 입에 분무된 소금물을 통해 오히려 코로나 바이러스가 더 빠르게 전파되었기 때문이다. 한쪽에선 코로나 바이러스를 소독하겠다며 현금 180만 원어치 지폐를 전자레인지에 넣고 돌리는 일도 생겼다. 실제로 코로나 바이러스가 소독이 되었는지 어떤지 그 사실 여부는 모르겠지만 지폐는 전부 타버리고 말았다. 화재 사고로 이어진 것이다. 해외에서는 더 황당한 일이 생겼다. 코로나 바이러스가 5G를 타고 번진다는 의혹이 생겨난 것이다. 전에 없던 바이러스에 수많은 사람들이 죽어가는 걸 지켜보며 불안에 떨던 사람들은 마치 기다렸다는 듯이 기지국으로 달려갔고, 거침없이 방화를 저질렀다. 그렇게라도 해서 코로나 사태를 종식시킬 수 있었다면 참 좋았겠지만, 이 역시 가짜 뉴스에 의한 어이없는 해프닝으로 끝났다. 코로나에 대해 잘못된 정보를 가지고 대응했다가 오히려 낭패를 본 경우들이다.

지피지기가 중요한 이유가 바로 여기에 있다. 내가 싸워야 할 적에 대해서 정확히 알고 나에 대해 잘 알아야만 제대로 된 대응을 할 수 있기 때문이다. 그런데 코로나 바이러스로 인해 언제 어떤 위험이 닥칠지 모르는 시대에 과연 지피지기만 중요할까? 아니다. 손자는 지피지기知彼知己 뿐 아니라 '지천지지知天知地'도 중요하다고 강조했다. 여기서 지천지지란 하늘과 땅을 잘 알아야 한다는 뜻이다. 예를 들어, 전쟁을 치르기 전에 기상을 살펴 불확실한 변수는 없는지 확인하고, 전투할 장소의 지형 요소는 어떤지 미리 알아두는 것 등을 의미한다. 현대적인 의미로 해석하면 '주변 환경 평가'라 할 수 있는데, 기업에서 하는 SWOT 분석이 이와 비슷하다. SWOT 분석이란 기업의 내부 환경 요소인 강점과 약점 그리고 외부 환경 요소인 기회와 위협을 파악해 이를 토대로 경영 전략을 수립하는 기법을 말한다. 이때 내부 환경 평가는 지피지기 중 지기이고, 외부 환경 평가는 지천지지라 할 수 있다. 이때 한 가지 놀라운 사실이 있다. 손자는 이미 2,500년 전에 지피지기와 지천지지를 통해서 지금의 SWOT 분석보다 더 정교하고 과학적인 방법으로 주변 환경 평가를 했다는 것이다. 손자가 전쟁을 할 때 정보를 얼마나 중요하게 생각했는지 잘 알 수 있는 대목이다. 그런데 내가 적보다 정보 우위에 설 경우 대체 어떤 점이 좋은 걸까? 실전에서 그 효과가 어떤지 다음 사례를 통해 알아보자.

23전 23승을 가능케 한 정보의 힘

우리 역사상 가장 뛰어난 장군으로 손꼽히는 인물, 이순신 장군은 임진 왜란 때 전무후무한 대기록을 세웠다. 23전 23승, 그것도 무척 열세한 상황에서 이룬 기록이라 더욱 놀랍다. 이순신 장군이 엄청난 지략가라는 건 잘 알려져 있지만, 어떻게 이런 대기록을 세울 수 있었던 걸까? 그 바탕이 된 힘은 따로 있다. 바로 뛰어난 정보력이다. 구체적인 일화를 하나 살펴보자.

이순신 장군은 임진왜란이 일어나기 1년 전쯤 전라좌수사에 임명되었다. 당시 전라좌수사라는 직책은 지금으로 봤을 때 해군 함대 사령관쯤 되는 직책이다. 이렇게 막중한 임무를 맡은 이순신 장군은 가장 먼저 지피지기에 집중했다. 곧 일본과 전쟁을 하게 될 것을 직감하고 전력 비교에 나선 것이다. 특히 왜군과 조선 수군의 강점과 약점을 비교 분석한 후 일본의 강점을 무력화시키기 위해 온 힘을 쏟았다. 그 결실 중 하나를 손꼽는다면 바로 거북선을 만든 것이다. 당시 일본 수군은 주로 등선육박_登 船肉薄 전술을 썼다. 등선육박 전술이란 빠른 속도로 적함에 다가가 배를 붙인 후 적 함으로 건너가서 칼과 창으로 적을 치는 전술을 말한다. 한마디로 일본 수군은 가까이 다가와 싸우는 근접전에 강했던 것이다. 일본 수군의 이런 강점을 파악한 이순신 장군은 어떻게 하면 이를 효과적으로 차단할 수 있을지 고민했다. 때마침 이순신 장군의 부하였던 나대용이 하나의 아이디어를 냈다. 바로 판옥선에 지붕을 덮어 적군이 들어오지 못하게 하자는 것이었다. 이순신 장군은 즉시 실행에 옮겼다. 그렇게 만들어진 것이 바로 거북선이다. 실제로 거북선은 판옥선에 지붕을 덮어 창과 철심을 박은 형태로 설계되었고, 그로 인해 일본 수군은 더 이상 조선의 함대로 올라타지 못했다. 정보의 힘으로 적군의 강점을 완전히 무력화시킨 것이다.

그뿐만이 아니다. 이순신 장군은 새로운 전법을 짜기도 했는데, 그 이름도 유명한 학익진법鶴翼陣法이다. 학익진법은 이름 그대로 학이 날개로 먹이를 감싸고 부리로 쪼아대듯이 적을 포위해 화포로 집중 공격하는 것을 말한다. 짧은 순간에 화포로 집중 사격을 퍼부어 왜군을 무력화시키는 전술이다. 이 전법에도 이순신 장군의 지피지기가 담겨 있다. 당시 조선군은 왜군보다 화포 기술 면에서 더 발달되어 있었다. 이순신 장군은 조선군이 가진 화포의 강점을 어떻게든 해상전에 이용하려고 했다. 조선 수군의 경쟁력을 최대한 살리려 한 것이다. 그런 노력은 결국 빛을 발했다. 판옥선들에 화포를 싣고 다니며 적군에 쏠 수 있게 전력을 강화한 것이다. 그만큼 조선 수군은 화포를 이용한 원거리 전투에 있어서 막강한 경쟁력을 가질 수 있었다.

거북선과 학익진법! 이 두 가지만 봐도 이순신 장군이 지피지기를 얼마나 잘 실천했는지 알 수 있다. 조선 수군의 강점은 극대화하고, 일본 수군의 약점은 잘 파고든 것이다.

임진왜란이 일어난 직후에도 이순신 장군의 정보력은 큰 힘을 발휘했다. 먼저 이순신 장군은 왜군의 보급로부터 끊었다. 우리나라의 지형이 험한 탓에 당시 왜군은 해상을 통해 보급물자를 전달받아야만 했다. 이 사실을 알고 있던 이순신 장군은 빠르게 보급로를 차단했다. 남해안을 돌아 서해로 들어오는 왜군의 해상 보급 경로를 파악하고 발 빠르게 막아버린 것이다. 이에 따라 왜군은 전쟁에 필요한 각종 물자들을 해상으로 보급받을 수 없게 되었다. 그 탓에 왜군은 원래 계획대로 작전을 펼칠 수 없었고, 공격 속도 역시 늦어졌다. 적의 보급로를 발 빠르게 알아낸 이순신 장군의 정보력이 또 한 번 빛을 발한 것이다.

이런 이유 때문인지 이순신 장군은 적에 관한 정보를 모으는 데 많은 공을 들였다. 특히 주변 마을 백성들을 적극 활용했는데, 가장 먼저 쌀과 곡식을 포상금으로 내걸었다. 사람들이 적극적으로 정보를 수집하고 제보하도록 유도하기 위함이었다. 그리고 그 효과는 금방 나타나기 시작했다. 한산도 대첩이 일어나기 얼마 전에 있었던 일이다. 한 사람이 이순신 장군을 찾아왔다. 미륵도에 사는 목동 김천손이라는 사람이었다. 그는 이순신 장군에게 더없이 반가운 소식을 전했다. 왜군이 견내량, 즉 지금의 거제대교 부근에 정박하고 있다는 사실을 알려준 것이다. 애국심이 뛰어났던 그는 왜군의 동향을 알게되자마자 급히 이순신 장군을 찾아왔던 것인데 포상금까지 걸려 있었으니 먼 길도 마다할 이유가 없었다. 그의 그런 수고 덕분에 이순신 장군은 고급 정보를 얻을 수 있었다. 정찰 비행기나 레이더가 없던 시대에 적의 위치와 병력 규모를 미리 알 수 있게 되었으니 전쟁에 있어서 굉장히 유리해진 것이나 다름없었다.

특히 왜군이 자리한 견내량의 지리적 여건은 특수했다. 견내량은 거제도와 통영반도가 만들어낸 긴 수로였는데, 그 폭이 약 400m 정도밖에 되지 않았다. 만약 여기서 전투가 일어나면 왜군이 불리해질 때마다 육지로 도망갈 게 뻔했다. 아무래도 왜군을 전멸시키기가 어려운 조건이었다. 이를 고민하던 이순신 장군은 견내량의 협소한 물길보다 한산도 앞 넓은 바다에서 싸워야 한다고 판단했다. 넓은 바다에서는 왜군이 불리해도 도망가기 어렵기 때문이다. 이런 이유로 이순신 장군은 왜군을 넓은 한산도 앞바다로 유인해 전투를 벌였다. 특히 조선 수군은 사전에 치밀하게 준비했던 학익진법으로 왜군을 단숨에 포위해 화포로 집중 사격을 퍼부었다. 결과는 당연히 조선 수군의 완승이었다. 이순신 장군이 백성들까지 활용해 정보를 폭넓게 수집함으로써 보다 쉽게 한산도 대첩을 승리로 이끌 수 있었던 것이다. 다양한 정보를 바탕으로 한 치밀한 전략과 전술이야말로 이순신 장군이 가진 최대 경쟁력이었던 것이다. 적과 나의 전력을 알고 주변 여건까지 정확하게 파악하고 있을 때 보다 손쉽게 싸워 이길 수 있는 전략을 가질 수 있다.

정보 전쟁, 러·우 전쟁을 통해 현실이 되다

2022년 베이징 동계 올림픽이 성공적으로 개최된 지 4일만에 전 세계에 믿을 수 없는 속보가 전해졌다. 러시아가 우크라이나 침공을 강행하면서 또 한 번의 비극적인 전쟁이 시작된 것이다. 인구 4,400만여 명이 살고 있는 우크라이나를 향해 파괴적인 공격에 나선 러시아는 공중과 지상, 바다를 가리지 않고 폭격을 퍼부었다. 전쟁을 시작한 러시아의 푸틴 대통령은 자국의 안보를 위해 불가피한 군사작전이라고 강조했다. 그가 내세운 명분은 하나, 우크라이나의 비무장인 돈바스 지역 내에 거주하고 있는 러시아인을 보호하기 위함이라는 것. 전 세계 국가들은 모두 한 목소리로 러시아를 비난하면서도 이번 전쟁이 러시아의 싱거운 승리로 끝날 것이라 예측했다. 양국의 군사력만 비교해봐도 체급 차이가 상당했다. 러시아의 군사력은 세계 2위, 우크라이나는 겨우 22위에 불과했으니 말이다.

다윗과 골리앗의 싸움 격인데 실제 무기와 전력에서도 큰 차이를 보였다. 러시아의 병력은 우크라이나의 4배 이상! 전투기와 공격 헬기 보유수만 따져봐도 15배 이상 앞서는 등 군사력의 차이가 상당했다. 이런 막강한 군사력을 앞세운 러시아는 속전속결로 전쟁을 끝내고자 했다. 그래야 발트 3국까지 영향력을 확대해 북대서양조약기구인 나토와 맞설 수 있으니 말이다. 실제로 러시아는 개전과 동시에 우크라이나 주요 도시에 미사일 공격을 퍼부었다. 크림반도와 연결되는 헤르손, 루한스크와 도네츠크를 비롯한 돈바스 내전 지역을 장악하는 것에 그치지 않고 광범위하게 전선을 넓혀 마리우폴과 북쪽 하르키우와 페르니히우까지 공격해나갔다. 그런데 상황이 예기치 않게 돌아가기 시작했다. 러시아가 침공 5일차에 접어들었을 때 주요 목표였던 우크라니아 수도 키예프를 비롯해 제2도시인 하르키우, 흑해 연안의 거점인 마리우폴까지 모두 점령에 실패한 것. 더욱이 우크라이나보다 러시아의 손실이 더 막대했다. 러시아는 전쟁 승리의 3대 요건이라 할 수 있는 적의 병력을 섬멸하거나 적의 수도를 점령하는 것, 그리고 적의 동맹을 끊어놓는 것 중 어느 하나도 달성하지 못했고 오히려 자신들이 큰 피해를 입고 말았다. 금방 끝날 줄 알았던 전쟁이 무한 장기전으로 돌입한 이유다.

대체 왜 러시아는 우크라이나를 상대로 힘겨운 싸움을 벌이게 된 걸까. 첫번째는 기후와 지형적인 요건을 충분히 따지지 못한 것. 특히 우크라이나는 물론 러시아에서도 자주 발견되는 '라스푸티차'에 충분히 대비하지 못했다. 라스푸티차는 해빙기에 비나 눈이 녹아내리면서 비포장 도로가 뻘이 되어버리는 기후 현상을 말하는데 바로 여기에 발목을 잡힌 것이다. 개전 직전 러시아의 탱크 12대가 우크라이나 접경 지역의 뻘에 빠지면서

1개 중대 전체가 발이 묶이는 망신을 당했다. 설상가상! 러시아군은 라스푸티차로 인해 기동로가 제한되자 포장도로 위주로 일렬 종대로 이동할 수밖에 없었는데, 이 때 대전차미사일과 드론 공격에 속수무책으로 노출되며 피해가 더 커질 수밖에 없었다.

러시아 측에선 충분히 예측할 수 있었던 상황인데도 전략적 판단이 미흡해 피하지 못한 것이다. 그런데 이것은 어디까지나 시작일 뿐, 우크라이나의 또 다른 반격이 시작됐다.

2022년 2월 27일! SNS에 영상 하나가 올라왔다. 우크라이나의 전투기 한 대가 개전 후 30시간 동안 무려 6대의 러시아군 항공기를 격추하는 모습이 담긴 것이다. 이후 이 영상은 전 세계 930만 명에게 공유되며 세계적인 관심을 모았고 누군지 신원조차 밝혀지지 않은 조종사는 '키예프의 유령'이라 불리며 전쟁 영웅으로 떠올랐다. 하지만 얼마 후, 이 영상은 사실이 아닌 것으로 파악됐는데 러시아군의 사기를 떨어뜨리기 위한 우크라이나의 심리 전술이었던 셈이다. 러시아가 예상치 못했던 우크라이나의 반격에 휘둘리는 사이 우크라이나는 주요 IT 기업들의 든든한 지원을 등에 업고 정보전에 돌입했다. 구글은 러시아가 우크라이나 현지 도로 상황을 보지 못하도록 지도 앱 기능을 일시적으로 막았고, 페이스북을 운영하는 메타 역시 우크라이나에서 러시아 국영 언론과 연계된 계정 접속을 대거 차단했다. 특히 테슬라의 CEO 일론 머스크는 우크라이나에 초고속 위성 인터넷 서비스 스타링크를 제공했는데, 바로 이것이 전쟁 초기 러시아의 전력을 무너뜨리는 결정적 한 방이 됐다. 우크라이나가 스타링크를 통해 각종 SNS를 통해 주요한 지휘통제 정보를 주고받으며 러시아를 효과적으로 제압해나간 것이다.

적 지휘부의 위치를 정확히 파악해서 적재적소에 공격하는 전략을 구사했는데 이로써 러시아는 전쟁 초반 10여 명의 장성을 잃으며 치명타를 입어야 했다. 결국 스타링크를 통해 러시아보다 정보 우위에 설 수 있었던 우크라이나군이 유리한 고지에 올라선 것이다.

아직도 러시아·우크라이나 전쟁은 현재 진행형이지만 하나의 교훈은 확실히 남겼다. 아무리 강한 무기와 전력을 가졌어도 정보에 밀리는 순간 승기를 넘겨줄 수밖에 없다는 사실 말이다. 특히 IT 기술의 발달로 정보가 가진 힘이 더욱 막강해졌고, 그 어떤 것보다 강력한 무기가 될 수 있다는 것을 생생하게 보여준 사례로 남을 것이다.

이라크전 보고서를 4일만에 작성한 비결

나에게도 전쟁과 관련해 잊을 수 없는 추억이 있다. 지금으로부터 약 20년 전인 2003년 이라크전쟁이 발발했을 당시 미국에서 근무할 때의 이야기다. 나는 그때 중령으로서 28사단 교육훈련 참모를 하고 있었다. 이라크전 발생 일주일만에 육군본부로부터 긴급 임무를 받게 되었다. 이라크전쟁에 직접 참전해서 전쟁의 양상을 분석하라는 것이었다. 마치 〈007〉 영화에서 미션을 받는 것 같은 기분이었다. 전쟁 분석팀은 4명으로 구성됐다. 대령 팀장 1명에 중령급 장교 3명이었다. 전쟁 분석 목적상 보병병과 1명, 포병병과 1명, 기갑병과 1명으로 편성됐다. 지금 당장 전쟁터에 가서 분석이 가능한 장교에게 임무를 부여했다는 말을 들었다. 어학능력이 뛰어나고 분쟁지역 전투 경험이 있어야 했다. 포병장교로는 내가 추천이 된 것이다. 추천된 이유는 대위 시절 미국 포병학교에서 교육 경험이 있고, 소령 때는 인도·파키스탄 분쟁지역인 캬스미르 지역에 UN 요원으로 근무했으며, 전략전술 교리에 밝았기 때문이다.

군으로부터 능력을 인정받아 중요한 임무를 맡게 되었으니 개인적으로 큰 영광이었지만 가족들을 비롯해 주변 사람들은 걱정이 많았다. 당시만 해도 이라크전이 언제 어떻게 끝날지 아무도 알 수 없었다. 게다가 당시 이라크는 생화학 무기까지 쓰고 있다는 의심을 받았기 때문에 40도가 넘는 무더위에 방독면을 쓰고 임무를 수행해야 하는 상황이었다. 목숨을 걸고 불구덩이 속으로 뛰어드는 것이나 다름없었다. 두려움이 없었다면 거짓말이겠지만 군인으로서의 사명감과 책임감 또한 투철했기에 기꺼이 임무를 받아들였다. 실제 전쟁에 참여해본 경험이 앞으로 한반도 전쟁을 대비하고 수행하는 데 있어서 얼마나 큰 자산이 될지 너무나 잘 알고 있었기 때문이다.

나는 미국 중부사령부United States Central Command로 가게 됐다. 중부사령부는 이라크전을 지휘했다. 나는 그곳에 머물며 이라크전에 대해 분석한 결과를 우리나라 정부에 보고하는 임무를 수행했다. 이라크전이 시시각각 어떻게 전개되고 있는지 발빠르게 정보를 수집해 그 양상을 분석해내는 중요한 업무였다. 그런데 상황이 녹록치 않았다. 미국 중부사령부에 머물고 있었지만 정보를 제공받는 데 상당한 제약이 있었기 때문이다. 특히 당시 우리나라는 이라크전에 파병을 하지 않은 상황이라 찬밥신세나 다름없었다. 30~40개에 달하는 파병국에는 별도 회의를 통해 실시간으로 밀도 있는 정보를 제공해주는 반면, 파병을 하지 않은 국가에는 기본적인 정보만 겨우 전달해주는 상황이었기 때문이다. 이렇게 불리한 상황 속에서도 어떻게든 실속있는 정보를 수집하기 위해 백방으로 뛰어다녔지만 분명히 한계는 있었다. 더구나 당시 이라크전은 속전속결로 정리가 되어가는 상황이었다. 전쟁 발발 3주만에 미군 주 병력이 바그다드 입구까지 진출해 곧 종전될 것 같은 분위기가 감지됐다. 그러자 본국 안보실에서 긴급 명령이 떨어졌다. 이라크전이 금방 끝날 것 같으니 어서 전쟁 분석 결과를 보고하라는 것이었다.

정말 대략 난감한 상황이 아닐 수 없었다. 현지에 도착한 지 일주일만에 임무를 받았는데 3주도 안 돼서 결과물을 내야 하는 상황이 됐으니 꼭 벼랑 끝에 내몰린 꼴이었다. 하지만 나는 단 4일 만에 방대한 양의 보고서를 제출했다. 지금 생각해도 기적과 같은 일이었다. 단지 표면적인 내용을 담은 것이 아니라 미국과 이라크가 각각 병력과 예비군을 어떻게 운용했고, 기동 속도는 얼마나 됐고, 기존 전쟁과 달리 새로운 전법과 무기체계는 어떤 것을 사용했는지 하나도 놓치지 않고 분석한 것이었다.

끝으로 이라크전이 우리에게 남긴 교훈이 무엇이었는지까지 통합적인 내용을 담아 제출했다. 결과는 어땠을까. 당연히 대성공이었다. 보고를 받은 윗분들 모두 대단히 흡족해 하셨다는 소식이 들려왔다. 그리고 과연 어떻게 단시간에 이런 고급 정보들을 모아서 분석해낼 수 있었는지 그 비결을 궁금해했다. 여러분들도 그 이유가 궁금하지 않은가. 사실 해당 보고서는 절대 단시간에 작성한 것이 아니었다. 이라크전 발발 6개월 전부터 연구한 결과물이었다. 실제로 나는 이라크에 가기 전 28사단에서 교육 훈련 참모로서 임무를 수행하고 있었는데 이미 그때부터 이라크와 미국 사이에 전운이 감돌고 있었다. 미국이 이라크전을 앞두고 쿠웨이트 지역으로 병력 증원을 하는 등 전조가 보였기 때문이다.

당시 부대 간부들의 교육 전체를 책임져야 했던 나는 무엇보다 이라크 전이 중요하다고 판단했다. 왜냐하면 간부들의 전략전술 능력을 키우기 위해서는 전쟁사를 공부하는 것이 유익한데 현재 벌어지고 있는 생생한 전쟁을 분석한다면 더 크게 도움이 될 것이기 때문이었다.

곧장 사단장에게 건의해서 간부들과 함께 이라크전에 대비해 집중 연구를 하기 시작했다. 간부 교육 차원에서 매일 아침 30분씩 이라크전에 대해서 분석하고 발표하는 시간을 가진 것이다. 당시 미군이 병력을 어디에 더 증파했는지부터 미국과 이라크의 병력 분석, 전략 전술 분석, 그리고 미국의 속내가 과연 무엇인지를 파악하기 위해 주변국의 지정학적 상황을 공부하는 등 철저히 분석을 이어갔다.

그리고 실제로 전쟁이 발발한 후 이라크에 파견을 나갔을 때 교육을 통해 확보해 둔 6개월의 자료를 토대로 보다 깊이 있는 정보를 수집할 수 있었다. 교육을 하면서 의문을 가졌던 부분들에 대해 미군 장교들에게 물어보는 방식으로 정보를 모았기에 단시간에 깊이 있는 결과물을 낼 수 있었던 것이다. 속전속결로 만든 보고서 자료지만 그때 자료는 지금까지도 다양한 분야에 활용되고 있다. 가장 대표적인 것이 이라크전의 의사 결정 과정과 속도였다. 즉 나폴레옹 전쟁 당시는 일주일 걸렸고 이라크전에서는 40분밖에 걸리지 않았다는 것을 확인할 수 있었다. 즉 정보부대가 후세인의 위치를 확인하고 전쟁사령부에 보고하면 전쟁사령부에서는 후세인에 대한 공격을 결심하고, 전쟁 투입 부대에게 임무를 부여한다. 투입된 부대의 정보 수집에서 결심, 타격까지 단 40여 분이 걸린 것이다. 기술의 발달로 인해 후세인의 위치를 파악하는 시간이 빨라졌고 그만큼 공격 시간이 단축됐기 때문이다. 이처럼 이라크전에 대한 여러 가지 실용적인 분석을 담아냈기에 당시 자료는 추후 이라크 전 분석 보고서의 밑바탕이 되었고 지금까지도 널리 응용되고 있다. 나 스스로도 굉장히 만족스러운 결과다.

우리 인생에 있어서도 정보 우위에 서는 것은 무엇보다 중요하다. 좋은 직장에 들어가고 싶다면 그 직장에 대한 정보를 많이 알아야 하고, 내 몸을 건강하게 유지하고 싶다면 내 몸 구석구석에 대해 잘 알아야 한다. 연애를 하기 원하면 상대방이 원하는 것을 누구보다 잘 알아야 하고, 자녀를 훌륭하게 키우고 싶다면 자녀의 성향과 기질을 정확히 파악해야 한다.

주식으로 돈을 벌고 싶다면 투자할 기업에 대한 정보 수집이 무엇보다 선행되어야 한다. 무작정 아무것도 모르고 '촉'과 '감'에 의지해서 투자를 한다면 실패로 가는 지름길이기 때문이다. 다행히 지금 우리에게는 인터넷과 스마트폰이라는 강력한 무기가 주어졌다. 스마트폰 하나만 있으면 무엇이든 쉽게 알아낼 수 있다. 단 정보를 알아내고자 하는 관심과 호기심 그리고 열정이 있어야 가능한 일이다. 지금 당장 무엇을 이루고 싶다면 그것에 대한 공부부터 시작하라. 공짜로 얻어지는 정보는 없으니 말이다.

가장 강력한 무기, 데이터

최근 기업들 간에도 치열한 정보 싸움이 이뤄지고 있다. 스마트폰이 대중화되면서 소비자들은 전 세계 어느 나라의 제품이든 손쉽게 구매할 수 있게 되었다. 과거엔 해외에 있는 제품 하나를 사려면 직접 다녀오는 것밖에 방법이 없었고 까다로운 절차를 거쳐야 했지만, 지금은 클릭 몇 번만으로도 세계의 제품을 손쉽게 주문할 수 있게 되었기 때문이다. 자신이 원하는 물건을 선택할 수 있는 루트가 넓어진 것이다. 반면 기업들은 더 많은 경쟁자들과 치열한 전투를 벌여야만 한다. 단순히 국내 기업뿐 아니라 전 세계 기업들과 경쟁해야 하기 때문이다.

이런 경영 환경에서 각 기업들은 어떤 무기를 가지고 싸워야 할까? 답은 간단하다. 고객이다. 더 정확히 말하면 바로 고객에 대한 정보다. 고객의 취향을 제대로 알아야만 그들이 원하는 제품을 적시에 개발해낼 수 있기 때문이다. 실제로 기업들은 너 나 할 것 없이 고객에 대한 정보를 모으는 데 열을 올리고 있다. 고객을 알아야 경쟁력 있는 제품을 만들 수 있기 때문이다.

그중에서도 전자제품 업계에 신선한 충격을 주고 있는 기업이 있다. 미국의 전자기기 편집샵 베타beta다. 베타 매장은 미국의 최신 전자제품을 가장 빨리 만나보고 체험해볼 수 있는 곳이다. 한 가지 특이한 점은 제품을 전시하기만 할 뿐 판매하지 않는다는 것이다. 놀라운 건 제품을 판매하지 않는데 베타 매장의 수익은 계속 오르고 있다는 사실이다. 어떻게 이런 일이 가능한 걸까? 베타는 매장 안에 다양한 기업의 전자제품을 전시하고 체험할 수 있는 공간을 제공한다. 그리고 그 대가로 각 기업들로부터 입점 비용을 받고 있는 것이다. 제품 하나를 전시하는 데 월 250달러, 한화로 30만 원 정도라는데 기업들은 왜 이런 비용을 내면서까지 베타에 입점하는 걸까?

그 이유는 간단하다. 제품에 대한 고객들의 반응을 '데이터'로 제공받을 수 있기 때문이다. 실제로 베타 매장의 천장에는 수십 개의 카메라가 달려 있다. 카메라들은 고객들이 어떤 제품에 흥미를 느끼고, 얼마 동안 제품을 봤으며, 어떤 반응을 보였는지 전부 촬영을 한다. 베타 테스터beta tester라 불리는 매장 직원들도 고객 반응을 부지런히 기록해 데이터화한다. 이런 정보들이 고스란히 각 기업에 전달되어 시장 전략을 세울 때 중요한 '데이터'로 쓰이는 것이다. 실제로 베타 매장에서 수집된 데이터들은 기업이 제품 개발에서부터 마케팅 전략을 세우는 데까지 폭넓게 사용되고 있다. 고객들이 제품을 보고 어떤 점을 특히 마음에 들어하는지 보다 정확히 알 수 있기 때문에 마케팅 전략을 세울 때나 제품을 보완할 때 보다 효율적인 방법을 찾을 수 있는 것이다.

빅데이터 전략으로 승리한 다이슨

최근 이런 데이터 전략을 통해 큰 성공을 거둔 기업이 있다. 바로 청소기에 이어 드라이어까지 프리미엄 가전으로 인정받고 있는 다이슨 Dyson이다. 다이슨은 먼지봉투 없는 청소기에 이어 날개 없는 선풍기까지 기존 시장에 없던 혁신 제품들로 인기를 끌고 있다. 2015년부터 전년 대비 최소 30% 이상의 매출 증가를 기록하며 고속 성장을 보여왔으니 무서운 상승세를 보인 것이다.

최근에는 40만 원대가 넘는 고성능 헤어드라이어로 또 한 번 시장을 흔들고 있다. 동일한 가전제품을 판매하는데도 턱없이 높은 가격을 고집하는 다이슨. 그럼에도 고객들이 다이슨 제품에 열광하는 이유는 여러 가지다. 탁월한 기술력, 차별화된 디자인까지 고객을 충분히 만족시키기 때문이다. 그것이 가능했던 것은 바로 다이슨의 숨겨진 '정보력' 덕분이다.

사실 다이슨의 헤어드라이어는 여성을 주 타깃으로 만든 제품이다. 당연히 초창기에는 여성을 대상으로 광고 전략을 펼쳤다. 하지만 40만 원이 넘는 고가의 헤어드라이어 매출은 쉽사리 늘어나지 않았다. 돌파구가 필요했던 다이슨은 시장 분석에 나섰다. 헤어드라이어의 실제 구입 고객층을 빅데이터로 분석해본 것이다. 그랬더니 무척 의외의 결과가 나왔다. 헤어드라이어를 실제로 사는 고객을 보니, 여성 못지않게 남성의 비중이 컸다. 여성이 직접 구매하는 것보다 남성이 여성에게 어필하기 위해서 고가의 헤어드라이어를 선물하는 경우가 많았던 것이다. 이 결과를 통해 다이슨은 헤어드라이어 판매 전략을 전면 수정한다.

다이슨은 실제 사용자인 여성들을 대상으로 한 광고 대신 실구매자인 남성들을 대상으로 광고 전략을 펼치기 시작했다. 그리고 화이트데이를 맞이해 남성들에게 어필할 수 있는 광고를 만들었다. 다이슨의 헤어드라이어가 바로 사랑의 큐피트라는 메시지를 담는 방식이었다. 그 결과는 어땠을까? 역시나 대성공이었다. 고가의 헤어드라이어 매출이 빠르게 늘어났다. 청소기에만 의존했던 다이슨의 주요 제품군을 헤어드라이어까지 확장하는 결실을 얻은 것이다. 다이슨은 빅데이터를 통해 지피지기를 새롭게 함으로써 헤어드라이어 시장의 새로운 주역으로 떠오를 수 있었다. 다이슨의 사례는 정보를 수집하고 그것을 활용하는 것이 얼마나 중요한지를 강조한 손자의 말이 오늘날 기업에도 그대로 적용된다는 것을 잘 보여준다. 그뿐만 아니라 기업은 자신이 왜 존재하는지, 고객은 전에 알던 고객이 맞는지, 잘 안다고 자신했던 고객이 혹시 변하진 않았는지에 대해서 끊임없이 고민해야 한다는 메시지를 전해준다.

돈이 되는 정보 '언박싱'

소비자의 입장에서도 정보는 큰 힘을 발휘한다. 언제 기업이 할인 행사를 하는지 미리 정보를 알고 있다면 같은 상품도 얼마든지 더 싸게 구매할 수 있는 길이 열려 있다. 특히 요즘은 가격 비교 어플만 잘 활용해도 단시간에 최저가 상품을 손에 넣을 수 있게 되었다.

최근에는 유튜브를 통해 '언박싱unboxing' 영상이 인기를 끌고 있다. 언박싱 영상이란 자신이 구매한 제품의 포장지를 뜯어서 직접 사용해보는 모습을 담은 영상을 말한다. 한 번 구매하면 오래 써야 하는 전자기기 등을 구매한 사람이 그 제품을 써보고 느낀 점을 실시간으로 솔직하게 보여주는 것이라 할 수 있다. 소비자들은 그 영상을 보며 그 제품에 대한 보다 정확한 정보를 얻을 수 있다. 처음 샀을 때 느낌부터 사용법을 익히는 과정, 실제 사용을 했을 때 어떤 장점이 있고, 또 어떤 불편한 점이 있는지 빠르게 파악할 수 있다. 그렇기 때문에 실제로 자신이 그 물건을 구매하는 데 있어서 실패 확률을 줄일 수 있는 것이다. 하나부터 열까지 영상에 담긴 모든 내용이 소비자들에게 고급 정보가 된다. 특히 제품의 스펙이 비슷한데 어느 것을 골라야 할지 모를 때 좋은 선택을 할 수 있는 길잡이가 되곤 한다. 이처럼 개개인이 다양한 루트를 통해 정보력을 갖추게 되면 소비생활뿐 아니라 일상 속에서도 큰 경쟁력을 발휘할 수 있다.

취업을 하기 위해 면접을 보는 것도 사실 정보력 싸움이다! 내가 새로 취업할 회사가 어떤 곳인지, 또 현재 어떤 인재를 가장 필요로 하는지 잘 알아야만 한다. 그래야 자신이 왜 꼭 그 회사에 입사해야 하는지, 입사할 경우 어떤 일들을 처리할 수 있는지, 자신만의 강점을 최대한 부각시킬 수 있다. 당연히 그만큼 시험에 통과할 확률은 높아진다.

대학 입시에 있어서도 마찬가지다. 요즘은 대학도 많고 학교마다 입시 전형도 천차만별이다. 그래서 내가 어느 과목에서 더 점수를 잘 낼 수 있는지, 또 어떤 특기를 가져야 입시에 더 유리한지 잘 알고 있어야 한다. 같은 성적이라도 각 대학의 입시 전형을 얼마나 잘 알고 있는지, 또 그에 부합하는 입시 전략을 짰느냐에 따라 합격 여부가 달라질 수 있는 것이다. 이것이 바로 손자가 말한 것처럼 바위로 계란을 치듯 경쟁에서 쉽게 이기려면 정보력에서 앞서야 하는 이유라 할 수 있다.

정보 전쟁, 데이터 리터러시로 승부하라

우리는 흔히 데이터를 두고 21세기의 원유라고 말한다. 4차 산업혁명 시대를 살아가는 우리들에게 정보, 즉 데이터는 화폐 이상의 가치를 지니기 때문이다. 그렇다면 우리는 이런 데이터를 얻기 위해 어떤 노력을 해야 할까? 남들보다 정보 우위에 설 수 있는 방법은 무엇일까? 미래학자인 앨빈 토플러Alvin Toffler는 "새로운 사회에선 많이 배우는 것도 중요하지만 정보를 익히는 학습 방법을 배우는 게 필요하다"고 했다.

여기서 정보를 익히는 학습 방법이란 곧 '데이터 리터러시Data Literacy' 능력을 말한다. 데이터 리터러시는 데이터를 읽고 그 안에 숨겨진 의미를 파악하는 데이터 해독 능력을 말한다. 인터넷에 떠도는 수많은 정보들 중에 정말 나에게 필요한 것들만 잘 추려내는 능력이 그것이다. 또한 정보가 정말 정확한 건지 잘 판단해내는 것도 중요하다. 손자가 미신에 의존하지 말고 정보를 수집하라고 했듯이 우리는 가짜 뉴스에 휩쓸리지 않도록 해야 한다. 그러기 위해서 우리는 하나의 정보만 믿지 말고, 내가 수집한 정보가 객관적인 사실인지 확인해보는 과정을 반드시 거쳐야 한다. 다양한 분야의 정보를 발 빠르게 업데이트하고, 그 정보가 정보로서 가치가 있는지에 대한 판단력을 키우는 것이야말로 빅데이터 시대의 필수 생존 요건이 된다.

'데이터 리터러시'는 손자가 말한 '지피지기 지천지지'가 지금 시대 흐름에 맞게 진화한 것이 아닐까. 무한한 정보가 쏟아지는 4차 산업혁명 시대, 손자의 '지피지기'와 '지천지지'야말로 남들보다 더 빨리 쉽게 성공할 수 있는 방법이 되지 않을까. 우리가 무엇보다 유용하고 가치 있는 정보를 수집하는 능력을 키우는 데 힘써야 하는 이유다.

타이밍으로 승부하라 - 졸속의 법칙

한국인에게 가장 두드러지는 특성이라면 누가 뭐래도 속도지향주의일 것이다. 외국인들이 한국이라고 하면 김치, 불고기 다음으로 '빨리빨리'라는 단어를 떠올릴 정도니 두 말 하면 무엇하랴. 이와 관련해 재미있는 에피소드를 들은 적이 있다. 스페인 여행 코스에 꼭 빠지지 않는 명소가 있다. '가우디 성당'이라 불리는 사그라다 파밀리아Sagrada Familia 성당이다. 천재 건축가 가우디Antoni Gaudi의 대표작인 이 성당은 1882년부터 시작된 공사가 아직도 진행 중이다. 성당 건축에 쓰이는 돌 하나하나를 엄격하게 고르고 대부분 수작업을 거치기 때문이다. 당연히 속도는 더딜 수밖에 없다. 생명력이 긴 건축물을 만들기 위해 속도 대신 완벽을 추구하는 스페인 사람들의 특성을 엿볼 수 있는 대목이다. 전 세계 관광객들은 건축물 하나를 짓기 위해 그 오랜 시간 정성과 노력을 들이는 것에 감탄을 금치 못한다.

그런데 그 많은 관광객들 중에 이 이야기를 들으며 불만을 표하는 관광객들이 있다고 한다. 그들은 대부분 한국인들이다. 한국인, 특히 건축이나 건설업계에 오래 종사한 사람들은 이 성당에 대한 히스토리를 듣고 고개를 절레절레 젓기 일쑤란다. 그리곤 하는 말이 "이 공사 우리한테 맡기면 6개월이면 끝낼 수 있어요. 이걸 뭘 몇 십 년씩 짓고 그래요, 답답하게"라는 얘기까지 덧붙인다고 한다. 한국인들의 성격 급한 면모가 고스란히 드러난다. 그런데 나는 이 얘기를 전해듣고 어느 정도 이해가 갔다. 짧은 시간 내에 엄청난 경제 성장을 이뤄온 우리나라의 문화상 건축물 하나에 몇 십 년씩 투자하는 것이 말도 안 되게 여겨졌을 것이다. '빨리빨리' 지어야 '빨리빨리' 성과를 낼 수 있는 것 아닌가. 그런데 속도를 내다 보면 당연히 부작용이 따르기 마련이다. 아픈 얘기지만 속도 지향을 추구하던 1970년대에 우리나라에서 지어진 건물들은 상당수 부실공사임이 드러났다. 각종 사고가 끊이지 않았다. 그때마다 언론에 가장 많이 등장한 단어가 바로 '졸속拙速'이다. 졸속행정, 졸속공사, 졸속처리. 졸속이라는 단어의 사전적 의미는 일을 지나치게 서둘러 처리해서 결과가 어설프다는 것이다.

　그런데 2,500년 전의 손자는 졸속을 나쁘게만 보지 않았다. 특히 손자는 전쟁만큼은 졸속으로 해야 한다고 강조했다. 어떤 이유에서 손자는 '졸속'을 하나의 전략으로 보았던 것일까? 손자가 말한 졸속 전략의 핵심은 기회의 타이밍을 놓치지 않는 것에 있다. 졸속 전략이란 쉽게 말해 전쟁 중에 준비가 덜 되었더라도 기회가 오면 바로 졸속으로 전투를 개시해야 한다는 걸 뜻한다. 그 어떤 위기를 맞더라도 기회의 타이밍이 왔을 때 재빨리 선점하는 것을 말한다. 전투를 할 때 고지를 선점하는 일은 꽁

장히 중요한 일이다. 부대를 방어하는 데 있어서 결정적 역할을 하기 때문이다.

한 보병대대가 어떤 산의 고지를 선점하라는 임무를 부여받았다고 가정해보자. 고지 선점을 위한 전투를 개시하기 전에 식량, 탄약, 장애물, 통신선 등 준비해야 할 것이 많다. 그런데 대대 전체가 완벽하게 준비를 마치려면 엄청난 시간이 소요된다. 만약 그 사이에 적군이 1개 소대나 중대를 동원해서라도 먼저 고지를 선점해버리면 어떻게 될까? 그 보병대대는 그때부터 이미 승기를 반쯤 놓쳤다고 할 수 있다. 왜냐하면 적군이 선점한 고지를 공격해서 빼앗아야 하는 부담이 있기 때문이다. 한 마디로 아군에게 불리한 게임으로 판이 바뀐 것이다. 그런데 이때 대대장이 손자가 말한 졸속 개념을 가진 인물이라면 어떻게 할까? 우선 1개 소대나 중대를 기본적인 준비만 갖추게 해서 먼저 산으로 보낼 것이다. 고지를 선점하기 위해서다. 이후 대대가 모든 준비를 마치면 그때 나머지 대대원을 이끌고 가서 선점한 그 고지를 적으로부터 완벽하게 방어하면 된다. 전쟁에서는 준비가 조금 어설프더라도 적군보다 먼저 고지를 선점하는 것이 최선의 방어책이 된다. 반대로 적이 먼저 고지를 선점하게 되면 전쟁의 판은 우리에게 절대로 불리하게 바뀌게 된다. 결국 전쟁은 속도전이기 때문에 졸속의 개념을 적용해 우리 편에 유리한 판을 먼저 짜는 것이 중요하다.

K방역은 졸속의 승리

이런 졸속이 전쟁이 아닌 우리 삶에서도 긍정적인 효과를 끌어낼 수 있을까? 답은 당연히 예스다. 최근 우리는 졸속의 효과를 제대로 경험했다. '코로나19' 사태 때문이다. 중국 우한[武漢]에서 처음 시작된 코로나19의 불길은 삽시간에 우리나라를 집어삼켰다. 사태 초반 하루 100명 이상의 확진자가 나오면서 전 국민이 공포에 떨어야 했고, 당시 우리나라는 중국에 이어 두 번째로 코로나 감염자가 많은 나라라는 불명예를 떠안기도 했다.

그런데 사태 초반 위기의 시간은 길지 않았다. 우리나라가 코로나19 바이러스에 빠르게 대응하면서 확진자 수가 크게 줄어들었고, 그로 인해 전 세계적으로 K방역의 우수성이 널리 알려지게 되었다. 그 비결은 다름 아닌 '졸속'에 있었다. 바이러스와의 전쟁은 시간 싸움이다. 한 명의 감염자라도 더 생기지 않게 하는 것이 최선의 대응책이기 때문이다. 이를 위해 우리나라는 신속하게 움직였다. 진단 키트에 대한 규제를 빠르게 풀어서 한시라도 빨리 코로나 검사를 진행할 수 있도록 했다. 또 확진자가 나온 지역과 동선을 빠르고 투명하게 공개해 바이러스의 확산을 효과적으로 막아냈다. 마스크 대란이 일어났을 당시에도 주5일 보급제를 빠르게 도입해 곧 수급 안정을 이뤄낼 수 있었다. 코로나19라는 유례없는 바이러스와 싸우면서 그때그때 가장 빠른 대응책을 찾아 실행에 옮긴 것이다. 코로나 사태에 '졸속'보다 더 효과적인 전략이 또 있었을까. 뉴노멀 시대, 우리는 또 언제 코로나19와 같은 악재를 만날지 예측할 수 없다. 그때 가장 효과적인 대응책은 그때그때 상황에 따라 빠르게 판단을 내리고 실행하는 것이다. 주저하는 사이에 상황은 더 급속히 악화될 수 있기 때문이다. 위기의 시대, 졸속이 더욱 강조되는 이유다.

졸속의 경제 이론 – 선점 효과

졸속과 같은 맥락에서 주목받고 있는 한 가지 경제 이론이 있다. 바로 선점 효과다. 일명 '퀴티 효과QWERTY Effect'라고도 불린다. 퀴티QWERTY란 컴퓨터 키보드의 왼쪽 위 배열이 'Q-W-E-R-T-Y' 순으로 되어 있는 것을 본따서 만든 용어다. 현재 스마트폰에서도 이런 자판 배열을 따르고 있다. 그런데 혹시 이 자판 배열에 의문을 가져본 적이 있는가? 왜 우리는 알파벳 순서대로 쓰여진 것이 아니라 이런 퀴티 배열을 따르게 된 것일까? 사실 여기엔 특별한 이유가 없다. 초창기 타자기 자판 배열을 그저 똑같이 따온 것뿐이다. 이에 대해 인체공학적으로 불합리하다는 지적이 제기되었지만, 이미 사용자들이 익숙한 자판 배열을 바꾸기는 매우 어려웠다. 이처럼 불합리한 면이 있어도 널리 퍼져 있어 바꾸기 어려운 현상을 선점 효과, 혹은 퀴티 효과라고 한다. 기업 경영에 있어서 선점 효과는 매우 중요한 성공의 비결이 된다.

오늘날 삼성 스마트폰이 애플과 더불어 세계 모바일 시장을 선점할 수 있었던 비결은 무엇이었을까? 바로 변화하는 시대에 맞춘 신제품을 발빠르게 시장에 선보였기 때문이다. 아날로그 시대에 일본 전자기업은 기술적인 면에서 앞서 나갔다. 당시만 해도 한국 기업이 일본 기업을 따라잡는 것은 불가능한 일이라 여겨지던 때였다. 하지만 디지털 시대가 도래

하면서 한국 기업이 일본 기업을 앞지를 수 있는 여건이 마련되었다. 한국 기업의 졸속 전략이 빛을 발하는 시대가 왔기 때문이다. 한국 기업은 일본 기업보다 먼저 시장을 선점하며 끊임없이 자기 파괴의 혁신을 이어 갔다. 한국 기업은 우선적으로 신상품을 출시 후 문제점이 포착되면 그때 수정하고 보완하는 작업을 반복해나갔다. 일단 시장을 선점한 후 고객들의 피드백을 반영해 그들 마음에 흡족한 제품으로 업그레이드한 것이다. 디지털 시대의 속도에 맞춰나가기 위해 졸속 전략을 쓴 셈이다.

반면 일본 기업은 어땠을까? 일본인 특유의 꼼꼼함이 오히려 독이 되었다. 실제로 많은 일본 기업들은 완벽한 제품을 출시하고 싶어한다. 그래서 제품을 내놓기 전에 수십, 수백 번의 시험을 거듭하고 문제점을 보완하려고 했다. 완벽을 추구하느라 출시 시점은 점점 늦어졌다. 늦어지는 게 당연했다. 그리고 결과는 암울했다. 완벽을 추구하는 사이 시장에서 도태될 수밖에 없었던 것이다.

아이러니하게도 한국인 특유의 '빨리빨리' 문화가 뉴노멀 시대에는 단점이 아닌 강점으로 부각되고 있는 것이다. 요즘 시대에는 많은 외국인들이 한국인의 일 처리가 매우 빠르다고 긍정적으로 평가한다. 이러한 우리나라 특유의 민첩성 덕분에 단시간에 눈부신 경제 성장을 이룰 수 있었고, 디지털 기술 역시 세계 최고 수준으로 발전할 수 있었다.

졸속이라고 다 같은 졸속이 아니다

우리가 졸속 전략을 이해할 때 또 하나 주목해야 할 것이 있다. 바로 준비 과정이 아닌 목표에서의 졸속이다. 목표에서의 졸속은 자신이 목표한 것을 이루었을 때 재빨리 마무리 짓는 것을 말한다. 손자 역시 전쟁을 할 때 어느 정도 목표가 달성되면 졸속으로 마무리해야 한다고 강조했다. 장기전을 피해야 한다고 말한 것이다. 아닌 게 아니라 전쟁은 오래 해봐야 좋을 것이 없다. 수많은 국민의 소중한 목숨을 앗아가고, 예산 소모가 극심해 경제적 손실도 매우 커질 수밖에 없다.

건물과 자연이 파괴되어 국토가 초토화된다. 완전한 승리를 하겠다며 지속해서 전쟁을 끌면 어떻게 될까? 피해는 눈덩이처럼 불어나게 되고, 승리를 하더라도 별 의미가 없다. 전쟁에는 이겼어도 그로 인해 큰 타격을 입은 뒤라면, 바로 국가적 위기가 닥칠 수 있기 때문이다. 만약 그렇게 약해진 틈을 타서 제3국이 공격이라도 해온다면 제대로 대응하기 힘들다. 어렵게 얻은 전쟁 승리의 이득이 없어지는 것이니 전쟁은 무조건 졸속으로라도 속전속결로 끝내야 한다. 그런데 막상 전쟁을 일찍 끝내기란 그렇게 쉬운 일이 아니다. 군대의 속성은 전투에 승리하면 또 다른 전투를 원한다. 정치 지도자들은 전쟁에 승리하면 승리감에 도취되어 또 다른 전쟁을 하려는 경향이 있기 때문이다. 하지만 전쟁이 장기화되면 피해는 고스란히 국민에게 돌아간다. 전쟁의 장기화는 곧 나라가 망하는 지름길이나 다름없다.

실제 독일의 사례를 보자. 1939년 9월 제2차 세계대전이 시작되었다. 독일이 폴란드를 침략한 것이 전쟁의 도화선이 되었다. 이후 독일은 덴마크와 노르웨이를 점령했고, 네덜란드와 벨기에, 프랑스까지 정복했다. 이어 북아프리카를 공격하고 소련까지 공격해 들어갔다. 히틀러의 야욕은 독버섯처럼 점점 자라나기만 했고 그의 이상에 제동을 거는 사람은 아무도 없었다. 하지만 히틀러는 끝내 자신의 야욕을 실현시키지 못했다. 전쟁이 장기화되면서 독일의 국력과 군사력이 갈수록 약해졌고, 결국 1945년 연합군에 패배하고 말았다. 히틀러의 삶 역시 권총으로 스스로 목숨을 끊는 비극으로 끝나고 말았다. 만약 히틀러가 전쟁을 조기에 스스로 멈췄다면 독일과 그의 운명은 어떻게 달라졌을까?

이 질문에 대한 답을 찾기 위해서 또 다른 전쟁의 사례를 살펴보자. 바로 1991년에 일어난 걸프전이다. 이라크의 사담 후세인Saddam Hussein이 쿠웨이트를 점령하면서 전쟁이 시작되었다. 국제 사회와 유엔 안보리는 이라크에게 쿠웨이트에서 즉각 철수할 것을 요구했지만, 이라크의 사담 후세인은 이를 단칼에 거절한다. 결국 미국을 중심으로 한 총 34개 국가는 1991년 1월 17일부터 2월 28일까지 이라크를 상대로 전쟁에 돌입한다. 그런데 날짜를 보면 알겠지만 전쟁에 걸린 시간이 총 40여 일에 불과했다. 미국 주도의 다국적군은 이라크군을 쿠웨이트에서 축출하고 이라크 중간쯤 갔을 때 과감히 전쟁을 종결했다.

당시 전 세계는 모두 의아해했다. 다국적군이 왜 이라크를 완전히 점령하지 않았는지 궁금했던 것이다. 실제로 다국적군은 쿠웨이트에서 이라크군을 몰아내기만 했을 뿐 완전히 정복하지 않았다. 더 이상 이라크군이 쿠웨이트를 비롯한 중동 지역에 위협이 되지 않을 정도로 무력화시키는 것만으로도 충분했다. 다국적군은 더 이상의 전쟁은 의미가 없다고 판단했고, 이를 즉시 실행에 옮겨 전쟁을 멈췄다. 다 이긴 전쟁이라고 더 많은 욕심을 냈다간 얻는 것보다 잃는 게 더 많다는 것을 잘 알고 있었던 것이다. 그 결과는 긍정적으로 나타났다. 무엇보다 국제 사회와 유가, 그리고 세계 경제가 빨리 안정을 되찾을 수 있었다. 만약 다국적군이 이라크 전역을 완전히 점령하고자 했다면 전쟁은 장기화되었을 확률이 높다. 아마 걸프전도 9·11테러 이후 2003년 다시 발생한 이라크전처럼 10년 이상 걸렸을지도 모른다. 아무리 전쟁에서 이겼다 하더라도 그 후유증이 너무 깊게 남아서 오히려 미국의 발전에 방해 요소가 되었을 것이다. 이처럼 독일과 미국의 엇갈린 운명만 봐도 전쟁에서 목표의 졸속이 왜 중요한지 확실히 알 수 있다.

졸속으로 성공하는 방법

졸속의 지혜는 단순히 전쟁이나 기업 간 경쟁에 국한되지 않는다. 나는 일상 속에서도 종종 졸속의 지혜를 발휘하곤 한다. 특히 나는 평소에 체중 관리에 신경을 쓰는 편인데 다이어트를 할 때도 졸속으로 하는 것이 도움이 된다. 만약 운동을 하기 위해 헬스장에 가기로 마음을 먹었다고 해보자. 이럴 경우 대부분 사람들은 무엇부터 시작하는가? 맞다. 계획부터 세운다. 어느 헬스장을 다녀야 좋을지, 어떤 시간에 할지, 또 어떤 복장으로 운동할 건지 두루두루 고민하게 된다. 그런데 여기에 결정적 함정이 하나 있다. 고민을 거듭하다 보면 어느새 열정이 사라져 다이어트에 대한 의지가 약해진다는 것이다. 아예 헬스장 입구도 가보지 못하고 끝나는 경우가 부지기수다. 이런 실패를 다시 경험하지 않으려면 어떻게 해야 할까?

그렇다. 졸속의 지혜를 발휘하면 된다. 먼저 헬스장에 가기로 마음먹으면 집이나 회사에서 가까운 헬스장에 무조건 가고 본다. 일단 운동을 시작하면서 내가 어떤 시간에 하는 것이 좋을지를 계획하고, 또 어떤 프로그램이 맞는가를 알아보는 것이 훨씬 더 효율적이기 때문이다. 사람의 열정도 한정적인 자원이다. 완벽한 계획을 세우기 위해 시간을 허비하다가 시작하기도 전에 열정과 에너지를 소진하면 안 된다.

많은 사람들이 즐기는 등산에 있어서도 졸속의 지혜를 발휘할 수 있다. 만일 우리가 친구들과 등산을 하다가 갑자기 기상 상태가 안 좋아져서 소나기가 온다면 어떻게 해야 할까? 이때는 바로 코스를 바꿔야 한다. 계곡으로 갈 예정이었으면 다른 곳으로 목적지를 변경해야 한다. 그렇지 않고 최초의 계획에만 집착하면 낭패를 볼 수 있다. 그런데 우리는 가끔 융통성 없이 원칙만 고집하다가 돌발 상황에 신속하게 대처하지 못해 일을 그르친다.

목표도 마찬가지다. 산을 오를 때 대부분 정상까지 오르는 것을 목표로 삼는다. 하지만 중간에 변수가 생겨 지체된 경우라면 처음의 목표를 바꾸는 것이 좋다. 처음 계획대로 무리해서 정상에까지 올라가면 하산할 때 어둠을 만날 수도 있다. 또 길을 잃어 곤경에 처할 수도 있다. 이럴 때는 중간까지 갔다가 과감히 내려와야 자신을 온전하게 지킬 수 있다. 내가 온전하면 나중에 다시 올라갈 기회가 생기지만, 한 번 위험에 빠지면 그런 기회는 다시 오지 않는다.

학생들이 공부할 때는 어떨까? 어느 대학의 통계자료에 의하면, 박사과정을 수료하고 실제 박사학위를 취득하는 인원은 약 30%밖에 안 된다고 한다. 박사학위를 받기 위해 3년 동안 열심히 공부하고 시간과 돈을 투자하고도 포기하는 것이다. 여기에는 나름의 이유가 있다. 박사학위를 받기 위해서는 박사 논문을 작성하고 패스해야 한다. 그런데 어떤 이들은 박사 논문 작성에 지나치게 부담감을 느낀다. 박사 논문을 대단히 잘 쓰고 싶은 생각에 제목을 정하는 데 몇 개월, 목차 정하는 데 한 반 년 이상을 허비하는 것이다. 그렇게 자료만 찾으며 중압감에 시달리다가 결국 박사 논문을 완성 못 하는 경우도 생긴다. 하지만 졸속의 지혜를 활용한다면 이야기는 달라진다. 논문 역시 졸속으로 시작하는 것이다. 졸속으로라도 쓰겠다고 마음 먹는 순간 자신을 가로막던 불필요한 부담이 사라져 추진력이 생기게 된다. 일단 시작만 하면 진도는 나가게 되어 있다. 논문의 내용이 처음에는 부실하더라도 나중에 얼마든지 수정 보완해나가면 되니 걱정할 것 없다.

직장 생활에서도 마찬가지다. 회사에서 보고서를 작성하라는 지시를 받았을 때 완벽하게 하려고 시간을 오래 끌어봤자 득이 될 게 없다. 물론 완성도를 높인 만큼 상사가 만족해하면 다행스러운 일이지만, 대부분의 경우 그러기 쉽지 않다. 특히 시간이 많이 지난 상태에서 보고서를 가져가면 문제는 커진다. 상사와 의견이 다를 확률이 높은데 이를 수정할 시간이 부족해지기 때문이다. 상사의 질타를 받은 후 수정 작업을 하려면 마음 고생과 함께 수고로움은 두 배가 될 수밖에 없다. 그런데 졸속의 지혜를 아는 부하 직원은 이와 다를 수 있다. 먼저 50% 수준의 보고서 초안을 작성한 뒤 상사에게 50% 진행 상황을 보고한다. 이쯤에서 상사의 조언을 듣고 추가적인 지침을 듣는 것이다. 완벽한 보고서를 가져가진 않았다 하더라도, 상사는 부하 직원이 일하는 과정을 고스란히 보며 얼마나 이 일에 적극성을 갖고 열심히 매달리고 있는지 알게 될 것이다. 그러면 부하 직원은 상사의 지침을 받고 보다 수월하게 완성도 높은 보고서를 작성할 수 있다.

손자가 말한 것처럼, 우리 인생에서도 마음 먹은 일을 졸속으로 해나가 보자. 완벽을 추구한다는 핑계로 망설이는 것보다 지금 바로 실행에 옮겨 나간다면 예상보다 훨씬 좋은 결과를 거둘 수 있을 것이다.

뉴타입 전략 6

심리전으로 승부하라
- 가탈기, 가탈심의 법칙

세계의 정복자 칭기즈칸Chingiz Khan과 탁월한 전략가 제갈량, 전쟁의 달인으로 손꼽히는 두 인물에겐 한 가지 공통점이 있다. 그게 무엇일까? 바로 '심리전'에 강한 지략가였다는 점이다. 세계에서 가장 큰 영토를 차지한 칭기즈칸은 적의 '공포심'을 자극해서 승리를 얻어내는 데 능했다. 반면 제갈량은 적을 방심하게 만들어서 허를 찌르는 전략을 펼치는 데 탁월했다. 두 인물 모두 적의 '심리'를 잘 활용해서 전쟁에서 쉽게 이겼던 것이다. 손자 역시 전쟁이나 경쟁을 할 때 심리전에 능해야 한다고 늘 강조했다. 그런데 여기서 말하는 '심리'란 무엇일까? 또 우리가 '심리전'에 강해지려면 어떻게 해야 하는 걸까?

"심리전에 강하다!"

"심리전에서 밀리면 안 된다!"

스포츠 경기에서 자주 쓰이는 말이다. 경기 실력만큼 중요한 것이 바로 경기에 임하는 '자세와 정신'이라는 뜻이 담겨 있다. 이와 관련해 손자가 늘 강조한 말이 있다. '가탈기可奪氣 가탈심可奪心'! 즉, 적을 이기려면 적의 사기를 빼앗고 마음을 빼앗아야 한다는 것이다. 여기서 말하는 '사기'란 어떤 일을 하고자 하는 의욕이나 자신감을 말한다. 혹자는 이를 두고 '머리는 도저히 불가능하다고 생각하는 일을 손발은 해내려고 하는 힘'이라 표현하기도 했다. 그만큼 강한 의지와 정신력을 뜻하는 것이다. 이런 '사기'는 크게 두 가지로 구분이 되는데, 그중 하나가 개인의 사기다. 개인의 사기란 의욕과 자신감이 충만해서 무엇이든 해치울 수 있을 것 같은 기세를 말한다. 한 마디로 제2의 체력이라 할 수 있다. 또 하나는 집단의 사기를 말하는데, 이것은 개인을 넘어 조직이 목표를 달성하고자 하는 의욕을 말한다. 이런 집단의 사기야말로 전쟁에서의 승패를 가르는 중요한 요인이 된다. 언제 어디서 위기가 닥칠지 모르는 뉴노멀 시대, 제2의 체력인 '심리'와 성공을 이루고자 하는 '사기'를 잘 다스리는 능력이야말로 최고의 경쟁력이 된다.

사면초가를 탄생시킨 해하 전투

집단의 사기가 얼마나 큰 힘을 갖는지 잘 보여주는 역사 속 전투가 있다. 바로 초한전쟁楚漢戰爭 당시 한나라 유방劉邦과 초나라 항우項羽가 벌인 해하垓下 전투다. 때는 기원전 202년 무렵이었다. 중국의 진나라가 급속히 기울기 시작하자 나라 곳곳에서 반란 세력이 들고 일어났다. 이때 신흥 강자들이 많이 탄생했는데 그중에 가장 두각을 나타냈던 대표적인 두 인물이 바로 초나라 항우와 한나라 유방이었다. 두 사람은 초한전쟁 당시 서로 치열하게 싸운 맞수로도 유명하다. 실제로 항우와 유방은 약 5년에 걸쳐 전쟁을 벌였다. 전쟁 초기엔 초나라의 항우가 절대적으로 우세했다. 강한 전력을 앞세워 한나라 유방의 군대를 상대로 연전연승을 이어갔다. 하지만 오랜 기간 전쟁이 지속되면서 전세가 한나라 유방 쪽으로 기울기 시작했다. 항우는 반복되는 승리에 도취되어 전쟁에 소홀했던 반면 한나라 유방은 패배를 거듭하면서도 끝까지 열심히 싸우고자 했기 때문이다.

또한 한나라 유방에게는 주변에 뛰어난 인재가 많았는데, 그중 대표적인 인물이 천하의 명장 한신韓信이었다. 한나라는 한신의 활약 덕분에 초나라 항우보다 열세한 병력임에도 불구하고 전쟁의 주도권을 가질 수 있었다. 결국 초나라 항우의 군대는 급격히 쇠퇴하기 시작했고 급기야 항우가 한나라 한신에게 쫓기는 신세가 되고 말았다. 마침내 항우는 중국 해하 근처에서 한나라 군대에 포위되고 말았는데, 이미 약해질 대로 약해진 항우의 군대는 한나라 군대의 포위망을 뚫지 못했다. 그저 적들에 둘러싸인 채 방어에 급급한 신세가 된 것이다. 수세에 몰린 항우는 끝까지 항복하지 않고 버티려 했지만 단숨에 무너지고 만다. 한신 장군이 초나라 군대에 결정적 한방을 날렸기 때문이다.

과연 그 전략은 무엇이었을까? 한신은 항우의 군대가 궁지에 몰리면서 심리적으로 무너지고 있다는 걸 알고 이를 적극 이용했다. 날이 어두워져 자정 무렵이 되었을 때 인질로 잡고 있던 초나라의 포로들에게 고향 노래를 부르게 한 것이다. 지칠 대로 지쳐 있던 초나라 병사들은 그리운 고향의 노랫소리를 듣고 그대로 무너져버렸다. 노랫소리를 듣자마자 자신의 나라가 완전히 망했다고 생각한 것이다. 한나라 군대에 잡혀 있는 동료 병사들이 나라를 빼앗긴 슬픔을 이기지 못해 노래를 부른다고 생각했기 때문이다. 안 그래도 수세에 몰려 있던 초나라 병사들은 사기가 완전히 꺾였고 너도나도 탈영하기 시작했다. 결국 항우마저 한나라 군대의 포위망을 탈출해 달아나기 시작했다. 이후 그는 한신에게 붙잡힐 처지가 되자 스스로 목숨을 끊고 말았다. 한나라에 포위된 후 심리전에 밀려 제대로 한 번 싸워보지도 못한 채 스스로 무너져버린 것이다.

이 상황을 한 마디로 표현한 사자성어가 있다. 바로 '사면초가四面楚歌'다. 직역하면 '사방에서 들리는 초나라의 노래'라는 뜻이다. 적에게 둘러싸인 상태나 누구의 도움도 받을 수 없는 고립 상태에 빠진 것을 말하는데, 그 속뜻을 살펴보면 전쟁을 하는 데 있어서 사기, 즉 싸워서 이기고자 하는 마음이 얼마나 중요한지 잘 알려주는 말이다. 손자의 '가탈기 가탈심'의 법칙은 현재 우리 군에도 잘 적용되고 있다. "군대의 강약은 사기에 좌우된다"는 말이 있을 정도다. 병사들이 전의를 잃은 상태에선 그 어떤 전투에서도 이길 수 없고, 적과 대치했을 때 병사들이 두려움을 먼저 느끼는 이상 제대로 싸울 수 없다는 것을 그대로 반영한 것이다.

그렇다면 장병들의 사기가 꺾이지 않도록 하려면 어떤 노력이 필요할까? 손자는 장병들의 사기가 육체적인 것과 연관이 깊다고 말했다. 그래서 무엇보다 병사들의 컨디션 관리를 잘 해야 한다고 강조했다. 병사들이 오랜 시간 행군을 해서 고단하거나 몸이 아프지 않게, 그리고 또 밥을 굶지 않도록 적극적으로 조치해야 한다고 했다. 병사들의 육체적 컨디션이 곧 정신력의 바탕이 되기 때문이다.

또 하나 중요한 것은 바로 병사들을 이끄는 지휘관들의 심리다. 전투를 할 땐 적군을 컨트롤하는 지휘관의 마음을 먼저 흔들어놔야 쉽게 이길 수 있다. 이를 위해 손자는 보이는 것에 신경을 많이 써야 한다고 강조했다. 예를 들어 아군 진영의 깃발이 아주 꼿꼿하게 정돈이 잘 되어 있는 모습, 우리 병사들의 군기가 엄정한 모습 등을 보여야 적군의 지휘관이 만만하게 여기지 않는다는 것이다.

제갈량, 거문고 한 대로 15만 대군을 물리치다

심리를 이용해 전쟁의 승리를 거머쥔 역사 속 사례가 있다. 『삼국지三國志』의 여러 등장인물 중 최고의 전략가로 손꼽히는 제갈량은 거문고 한 대로 15만 대군을 단숨에 물리쳤다. 그는 어떻게 이런 기적 같은 일을 이뤄낸 것일까? 서기 228년 무렵, 촉나라의 제갈량은 위나라를 치기 위해 1차 북벌에 나섰다. 막강한 힘을 지녔던 촉나라 군대는 위나라를 빠르게 점령해갔는데 기세등등했던 것도 잠시 곧 제동이 걸리고 만다. 바로 위나라와 가정街亭 지역을 놓고 다투다 크게 패한 것이다. 당시 제갈량은 평소 아끼던 장수 마속馬謖에게 가정 전투를 이끌도록 기회를 줬다. 그런데 전투 경험이 부족했던 마속이 제갈량의 라이벌이었던 사마의司馬懿의 전략에 넘어가 참패를 당하고 말았다.

그 결과 제갈량은 마속을 처형하고 곧바로 후퇴하는데 이 과정에서 제갈량은 절체절명의 위기를 마주하게 된다. 변변한 장수 한 명 없이 '서성西城'에 고립된 채 사마의와 맞붙어야 하는 상황에 놓인 것이다. 성 안에는 병들고 약한 소수의 병사들만 남아 있었다. 사마의 수십만 병력이 밀려오는데 휘하에는 병약한 몇 천 병력밖에 없었으니 큰일 날 노릇이었다. 실제로 당시 제갈량 곁에 있던 군사는 단 2,500여 명의 수비병뿐이었다. 사마의의 15만 대군과 맞서기엔 턱없이 열세한 상황이었다. 이미 사마의의 군사는 코앞까지 다가왔다는 소식이 들려왔다. 성을 지키고 있던 군사들은 하나같이 겁에 질린 상태가 되었다. 사마의의 군사가 쳐들어오면 꼼짝없이 당하고 말 상황이었다.

그런데 어찌 된 일일까? 제갈량은 사마의가 쳐들어온다는 걸 알면서도 조금도 동요하지 않았다. 그리고 군사들에게 차분히 명령을 내렸다. 먼저 성문 4개를 활짝 열어두라고 했다. 그리고 각 문마다 병사 20명씩을 배치해 마당을 쓸라고도 했다. 그런데 이때 병사들에겐 군복이 아닌 일반 백성들이 입는 일상복을 입으라는 지침이 내려졌다. 이후 제갈량 자신은 학창의鶴氅衣로 갈아 입었다. 학창의란 신선이 입는 옷이라 할 만큼 화려함이 극에 달하는 옷이다. 마치 신선처럼 화려하게 차려입고서 성 위 망루에 올라선 제갈량. 궁지에 몰린 제갈량은 대체 무슨 생각으로 이런 행동을 보였던 걸까? 그 이유는 간단했다. 사마의와 심리전을 벌이기 위한 것이었다.

실제로 오직 제갈량을 생포하기 위해 며칠을 달려 서성에 도착한 사마의는 세 번 놀라게 된다. 먼저 마치 자신들을 반겨주듯 성의 문이 활짝 열려 있다는 사실에 놀랐다. 백성들조차 아무 일 없다는 듯이 태연하게 문 앞을 쓸고 있는 모습에 두 번 놀랐다. 병사들에게 평상복을 입힌 것을 보고 일반 백성들이 평온하게 하루 아침 일상을 시작하는 것으로 착각했던 것이다. 마지막으로 놀라웠던 것은 다름 아닌 제갈량의 모습이었다. 자신들이 쳐들어올 것을 뻔히 알고 있는 제갈량이 망루 위에 올라 태연히 거문고를 타고 있는 것이었다. 그것도 너무나 평온한 모습으로 말이다. 그 순간 사마의는 큰 혼란에 빠질 수밖에 없었다. 계속 공격을 해야 할지, 아니면 후퇴해야 할지 판단이 서지 않았기 때문이다.

하지만 이내 포기하고 만다. 사마의는 "제갈량은 평생에 위험한 모험을 절대로 하지 않았다. 그가 이렇게 성문을 활짝 열어놓은 것은 반드시 매복이 있는 것이다. 우리 군마가 만일 성 안으로 공격해 들어갔다가는 반드시 또 그의 계교에 빠질 것이니 속히 물러나느니만 못하다"라는 판단을 내린 것이다. 평소 조심스럽고 신중한 성격을 지닌 제갈량이 너무나 태연한 걸 보고 당연히 다른 계책이 있을 거라 겁을 먹었던 것이다. 사마의는 제갈량의 계략에 속지 않으려고 신중하게 행동했다. 그리하여 사마의는 15만 대군을 이끌고도 제갈량을 눈 앞에서 뻔히 놓치고 말았다. 제갈량은 위병이 물러가는 것을 보고 이렇게 말했다.

"사마의는 내가 평생 위험한 모험은 하지 않은 것을 안 까닭에 이와 같은 상황을 보고 복병이 있지 않을까 의심하여 물러간 것이다. 내가 이번에는 부득이하여 시도해본 것이다. 나도 큰 위험을 안고 공성계를 써본 것이다. 만일 상대가 사마의가 아니었다면 성공하기 어려웠을 것이다. 그러니 함부로 계교를 쓸 일은 아닌 것이다."

실제로 우리는 이 계략을 일컬어 공성계空城計라 부른다. 제갈량도 나름의 큰 모험을 한 것이다. 하지만 심리전을 잘 활용한 덕분에 제갈량은 피한 방울 흘리지 않고 손쉽게 15만 대군을 물리칠 수 있었다. 적군이 섣불리 공격해오지 못하도록 강한 모습을 보인 것이 제갈량의 신의 한 수가 된 것이다. 우리 군의 심리적 통제만 잘 해도 적군을 쉽게 물리칠 수 있다는 것을 잘 보여준 사례라 할 수 있다.

조직원들의 심리를 살펴라 – 조직 문화의 힘

기업들도 외부적으로 다른 경쟁 기업들과의 심리전에서 주도권을 잡기 위해 많은 노력을 하고 있다. 그런데 이와 동시에 내부적으로도 신경 쓰는 것이 있다. 바로 기업 구성원들의 심리다. 직원들의 사기를 높이고 조직의 응집력을 탄탄히 다지기 위해서 기업 구성원들의 심리를 보살피는 데 많은 힘을 쏟고 있는 것이다. 그렇게 집단 사기를 높일 때 구성원들 모두 기업에 애착을 가지고 기업의 비전과 목표를 향해 하나로 나아갈 수 있기 때문이다. 직원들의 사기가 곧 기업 경쟁력이라는 건 여러 번 강조해도 모자라지 않다.

직원 한 사람 한 사람이 기업을 위해 발로 뛰고자 하는 마음과 의지가 있을 때 기업도 좋은 성과를 낼 수 있다는 것을 보여주는 사례들이 있다. 그중 대표적인 기업이 바로 넷플릭스Netflix다. 요즘 TV 대신 넷플릭스로 영화나 드라마 보는 사람들을 흔히 볼 수 있다. 넷플릭스는 한 달에 1만 원만 내면 내가 좋아하는 영상 콘텐츠들을 마음껏 볼 수 있고, 또 내 취향에 맞는 콘텐츠들을 알아서 추천해주는 서비스다. TV 볼 시간이 별로 없는 젊은 사람들은 특히 넷플릭스를 선호한다. 이렇게 인기를 끌고 있는 넷플릭스는 전 세계에서 가장 인기 있는 최대 동영상 스트리밍 서비스 업체로 승승장구하고 있다. 넷플릭스의 기업 가치는 80조 원을 넘어선 지 오래다. 넷플릭스가 이렇게 성공가도를 달릴 수 있는 비결은 무엇일까? 바로 직원들의 사기를 높여주는 조직 문화 덕분이다. 넷플릭스는 먼저 직원들에게 업계 최고 수준의 급여를 준다. 또 자기가 원할 때 언제든지 원하는 만큼 휴가를 갈 수 있게 해준다. 무제한 유급 휴가제를 갖추고 있기 때문이다. 예산을 짤 때도 별다른 제약이 없고 복잡한 서류를 통해 거쳐야 하는 행정 절차들도 최대한 없앴다. 그야말로 직원들에겐 '꿈의 직장'이라 할 수 있다. 여기서 정말 중요한 것은 무제한 휴가도, 높은 급여도 아니다. 넷플릭스가 구성원들 한 명 한 명을 절대적으로 신뢰하고 있다는 것이 중요하다. 구성원들이 그만큼 심리적 안정감을 느끼게 되고 좋은 성과를 내야겠다는 의욕을 갖게 한다.

또 하나, 넷플릭스의 조직 문화를 말할 때 빼놓을 수 없는 것이 있다. 넷플릭스가 마치 명문 스포츠 팀을 이끌 듯 조직을 운영하고 있다는 것이다. 각 업무의 담당자들을 업계에서 가장 인정받고 있는 'A급' 선수들로 채워 '최고의 팀'을 만들어준 것이다. 자신의 직원들에게 최고의 동료들과 일할 수 있는 기회를 주는 것이야말로 최고의 복지이자 최고의 보상이라 생각한 것이다. 실제로 넷플릭스의 직원들은 최고의 팀원들과 함께 일하는 것에 굉장한 자부심을 느끼며 일하고 있다. 또한 자신에게 주어진 자율을 최대한 누리며 일하는 만큼 최대한의 성과를 내기 위해 노력하고 있다. 놀랍게도 이것은 실제 성과로 이어졌다. 컨설팅회사 베인앤 컴퍼니Bain & Company에 따르면, 넷플릭스는 업계 평균보다 생산성이 40% 높으며 수익률도 30~50% 높은 것으로 나타났다. 손자가 전쟁할 때 병사의 사기와 심리를 잘 관리해야 손쉽게 이길 수 있다고 강조한 것처럼 기업들은 조직원들의 사기를 높임으로써 좋은 성과를 얻어낼 수 있었던 것이다.

넷플릭스가 이렇게 승승장구하면서 국내에서도 조직 문화에 신경쓰는 기업들이 늘어났다. 특히 수평적인 조직 문화를 만들기 위한 다양한 시도들이 이뤄졌다. 서로 영어 이름을 부른다든지, 회사 내 직급을 없애는 등의 방식이었다. 하지만 하루가 다르게 시시각각 변화가 일어나는 뉴노멀 시대에는 조직 문화에 있어서 보다 근원적으로 접근해야 할 이유가 있다. 이런 변화에 즉각적으로 대응하고 심지어 이 변화를 주도해나가기 위해서는 조직의 민첩성을 갖춰야 하기 때문이다. 조직의 민첩성이란 변화에 빠르게 대응하면서도 경직되지 않고 유연하게 대응할 수 있는 역량을 말한다. 조직이 이렇게 민첩하게 움직이려면 질서를 중시하고 수직적인 통제가 가능한 전통적인 경영 방식에서 벗어나 수평적인 조직 문화를 통해 조직을 움직이고 조직이 아닌 개개인의 자율성을 보장하는 노력이 필요하다. 왜 우리 기업은 더 성장하지 못하는가? 이를 고민하는 경영자라면 가장 먼저 조직 문화부터 살펴야 한다. 직원들이 창의적이고 생산적으로 일할 수 있는 분위기가 조성되어 있는지, 또 어떻게 하면 구성원들의 심리적 사기를 높여줄 수 있는지를 우선적으로 살필 때 기업의 경쟁력도 높아질 수 있기 때문이다.

탐욕과 공포, 두 가지 함정

국가와 기업이 아닌 우리 개인들은 어떻게 '심리'와 사기를 통제해야 할까? 주식 투자를 예로 들어보자. 저금리 시대다 보니 누구나 한 번쯤 주식 투자를 통한 대박을 꿈꾸기 마련이다. 그런데 사실 성공률은 그다지 높지 않다. 주식 투자에 있어서 두 가지 심리적 함정, 바로 탐욕과 공포에 빠지기 쉬운 탓이다. 탐욕은 말 그대로 지나친 욕심이다. 처음엔 적은 돈이라도 꾸준히 투자해서 수익을 내는 것을 목표로 한다. 하지만 옆에서 누가 주식으로 대박을 낸 걸 보면 누구라도 더 큰 욕심이 나기 마련이다. 바로 이때가 가장 위험한 순간이다. 탐욕에 눈이 멀어 고수익, 고위험 전략에 빠질 확률이 높아지는 탓이다.

주식 투자할 때 빠지기 쉬운 또 하나의 함정은 바로 공포다. 투자했을 때 괜히 큰 손실을 입을까봐 두려운 마음을 갖게 되는 것이다. 이렇게 한 번 공포심을 느끼기 시작하면 투자에 성공하기 힘들어진다. 주식 시장이 어떻게 돌아가는지 객관적인 상황을 보고 투자에 대한 판단을 해야 하는데, 그것이 힘들어지기 때문이다. 만약 우리가 연못가에서 얼굴을 비춰본다고 가정을 해보자. 물이 고요하고 평온한 상태라면 얼굴이 정상적으로 잘 보일 것이다. 그런데 바람이 세게 불어서 물이 일렁일 때 얼굴을 비춰보면 어떨까? 얼굴이 여느 때와 달리 일그러져 보일 것이 분명하다. 우리 마음도 마찬가지다. 어떤 일을 판단할 때 마음이 평온해야 상황을 올바르게 보고 최선의 선택을 내릴 수 있다. 공포감을 갖게 되면 승산이 있는 종목에조차 제대로 투자를 할 수 없게 된다. 이렇듯 우리는 어떤 일을 할 때 스스로 심리적 통제를 잘 할 수 있는 방법을 터득해야 한다. 그래야 올바른 심리 판단을 할 수 있고, 실패의 위험을 줄일 수 있는 것이다.

그렇다면 개인의 '사기'는 어떻게 높일 수 있을까? 흔히 우리는 실패가 성공의 어머니라고 한다. 하지만 나는 그게 전부는 아니라고 생각한다. 오히려 성공이 성공의 어머니일 수 있다. 즉, 작은 성공이 큰 성공의 어머니라고 생각하는 것이다. 여기엔 그만한 이유가 있다. 야구선수들만 해도 삼진 아웃을 당했을 때보다 안타나 홈런을 쳤을 때 실력이 더 빨리 는다고 한다. 안타나 홈런을 친 그 순간의 감을 기억해서 여러 번 연습하다 보면 똑같이 성공할 수 있는 확률이 높아지기 때문이다. 자신감 또한 높아져서 실전에 더 강해질 수 있다. 반면에 삼진 아웃을 당하면 어떨까? 어떻게 쳐야 공이 잘 맞는 건지 자꾸만 헷갈리게 될 것이다. 그리고 공이 빗나갈 때마다 자신감이 없어지고 결국 슬럼프에 빠질 확률이 크다. 어떤가? 이것만 봐도 성공이 또 다른 성공을 부른다는 것을 잘 알 수 있지 않은가. 작은 성공이 큰 성공을 부르는 것, 그것이 결국 손자가 말한 '심리'와 '사기'의 힘이다.

심리적 사기를 높여야 성공이 따라온다

나도 작은 성공을 통해 심리적 사기를 높여서 큰 성공을 이룬 적이 있다. 원래 나는 달리기를 잘하지 못했다. 군 생활 할 때 구보를 자주 했는데 대부분 10km 이하였다. 10km 정도는 자주 뛰었지만 그 이상은 뛰어본 일이 없었다. 그런데 내가 대대장으로 근무하던 중령 시절, 사단에서 체육대회가 열렸다. 1개 사단은 총 4개 연대로 이뤄지는데 이 연대들끼리 서로 체육 경기를 통해 맞붙게 된 것이다. 그중 한 종목이 바로 하프 마라톤이었다. 연대별로 계급마다 한 명 이상 대표로 출전해야 했다. 우리 연대에는 중령 계급이 몇 명 없었던 터라 할 수 없이 내가 마라톤을 뛰어야만 했다. 등 떠밀려 나가게 된 경기였기 때문에 부담이 컸던 나는 어떻게든 완주를 해야겠다는 일념 하에 몇 주간 마라톤 연습을 했다. 하지만 10km 이상 뛰어본 일이 없는 내가 하루아침에 21km를 뛰는 능력을 갖추는 것이 쉽지는 않았다. 그래도 노력한 덕분인지 경기 날 완주의 기쁨을 누릴 수 있었다.

그런데 사람 마음이 참 요상한 것 같다. 그렇게 달리기가 싫었는데 21km 완주에 성공을 하고 나니까 또 다른 마라톤 대회에 도전하고 싶어졌다. 무언가를 해냈다는 성취감이 나를 또 다른 도전으로 이끈 것이다.

다음엔 부대를 벗어나 외부에서 열리는 정식 마라톤 대회에 참가했다. 처음엔 21km 코스부터 도전을 했는데 이미 뛰어본 경험이 있어서인지 쉽게 완주할 수 있었다. 나는 거기서 멈추지 않고 다시 새로운 목표를 세웠다.

42.195km! 바로 인간 한계에 도전하는 마라톤 풀코스에 도전하기로 한 것이다. 도전을 하면서도 나 스스로 미심쩍은 부분이 많았다. 그래도 스스로가 이것을 해낼 수 있을지 그 한계를 시험해보고 싶었다.

그런데 결국 성공했다. 두 달간 열심히 마라톤 연습을 한 결과 풀코스 완주를 해낸 것이다. 그 이후에도 여러 번 풀코스에 도전해서 완주의 기쁨을 누릴 수 있었다. 그런데 진짜 놀라운 것은 마라톤을 열심히 하다 보니 자연스럽게 체력이 좋아지고 열정이 샘솟듯 솟아났다는 것이다. 그만큼 업무 능력도 눈에 띄게 향상되었다. 더 열정적으로 일을 하게 됨으로써 성공의 발판을 더욱 탄탄히 다지게 된 것이다.

살다 보면 지치고 힘든 순간이 자주 찾아온다. 특히 위기 상황에 놓이면 앞으로 어떻게 헤쳐나가야 할지 답이 보이지 않아서 포기하고 싶은 순간도 찾아오기 마련이다. 그럴 때 가장 중요한 것은 바로 스스로 무너지려는 '심리'를 통제하는 것, 그리고 스스로를 일으켜세울 수 있는 '사기'다. 말로는 어렵게 느껴질 수 있지만 사실 간단하다. 스스로 작은 성공의 기회를 마련해줌으로써 '사기'를 불어 넣어주는 것, 그리고 그 '사기'를 통해 다시 앞으로 나아갈 수 있다는 희망을 갖는 것이다. 우리가 이것만 장착하고 있다면 어떤 위기든 기회로 바꿀 수 있다.

뉴타입 전략 7

나에게 유리한 판을 짜라 - 14궤의 법칙

손자가 전쟁에 임하는 태도에 있어서 무엇보다 강조한 것이 있다. 바로 전쟁 전에 유리한 여건을 조성해야 한다는 것이다. 내가 상대보다 강할 때조차 유리한 여건을 조성해두는 것이 중요하다고 했다. 그래야만 바위로 계란을 치듯 쉽게 이길 수 있기 때문이다. 하물며 내가 불리할 때에는 어떻겠는가. 나의 약점을 감추고 상대의 강점을 무너뜨릴 수 있는 여건을 조성하는 것이 중요하다. 위기 때도 마찬가지다. 위기를 벗어나 기회로 만들 수 있는 여건을 조성해야 한다.

손자는 대표적인 여건 조성 방법으로 14궤를 제시했다. 14궤에서 궤의 한자는 '속일 궤詭'이다. 적을 속여서 자신에게 유리한 판을 만들라는 것이다. 여기서 속인다는 것은 적에게 혼란을 줄 수 있는 묘책을 말한다. 그것은 곧 적을 흔들기 위한 전략이다. 대치되고 고정된 상태에서는 유리한 여건이 만들어지지 않기 때문에 상대를 흔들어야 한다는 뜻이다. 상대가 있는 운동 경기를 생각해보자. 운동선수들은 상대편을 흔들어놓기 위해 속이는 동작인 페인트 모션feint motion을 끊임없이 사용한다. 유도를 할 때에도 마찬가지다. 우리는 힘을 써서 상대의 힘을 역이용해 상대방을 넘어뜨린다. 그런데 양쪽이 서로 붙잡은 상태로 버티고 있으면 어디에도 허점이 나오지 않는다. 그래서 유도 선수들은 이리저리 움직이기도 하고 상대를 끌면서 상대의 균형을 흐트러뜨리기 위해 애쓴다.

그러다 상대가 균형이 흔들리면 순식간에 상대의 힘을 역이용하는 동시에 나의 힘을 합해서 넘어뜨리는 것이다. 축구를 할 때에도 선수들은 상대 수비수를 따돌리기 위해 페인트 모션을 사용한다. 유명한 공격수가 현란한 페인트 모션으로 상대 선수들을 젖히고 드리블해갈 때 관중들은 그의 돌파력에 열광한다. 골키퍼를 상대할 때도 페인트 모션을 써가며 공을 찬다. 골 왼쪽으로 찰 것처럼 하면서 오른쪽으로 차기도 하고, 드리블을 하는 척하며 골대를 향해 공을 찬다. 유명한 스타 플레이어들은 어쩌면 페인트 모션의 달인인 것이다.

전쟁에서도 마찬가지다. 상대가 있는 전쟁에선 운동경기에서처럼 상대를 속이고 흔드는 페인트 모션을 사용한다. 정적인 상태에서는 유리한 여건을 조성하기 힘들기 때문에 끊임없이 상대를 자극해 균형을 잃게 만들어야 한다. 적이 흔들리면 그 순간 허점이 나온다. 그 순간 허점을 향해 바로 공격해야 하는 것이다. 상대가 허점을 보이도록 만드는 것, 그것이 곧 나에게 유리한 판을 만드는 것이고 쉽게 이길 수 있는 방법이다.

인천상륙작전, 유리한 판의 전략

손자의 14궤는 인천상륙작전의 사례를 통해서 잘 드러난다. 6·25전쟁 당시 유엔군 사령관 맥아더Douglas MacArthur 장군은 인천상륙작전을 구상했다. 거침없이 진격해오는 북한군을 저지하기 위한 최선의 방책으로 상륙작전을 떠올린 것이다. 문제는 장소였다. 북한군을 치는 데 가장 효과적인 지역이 어디일지 쉽게 감이 잡히지 않았다. 결국 맥아더 장군이 선택한 곳은 인천이었다. 사실 인천의 바다는 조수 간만의 차가 매우 심하기 때문에 상륙작전을 펼치기에 제약이 많은 장소다. 그럼에도 불구하고 맥아더 장군이 인천을 선택한 이유는 무엇이었을까? 이유는 하나, 북한군을 속이기 쉬웠기 때문이다. 인천의 지역적 특색을 잘 알고 있던 북한군은 우리 측이 인천을 통해 상륙작전을 펼치리라곤 예상하지 못했다.

맥아더 장군은 바로 그 점을 노리고 기만 활동을 펼치기 시작했다. 그 시작은 바로 북한군에게 거짓 정보를 흘리는 것이었다. 일부러 북한군이 듣게 하려고 무전으로 군산, 원산, 해주, 포항 등의 지역을 거짓으로 언급하는가 하면, 실제로 해당 지역에서 가짜 상륙작전을 펼치기도 했다. 이름하여 학도병을 이용한 장사상륙작전이다.

장사상륙작전은 1950년 9월, 경상북도 영덕군 남정면 장사리에서 벌어진 상륙작전을 말한다. 작전명 174라고도 하는데, 대한민국군의 학도병으로 구성된 772명이 문산호를 타고 장사에 상륙하여 국도 제7호선을 봉쇄한 후, 조선인민군의 보급로를 차단하는 데 성공하고 철수한 작전이다. 원래는 8군에 떨어진 명령이었으나 인민군 복장을 입고 특수 작전을 해야 하는 사정상 북한군과 외모가 비슷한 학도병들을 동원하게 되었다.

이로써 772명의 학도병과 지원 요원 56명은 변변찮은 식량을 싣고 국가를 위한 마음으로 장사리에서 상륙작전을 벌인다. 인천상륙작전을 벌이기 전 북한군의 주의를 분산시키고 북한군의 보급로를 차단하기 위해서였다. 알려진 바로는 당시 투입된 학도병들은 2주간의 짧은 훈련 기간을 거친 14~17세의 어린 학생들이었다. 당시 학도병들은 3일간 상륙한 뒤 귀환할 예정이었다. 총기 등의 물자가 3일치만 지급된 것은 바로 이 때문이다. 하지만 안타깝게도 문산호는 태풍에 떠밀려 상륙하기 전 좌초되었고, 고립된 학도병들은 총알과 식량이 부족한 상황에서도 7번 국도를 차단하기 위해 끝까지 싸워야만 했다.

결과는 참혹했다. 139명이 전사하고 92명이 부상을 입었으며, 이들을 제외한 나머지는 모두 행방불명 상태가 된 것이다. 하지만 이렇게 많은 학도병들의 희생은 헛되지 않았다. 가짜 상륙작전 덕분에 북한의 관심은 단숨에 영덕 쪽으로 쏠렸고, 인천에 대한 방어가 소홀해졌다. 결과적으로 인천상륙작전은 무리 없이 성공하게 된다. 맥아더 장군이 장사상륙작전을 통해 자신에게 유리한 여건을 미리 만들었기 때문이다. 사전에 유리한 여건을 조성함으로써 인천상륙작전의 실패 확률과 피해율을 낮출 수 있었다. 또 인천을 획득하고 전쟁의 판세를 바꾸는 데 성공할 수 있었다.

뉴노멀 시대! 새 판 짜기를 시도하라

지금과 같은 뉴노멀 시대에 사전 여건을 조성한다는 것은 무슨 뜻일까? 아마 누구라도 개미와 베짱이라는 이솝우화에 대해 들어봤을 것이다. 뜨거운 여름 내내 열심히 일을 한 개미, 그리고 매일같이 게으름만 피우고 놀던 베짱이 이야기다. 다들 알다시피 이 이야기의 결론은 분명하다. 열심히 일한 개미는 겨울이 되어도 잘 먹고 잘 살지만 게으른 베짱이는 먹을 것이 없어서 굶주림에 시달리게 된다. 그러다 결국 베짱이는 개미에게 빌어먹는 처지가 된다. 그리고 여름 내내 놀기만 했던 자신의 게으름을 뉘우치는 것으로 이야기는 끝난다. 우리는 개미와 베짱이를 통해서 근면과 성실함이 삶을 지탱해주는 가장 중요한 가치라는 것을 배웠다. 그런데 만약 오늘날 개미와 베짱이의 이야기가 쓰여진다면 어떨까? 똑같이 근면, 성실함이 가장 선한 가치로 그려질까? 글쎄, 내 생각엔 사뭇 다른 이야기로 전개될 것 같다. 예를 들면 이렇다.

햇볕이 쨍쨍 내리쬐는 여름날 개미는 땀을 뻘뻘 흘리며 일하고 있었다. 그런데 어디선가 가슴이 뻥 뚫리는 노랫소리가 들려왔다. 시원한 나무그늘 밑에서 베짱이가 부르는 노랫소리였다.

"개미야, 더운 날 내 노랫소리를 듣고 힘을 내렴."

일밖에 몰랐던 개미들은 지칠 때마다 나무 그늘에 앉아 베짱이가 부르는 노랫소리에 힘을 얻는다.

"저런 아름다운 목소리를 들을 수 있다니 행복해."

매일 노래를 부르는 베짱이의 가창 실력은 일취월장했고, 숲속에서 베짱이를 모르는 개미들은 없게 되었다.

온 세상이 하얀 눈으로 뒤덮였다. 이윽고 겨울이 온 것이다.

이제까지 놀며 노래를 부르기만 한 베짱이의 집에는 먹을 것이 없었다.

그에 반해 개미들의 집 안에는 먹을 것이 가득 차 있었다.

하지만 할 일이 없는 개미들은 무료해졌다.

베짱이는 이런 개미들을 위해 음악 콘서트를 열었다.

베짱이의 음악 콘서트를 듣기 위해 많은 개미들이 먹을 것을 들고 몰려왔다. 베짱이 집 현관 앞에는 베짱이의 팬이 된 개미들이 선물한 음식들이 차곡차곡 쌓였다. 그리고 베짱이는 더 많은 개미 팬들을 위해 월드 투어 콘서트를 떠났다.

어떤가? 지금 이 시대에 더 잘 어울리는 스토리가 아닌가. 원래 개미와 베짱이 이야기는 개미처럼 자신에게 주어진 일을 열심히 하고 노력하면 그만큼의 결실을 얻을 수 있다는 교훈을 주기 위한 우화다. 이것은 생산 중심적인 농업화·산업화 시대에는 잘 통하는 얘기였지만, 4차 산업혁명 시대인 오늘날에는 반드시 맞는 얘기라고 할 수는 없다. 시대가 변화함에 따라 경제사회가 요구하는 능력이 바뀌고 있기 때문이다. 농업화 시대와 산업화 시대에는 개미처럼 땀 흘려 열심히 일해 많이 생산해내는 근로자가 사람들로부터 인정을 받았다면, 4차 산업혁명 시대에는 베짱이처럼 예술적 재능을 가진 창조적 근로자들도 충분히 인정을 받을 수 있게 되었다. 예를 들어 베짱이는 여름에 힘들게 일하는 개미들을 위해 노래를 부르는 것으로 위로와 즐거움을 줄 수 있다. 단순히 무언가를 생산해내지 않아도 '노래를 부르는 재능' 자체만으로 문화적 가치를 인정받을 수 있는 시대가 된 것이다. 겨울이 되면 어떻겠는가? 개미는 먹을 것이 많아도 일이 없어 무료할 것이다. 이때 베짱이는 노래 교실을 열어 개미들에게 노래를 가르쳐줄 수도 있고, 콘서트를 개최해 개미 관객들에게 큰 만족과 기쁨을 줄 수도 있다. 베짱이는 더 이상 개미한테 먹을 것을 구걸하는 것이 아니라 자신의 재능을 펼치며 개미와 서로 윈윈하는 삶을 살아갈 수 있다. 이처럼 4차 산업혁명 시대에는 자신의 장점을 최대한 살림으로써 얼마든지 자신에게 유리한 판을 만들 수 있다. 자신의 강점을 살려 기존에 불리했던 판을 자신에게 유리하게 만들어가는 것, 이것이 바로 사전 여건을 조성하는 것이다.

최소의 노력으로 쉽게 이겨라 – 기정 전략

"강한 자가 살아남는 것이 아니라 살아남는 자가 강한 것이다"라는 말이 있다. 치열한 경쟁사회를 살고 있는 우리는 어떻게 하면 수많은 경쟁에서 도태되지 않고 끝까지 살아남을 수 있을지 고민하게 된다. 이것은 곧 수많은 위기를 슬기롭게 이겨낼 수 있는 지혜를 찾는 것과 같다. 바로 여기에 손자는 하나의 명쾌한 답을 제시해주었다. 바로 '이정합이기승以正合以奇勝'이다. 전쟁을 할 때는 정공법을 기반으로 하되 기책으로서 이겨야 한다는 말이다. 한 마디로 '기정奇正 전략'이라 할 수 있다. 여기서 정공법이란 나와 적군이 주 병력으로 대치하는 것을 뜻하고, 기책은 기습병력이나 소수 정예화된 병력으로 적의 허점을 찌르는 전략을 말한다. 이해하기 쉽게 예를 하나 들어보겠다.

정치인 유튜버 조회수 2위의 비밀

지난 2023년 4월 한 언론사에서 21대 현역 국회의원들의 유튜브 채널 현황을 조사해 발표한 적이 있다. 총 299명의 현역 의원 중 275명이 개인 유튜브 채널을 운영하고 있었는데 이것은 국회의원 10명 중 9명은 유튜브를 통해 국민들과 소통하고 있다는 뜻이다. 나 역시 예외는 아니다. 아니 나의 경우 그 어떤 의원들보다 유튜브 채널을 적극적으로 운영해왔다고 자신한다. 그 노력의 결실은 숫자로 증명되고 있다. 현역 의원 유튜브 채널 중 조회수를 기준으로 순위를 매긴 결과, 이재명 더불어민주당 대표의 뒤를 이어 나의 채널이 2위를 차지했다. 이것은 가히 놀라운 성과다. 상대적으로 인지도가 떨어질 수밖에 없는 초선 의원이었는데, 다른 유명한 의원들을 제치고 조회수 2위를 했으니 말이다. 어떻게 이런 놀라운 성과를 냈는지 그 비결이 궁금하지 않은가.

내가 정치인으로서 유튜브를 시작한 건 손자의 이정합이기승以正合 以奇勝즉 기정 전략을 충실히 따른 것이다. 이정합 이기승이란 전쟁을 할 때 정공법을 기반으로 하되 기책으로 이겨야 한다는 것을 말한다. 이에 나는 국회의원으로서 본업인 입법 활동과 예산 심의, 정부 견제 등의 업무를 충실히 해나가는 것을 정공법, 유튜브 채널을 통해 '안보 전문가'로서 국민들과 적극적으로 소통하며 '진짜 안보'를 '바로 알리는 것'을 기책으로 삼았다. 내가 생각하는 정치는 곧 소통이라 믿었기 때문에 국민들과 적극적으로 소통할 수 있는 창구도 필요했다. 이런 이유로 나는 국회에 입성한 직후 가장 먼저 유튜브 채널부터 만들고자 했다.

유튜브 채널을 처음 만들려면 이름과 컨셉을 정해야 하는데 가장 먼저 떠오른 것이 '김병주 TV'였다. 초선 의원으로서 나의 존재감을 알리고 인지도를 높이기 위해서 이름을 전면에 내세우는 것이 좋다고 생각했기 때문이다. 그런데 비서진들의 생각은 달랐다. 정치인이 유튜브 채널을 만들면 딱딱하고 거리감이 느껴질 수 있으니 좀 더 친숙한 느낌의 이름을 짓자는 의견이었다. 그렇게 해서 정해진 것이 지금의 '주블리 김병주' 다. 김병주와 어셈블리Assembly, 즉 국회를 합친 말이다. 그런데 주블리라고 하면 보통 김병주와 러블리를 합친 말로 받아들였다. 덕분에 사성장군 출신 국회의원의 딱딱한 이미지 대신 유머러스하면서도 친숙한 느낌을 줄 수 있었던 것 같다. 다시 생각해도 센스 있는 작명이란 생각이 든다.

채널의 컨셉은 처음부터 명확했다. 40년 가까이 군에 몸담았던 군인이자 전역 직전 한미연합사령부 부사령관으로 근무했던 이력 등을 살려 '안보 전문가'로서 적극 나서기로 했다. 우리나라는 안보가 그 어떤 것보다 중요함에도 제대로 된 안보 뉴스를 다루는 채널이 없다시피 했다. 정치를 위해 안보에 관한 가짜 뉴스만 떠돌아 다니니 이런 이슈들을 보다 객관적으로 다룰 필요도 느꼈다. 또한 우리나라 안보 최전방에서 청춘을 바치고 있는 우리 장병들을 적극 지원할 수 있는 채널이 되면 좋겠다고 생각했다. 의정활동을 알리는 것은 당연히 기본이고.

사실 정치인들에게 유튜브만큼 좋은 소통의 도구도 없다고 생각한다. 일방적으로 보도하는 지상파 미디어와 달리 국민들과 쌍방향, 실시간으로 직접 의견을 나눌 수 있는 창구가 아니던가. 유튜브가 없을 때 정치인들이 의정활동을 알리기 위해 방송국이나 신문사에 아쉬운 소리를 해야 할 때도 있었지만 이제는 자체 유튜브 채널을 통해 마음껏 자신의 활동을 알리고 지지를 받을 수 있으니 그야말로 강력한 무기를 손에 든 셈이다. 든든한 무기가 생겼으니 유튜버로시 열심히 활동을 시작했다. 초창기에는 내 의정활동의 주요 아젠다를 설명하고, 매일의 의정활동을 알리기 위한 영상들을 일주일에 평균 1~2편씩 꾸준히 업로드 했다. 또한 '진짜 안보'라는 이름의 코너를 운영하기도 했는데 가장 따끈따끈한 안보 소식을 팩트에 근거해 정확히 알리고, 인터넷에 떠도는 수많은 가짜 안보 뉴스를 가려내 올바른 정보를 제공했다. 우리나라 국방의 경쟁력을 알리기 위해 각종 최신 무기를 소개하기도 했으며 대통령 선거 때는 더불어민주당의 이재명 대표를 홍보하는 데 전력을 쏟기도 했다. 최근에는 윤석열 정부의 안보 정책들을 건강하게 비판하고 그 대안을 제시하는 채널로서 그 역할을 다하고 있다. 특히 북한무인기 침투 사건 등 굵직한 안보 이슈가 있을 때마다 국방위 위원으로서 열심히 활동하며 가장 빠르고 정확한 내용을 알리는 데 주력했더니 구독자 수도 폭발적으로 증가했다. 안보에 대한 국민들의 관심과 걱정이 얼마나 큰지 알 수 있는 대목이다. 내가 만약 유튜브 채널을 운영하지 않았다면 국민들의 목소리를 이렇게 실시간으로 빠르게 전해듣지 못했을 것이다. 또 기하급수적으로 늘어나는 안보 가짜 뉴스의 폭풍에 맞서는 것도 불가능했을 것이다. 결국 국회 입성 초창기부터 착실하게 기정 전략을 실천한 결과 의정활동에 더 큰 시너지를 낼 수 있었던 것이다. 국가와 안보와 우리 국방에 대한 나의 진심이 유튜브 채널에 오롯이 담겨 전해진 덕분일까. 지금도 각종 정치 이벤트가 있을 때 국민들을 만나러 현장에 나가면 많은 분들이 알아봐주시고 응원해주신다. 그렇게 또 나는 힘을 얻고 의정활동에 더욱 매진하고 있다.『손자병법』의 기정 전략의 효과가 정치에서도 입증되고 있는 것이다. 즉 국회의원의 본업인 입법 활동과 예산 심의, 정부 견제를 열심히 하면서 '주블리 김병주' 유튜브 채널을 열심히 함으로 기책도 소홀히 하지 않았다. 정공법이 튼튼해야 기책이 다양해질 수 있고 효과도 크다. 국회의원 활동을 열심히 하면서 기책을 소홀히 하지 않은 결과, 초선임에도 인지도가 급상승했고, 국회의원 활동도 더 원활히 할 수 있는 계기가 됐다. 이 기회를 빌어 '주블리 김병주'를 챙겨봐주시고 응원해주시는 국민들께 감사한 마음을 전한다.

콜라가 아니어도 괜찮아! 펩시의 기정 전략

이런 기정 전략은 기업 경영에 그대로 적용된다. 우리가 잘 아는 기업들 중에서도 '기정 전략'으로 성공한 대표적인 사례가 있다. 바로 콜라 업계의 만년 2위, 펩시Pepsi다. 펩시는 콜라 업계 부동의 1위인 코카콜라 Coca-Cola를 상대로 100여 년간 치열한 전쟁을 벌여왔다. 그 오랜 시간 동안, 코카콜라와 '콜라'라는 주 종목에서 정공법으로 경쟁해왔던 셈이다. 하지만 펩시는 한 번도 코카콜라를 이길 수가 없었다. 콜라 하면 코카콜라가 대명사처럼 여겨질 정도로 콜라 시장에서 코카콜라의 입지는 단단했다.

그런데 2005년, 드디어 기적과 같은 일이 일어났다. 기업의 가치를 한눈에 알 수 있는 시가총액에서 펩시가 코카콜라를 앞서기 시작한 것이다. 어떻게 이런 일이 가능했던 걸까? 비결은 간단했다. 펩시가 단순히 콜라 생산 업체가 아닌 종합 식음료 회사로의 변신을 꾀한 것이다. 그 무렵 비만이 하나의 심각한 사회 문제로 떠오르기 시작하면서 웰빙을 추구하는 사람들이 점점 콜라를 기피하는 현상이 생겨나기 시작했다. 가뜩이나 업계 2위인데 전체 시장의 파이마저 줄어드는 추세에 접어든 것이다. 펩시로서는 콜라를 대신할 수 있는 새로운 상품군의 개발이 필요했다. 이런 고민 끝에 펩시는 과감한 체질 개선에 들어간다. 탄산음료 매출에만 의존하지 않고 종합식품음료 회사로 거듭나기로 한 것이다. 사실상 탄산음료만으로는 기업을 운영해나갈 수 없을 거라 판단했기 때문이다. 펩시는 그후 빠르게 사업을 정리하기 시작했다. 우선적으로 탄산음료 매출의 바탕이 되었던 피자헛Pizza Hut과 KFC, 타코벨Taco Bell 등 패스트푸드 업체를 정리했다. 한편 1998년에는 주스 제조업체인 트로피카나Tropicana를 인수했고, 2001년에는 스포츠 음료 게토레이Gatorade를 보유한 퀘이커 오츠Quaker Oats를 인수하게 된다. 보다 다양한 음료 상품군을 확보하기 위한 전략이었다. 이것은 곧 손자의 기정 전략을 실행에 옮긴 것이라 할 수 있다. 정공법인 콜라와 기책이라고 할 수 있는 건강음료 제품군으로 영역을 확장함으로써 매출 신장의 발판을 마련한 것이다. 이때 펩시는 기책뿐 아니라 정공법인 음료에 충실했다. 기업의 핵심 역량을 식음료에 집중시키고 이와 관련이 적은 레스토랑은 과감히 분리 매각한 것이다. 이렇게 만들어진 재원은 다시 비탄산음료에 투자할 수 있었다.

기정 전략을 적극적으로 펼친 덕분에 부수적인 효과도 거두기 시작했다. 이전까지는 맥도날드McDonald's나 버거킹Burger King 등 외식업체들이 펩시의 레스토랑을 경쟁상대로 생각해 음료 구매를 꺼려오던 추세였다. 하지만 펩시가 외식업에서 손을 떼자 해당 업체들의 반감이 줄어들었고, 펩시의 음료를 기꺼이 구매해서 쓰기 시작했다. 레스토랑을 포기한 것이 오히려 식음료의 판로 확대로 이어진 것이다. 결국 2005년 12월 펩시는 112년 만에 시가총액에서 코카콜라를 따라잡고 연간 10억 달러 이상 판매되는 메가 브랜드mega brand를 18개 이상 보유한 세계적인 종합 식음료 회사로 거듭날 수 있었다. 정공법인 콜라로는 아무리 노력해도 이길 수 없었던 판을 기책을 활용해 손쉽게 뒤집은 것이다. 또한 콜라 사업 분야에서 맞은 위기를 종합식음료 회사로 거듭나는 기회로 바꾼 것이기도 하다.

기정 전략, 20:80 균형감각을 유지하라

기업에서 기책奇策을 쓸 때에는 두 가지 주의해야 할 점이 있다. 하나는 경쟁사가 예상치 못한 방법이어야 한다는 것, 또 하나는 회사가 가지고 있는 기본적인 핵심 역량을 잘 발휘할 수 있는 분야로 나아가야 한다는 것이다. 주업에 더해 차별화되는 전략을 조화롭게 사용해야 이익이 극대화될 수 있기 때문이다. 맥도날드의 경우 초기에는 햄버거를 판매해서 얻는 이익보다 좋은 입지에 맥도날드 가게를 개장하는 데 더 많은 신경을 썼다. 햄버거를 아무리 잘 팔아봤자 부동산으로 인한 수익을 따라잡을 수 없었기 때문이다. 최근에는 주업인 햄버거에 저가의 커피를 추가하는 전략을 쓰고 있다. 그렇게 매장 손님을 늘린 후 커피로 상당한 수익을 내고 있다. 맥도날드의 햄버거가 정공법이라면 부동산 이익이나 커피 이익은 기책이라고 할 수 있다. 이 두 가지를 잘 조화롭게 사용해야 기업이 추구하는 이익을 극대화할 수 있는 것이다.

그런데 막상 기정 전략을 일상에 적용해보려고 하면 쉽지 않다. 어느 정도를 정공법으로 하고 어느 정도를 기책으로 해야 하는지 고민이 많아지기 때문이다. 이때 우리가 생각해봐야 할 것이 바로 파레토 법칙Pareto Principle이다. 이 법칙은 전체 결과의 80%가 전체 원인의 20%에서 일어나는 현상을 가리킨다. 기업의 경우 총이익의 80%가 의외의 20%의 부분에서 나올 수 있다. 때로는 정공법보다 기책이 더 많은 성과를 내는 것이다. 이는 개인의 경우도 비슷하다. 성과의 80%는 근무시간 중 집중력을 발휘한 20%의 시간에 이뤄진다고 한다. 또 상위 20%의 축구선수가 80%의 골을 넣기 마련이다. 파레토 법칙은 80%가 꼭 필요하고, 20%가 결정적 효과를 내는 것이 기정 전략과 닮았다. 이때 80%가 없으면 20%라는 수치가 존립할 수 없다. 80%의 노력은 우리에게 평상시 주어진 업무나 과제, 즉 정공 분야에 발휘하되 20%의 노력은 자신만이 갖고 있는 독특한 매력이나 캐릭터, 재능으로 남들과는 다르게 승부해볼 필요가 있는 것이다. 정正을 정正으로 이기는 것이 불가능할 때 기奇로써 이기는 방법을 찾고, 또 기와 정, 정과 기를 유연하게 전환할 줄 알아야 비로소 그것이 경쟁력이 된다. 다양한 무기를 갖추고 있으면 당연히 경쟁력이 높아진다. 하지만 하나의 무기를 갈고 닦기에도 얼마나 많은 시간이 드는가. 이때 무기마다 100%의 노력을 쏟을 필요가 없다. 80: 20의 균형감각을 유지하면 보다 수월하게 다양한 무기를 갖출 수 있다. 혹은 70:10:10:10도 좋다. 노력의 격차를 두며 다양한 기책을 갖출수록 경쟁력은 높아진다. 뉴노멀 시대, 적은 노력으로 큰 성과를 내고 싶다면 기정 전략부터 하나씩 실행에 옮겨보자.

역사 공부로 기책을 마련하다

내가 포병여단 작전과장으로 일할 때의 이야기다. 당시 나는 근무하던 곳의 지명 유래부터 전쟁 역사까지, 역사적 지식이 풍부했다. 지역 역사와 전쟁사를 연구하고 공부하는 것을 유독 좋아해 이를 취미로 즐겼기 때문이다. 틈 나는 대로 여러 지역을 답사했고, 관련 서적도 즐겨 읽었다. 좋아서 하는 일은 잘 지치지도 않으니 날로 지식이 늘어가는 게 당연했다.

이런 나의 취미 생활이 기책이 되어 유용하게 쓰이게 되었다. 평균 월 1회 이상 작전지역의 주요 고지에 올라 그 지역에서 어떻게 작전을 짤지에 대한 전술토의를 벌였는데, 작전을 잘 짜기 위해선 지형에 대한 지식을 갖추는 것이 무엇보다 중요하기 때문이다. 본격적인 전술토의에 앞서 진행자가 지형을 설명하고 시작하는 경우가 많았는데, 그 역할을 내가 맡게 되었다. 나는 지형 설명에 추가해서 지명의 유래, 지역의 전쟁사를 설명했다. 내가 알고 있는 것들을 신이 나서 설명하다 보니 듣는 사람들도 쉽게 이해했고, 전술토의는 늘 원활하게 진행되었다. 모두들 나의 전술적 식견을 인정해주었다. 또 나는 전쟁사를 많이 알고 있었던 덕분에 전략가로서의 나의 능력을 어필할 수 있었다.

그런데 한 가지 아이러니한 것이 있었다. 평소 야근을 해가며 열심히 근무를 해도 그것만으로는 크게 두각을 나타내기 힘들었는데, 현지 전술토의로 많은 사람들에게 인정을 받았다는 사실이다. 나로서는 좋아하는 일을 열심히 한 덕분에 상당히 좋은 기회를 얻게 된 셈이다. 열심히 근무한 것이 정공법이라면, 전술토의에서 지명의 유래와 지역 전쟁사를 설명해줄 수 있는 차별화된 지식과 전술적 식견은 나를 돋보이게 한 기책이었다. 이처럼 남들이 가지지 않는 것, 남들이 공들이지 않은 어떤 것에 관심을 갖고 그것을 나만의 것으로 만드는 노력이 필요하다. 그런 기책이 바로 치열한 경쟁 사회를 쉽게 헤쳐나갈 수 있는 무기가 되기 때문이다.

상대의 약점을 노려라 - 허실 전략

한 어른과 아이가 싸우려고 한다. 누가 이길까? 답이 너무 뻔한 것 같지만 사실 그렇지 않다. 십중팔구 어른이 이기는 것이 당연하게 생각되지만 『손자병법』을 통해 전략을 배운 아이라면 얘기는 얼마든지 달라질 수 있다. 예를 들어, 어른이 잘 때까지 기다렸다가 공격하면 얼마든지 어린아이도 어른을 이길 수 있다. 바로 이것! 어른이 무방비일 때 공격하는 것과 같은 것을 손자는 허실虛實 전략이라 했다.

허실이란 단어는 우리 일상생활에서도 많이 사용되고 있다. 흔히 운동 경기를 할 때 "상대편의 허점을 노려라"라고 말하곤 하는데, 이때 허점이 바로 허虛다. 건강할 때는 몸이 실하다고 표현하고 아프면 몸이 허하다고 말하기도 한다. 몸이 건강하여 실할 때는 자신이 가진 장점을 잘 발휘할 수 있다. 하지만 몸이 아파 허할 때는 장점이 잘 발휘되기는커녕 외부 요소에 취약해지기 쉽다.

이와 관련해서 손자가 강조한 것이 있다. 손자는 적을 쉽게 이길 수 있는 가장 효과적인 방법으로 허실 전략을 꼽았다. 즉, 적의 허실을 파악해 공격하는 것이다. 또한 '피고이추하避高而趨下 피실이격허避實而擊虛'를 해야 한다고 했다. 여기서 피고이추하避高而趨下는 물이 높은 곳에서 낮은 곳으로 끊임없이 흐른다는 의미고, 피실이격허避實而擊虛는 물이 높은 곳을 피해 낮은 곳으로 가듯 병력을 운용할 때에도 적의 실한 곳을 피하고 허한 곳을 공격해야 한다는 뜻이다. 그래야 쉽게 이길 수 있다. 물의 성질은 항상 높은 곳에서 낮은 지형을 따라 끊임없이 흐른다. 굳이 높은 곳으로 거슬러 오르지 않는다. 이와 같이 병력도 적이 실한 곳, 즉 적의 이미 우리가 올 것을 예상하고 대비하고 있는 곳은 피해야 한다. 대신 허한 곳, 즉 적이 우리가 올 것을 예상 못 해 대비하고 있지 않은 곳으로 나아가야 한다. 당연한 얘기지만 적의 실한 쪽으로 가서 싸우면 피해가 크고 이기기도 어렵다. 군사학적인 관점에서도 마찬가지다. 실實은 경쟁자가 싸울 준비가 되어 있고 강점이 그대로 발휘 가능한 상태를 말한다. 허虛는 경쟁자가 가진 장점이 잘 발휘되지 못하고 허점이나 약점이 노출된 취약한 상태를 의미한다.

그런데 만약 상대가 허점이 없다면 어떻게 해야 할까? 답은 간단하다. 실한 적을 허하게 만들어야 한다. 실한 적을 허하게 만드는 방법은 꽤 여러 가지가 있다. 현대전에서는 야간에 적의 주둔지나 진지에 불규칙적으로 포를 쏜다. 이것을 요란사격搖亂射擊이라 하는데, 이러면 적은 자다가 떨어지는 포탄을 피해 대피하느라 잠을 제대로 잘 수 없게 된다. 그렇게 적군이 며칠씩 잠을 못 자면 전쟁 중에도 졸게 된다. 바로 허한 상태가 되는 것이다. 바로 이때 공격하면 그 효과는 두세 배 높아질 수 있다. 적의 보급로나 식수를 끊어버리는 것도 적을 허하게 만드는 방법 중 하나다. 또한 적의 심신이 안정되어 있으면 다양한 심리전을 통해 적을 불안에 떨게 하고 동요하게 만들기도 한다. 적의 무기 공장을 파괴하거나 탄약고를 공격하는 방법도 있다. 적군이 아무리 병력이 세고 좋은 무기를 가지고 있다 하더라도 탄약이 떨어지면 무용지물이 되는 법. 그때 공격하면 쉽게 이길 수 있다.

그런데 여기서 헷갈리기 쉬운 것이 있다. 바로 허실과 강약점의 차이다. 둘은 비슷해 보이지만 엄연히 다르다. 사람들은 흔히 약점은 보완하고 강점은 더 강화하라고 한다. 하지만 강점을 강화하고 약점을 보완하는 데는 오랜 시간이 걸린다. 예를 들어보자. 아이가 어른을 이기기 위해 힘이 강해지려면 적어도 10년은 걸릴 것이다. 하지만 '당장' 적과 싸워야 하거나 경쟁자와 대결을 해야 한다면 어떻게 해야 할까? 지금 당장 상대의 허실을 따져봐야 한다. 이처럼 허실은 현재 상대가 지닌 '상태'다. 몸에 비유하자면 정면은 늘 강하지만 눈이 없는 뒤통수는 대개 대비가 허술하다. 그래서 앞보다는 뒤에서 공격하는 것이 효과적인 것과 같다. 그래서 우리는 항상 상대의 상태를 살피고 실한 곳이 어디인지 파악한 뒤 '돌아가는 지혜'가 필요하다. 그리고 허한 곳을 발견했다면 빠르게 공격하는 기민한 자세를 익혀둬야 한다.

마지노선은 마지노선이 아니다

허실 전략을 통해 역사적으로 크게 승리한 전쟁이 있다. 바로 제2차 세계대전 때 일어난 독일과 프랑스의 전쟁이다. 제1차 세계대진 이후 독일은 큰 후폭풍을 맞아야 했다. 전범국가로 낙인 찍힌 채 베르사유 조약 Treaty of Versailles을 맺어야 했기 때문이다. 이로써 독일은 비스마르크 제국 영토의 약 8분의 1을 잃었고 전쟁을 일으킨 것에 대한 막대한 보상금도 지불해야 했다. 설상가상으로 1929년에는 세계에 불어닥친 대공황으로 인해 독일 경제가 극도로 어려워졌다. 그 결과 1919년부터 1933년까지 유지되어 왔던 독일의 바이마르 공화국은 무너질 수밖에 없었다. 그런데 바로 이 틈을 타서 독일 정권을 손에 쥔 인물이 있다. 바로 독재의 상징 히틀러Adolf Hitler다. 독일을 손에 넣은 히틀러는 전쟁 후유증을 극복하기 위해서 다시 전쟁을 계획한다. 그렇게 또 한 번의 세계대전의 불씨가 자라고 있었다. 그런데 그 무렵 프랑스 역시 제1차 세계대전의 후유증을 크게 앓고 있었다. 제1차 세계대전 당시 '참호전'으로 인해 어마어마한 인명 피해를 겪은 뒤였기 때문이다. 실제로 프랑스 인구의 10분의 1이 전쟁으로 인해 부상을 입거나 소실되면서 심각한 인구 부족 문제를 겪고 있었다. 그리고 이것은 일종의 사회적 트라우마로 남았다. 프랑스 국민들은 또다시 전쟁이 나서 수많은 인명 피해를 입게 될 경우 나라가 멸망할지도 모른다는 두려움에 휩싸여 있었던 것이다. 이로 인해 프랑스는 전 국민이 '방어 제일주의'에 빠져들게 되었다. 제1차 세계대전에서 그랬듯 참호를 깊게 파고 방어전만 잘 해도 인명피해를 줄일 수 있고, 또 어떻게든 전쟁에서 이길 수 있다고 생각했다. 이런 이유로 프랑스는 독일과 맞닿은 국경에 약 350km의 거대한 요새, 즉 마지노선Maginot Line을 건설하기 시작한다. 당대 최고의 축성 기술을 총동원해서 거대한 지하 벙커를 만든 것인데, 여기에 쏟아부은 예산만 무려 160억 프랑, 한화로 약

20조 원에 달했다.

반면 독일은 프랑스와 전혀 다른 길을 걷고 있었다. 독일은 제1차 세계대전 후 공격 전술인 '전격전Blitzkrieg'을 발전시킨다. 전격전이란 항공기의 지원을 받아 전차로 적진을 빠르게 돌파하는 전술이다. 제1차 세계대전 당시 프랑스와의 참호전으로 인해 엄청난 피해를 입은 후 전차를 집단적으로 운용하는 전술을 개발했다. 한 가지 문제는 프랑스의 마지노선이었다. 마지노선은 어찌나 튼튼하게 지어졌는지 그곳을 공격해 들어가는 것은 곧 호랑이굴 속으로 들어가는 것이나 다름없었다. 허실로 따지면 완전한 실에 속하는 거였다. 사실 독일로서는 마지노선을 피해갈 수 있는 선택지가 별로 없었다. 프랑스 북쪽에 위치한 벨기에를 통해 진격하는 방법이 가능하다고 여겨졌다. 그러나 이마저도 프랑스와 연합군이 미리 예측해서 방어막을 쳐두었을 게 뻔했다. 프랑스를 공격하기로 마음 먹었지만 쉽게 뚫을 수 있는 길이 없었던 것이다.

하지만 독일은 포기하지 않았다. 그리고 결국 손자가 강조한 허, 즉 가장 약한 부분을 찾아내는 데 성공한다. 그 뒤에는 전략과 전술에 매우 뛰어났던 프리츠 에리히 폰 만슈타인Fritz Erich von Manstein 장군이 있었다. 독일의 유명한 지략가였던 그는 역시나 모두의 예상을 뛰어넘는 전략을 생각해낸다. 바로 아르덴Ardennes 고원 쪽으로 프랑스를 공격하자고 한 것이다. 아르덴 고원은 서부 유럽의 삼림으로 우거진 고원 지대로 아르덴숲으로 잘 알려진 곳이다. 그 면적만 1만km²에 달하는 빽빽한 삼림 지대다. 그렇다. 전차를 주축으로 한 기갑부대가 쉽게 들어갈 수 없는 지역이라는 뜻이다. 당연히 프랑스의 경계가 가장 느슨한 곳이기도 했다. 군이 일부러 따로 방어를 하지 않아도 빽빽한 삼림이 방패막이가 되어줄 거라 생각했기 때문이다. 비로 그 점을 고려한 독일은 아르덴 고원이 프랑스의 유일한 허라고 생각하고 그쪽을 공격하기로 한다.

그리하여 1940년 5월 10일, 독일은 아르덴 삼림 지역을 주공략지로 삼아 프랑스 침공을 개시한다. 이때, 독일은 군을 3개로 나눠서 공격을 실시했다. 먼저 1개 집단군이 네덜란드와 벨기에로 들어갔다. 마치 자신들이 주력부대인 양 연합군을 속인 것이다. 150만의 프랑스-영국 연합군은 제대로 걸려들었다. 이 기만세력을 독일군 주력으로 완전히 착각하고 벨기에 쪽으로 이동했다. 이로써 프랑스 후방은 고스란히 노출되었다. 독일의 주력부대는 이 틈을 타서 빠르게 아르덴 삼림 지대를 통과해 연합군을 뒤에서 완전히 포위해버린다. 그사이 독일에 남아 있던 1개 군이 마지노선에 있는 병력을 잡아두는 역할을 했기에 가능한 전략이었다.

프랑스-영국 연합군은 초기에 약간 저항하는 듯한 모습을 보였다. 하지만 그조차 오래가지 못했다. 프랑스-영국 연합군은 이내 대혼란을 겪으며 붕괴되었다. 결국 독일군은 한 달여 만에 프랑스 파리를 점령했고, 이후 3일 만에 프랑스의 항복을 받아내는 데 성공했다. 군사강국이었던 프랑스가 단 5주 만에 독일에 함락되는 믿을 수 없는 일이 벌어진 것이다. 이것은 독일이 프랑스의 실, 즉 마지노선과 벨기에 북부 지역을 피하고 그 대신 허, 즉 아무도 생각하지 못한 아르덴 삼림 지대를 택했기 때문에 가능한 일이었다. 손자가 강조했던 허실 전략을 실전에 가장 잘 적용한 사례라 할 수 있다.

뉴타입 전략 10

때로는 멀리 돌아가라 – 간접접근 전략

우리가 흔히 하는 말 중에 "바쁠수록 돌아가라"라는 말이 있다. 일이 크게 꼬이거나 잘 안 풀릴 때 막무가내식으로 정면 돌파를 하기보다 오히려 한 템포 멈추고 돌아가는 것, 즉 우회 돌파를 하는 것이 더 효과적이라는 뜻이다. 이런 이치는 자연에서도 쉽게 발견할 수 있다. 매가 사냥하는 모습을 본 적이 있는가? 신기하게도 매는 먹잇감을 사냥할 때 곧바로 달려드는 법이 없다. 먹잇감으로 달려들 때 곡선을 그리며 하강해서 공격한다. 먹잇감을 향해 직선으로 곧장 하강하면 금방 사냥을 끝낼 수 있을 텐데 왜 일부러 시간을 버리는 걸까? 사실 매에겐 마땅히 그래야만 하는 이유가 있다. 사냥을 잘하려면 강한 힘을 가져야 하기 때문이다. 그래서 매는 먹이를 발견하면 바로 달려들지 않고 밑으로 급강하하면서 지구의 중력 에너지를 모은다. 그렇게 모아진 힘을 바탕으로 수평으로 이동해서 먹잇감을 잘 낚아채는 것이다. 우리 눈엔 돌아가는 것처럼 보이지만 오히려 목표 지점에 더 빨리, 더 강한 힘으로 도달하는 것이다.

공을 위에서 아래로 굴릴 때도 마찬가지다. 공은 직선 경사보다 오히려 둥글게 파인 나선형 경사에서 더 빨리 굴러간다. 곡선 경사로 굴러 내려갈 때 더 큰 힘을 받기 때문이다. 이를 '우회 축적의 원리'라고 한다. 사실 우리는 이미 일상 속에서 우회 축적의 원리를 경험하고 있다. 운전할 때 차가 막히면 마냥 기다리는 것보다 교통 상황이 원활한 쪽으로 돌아가는 것이 빠르다. 특히 요즘엔 내비게이션이 실시간으로 교통량을 반영해서 가장 빠른 길을 알려주기 때문에 돌아가는 걸 겁낼 필요가 없게 되었다.

그런데 2,500년 전에 살았던 손자 역시 이런 이치를 잘 알고 있었던 모양이다. 『손자병법』을 보면 '이우위직以迂爲直', 즉 돌아가는 것이 빠르다고 적혀 있다. 적이 강하게 맞서고 있는 정면이 아니라 적이 예상치 못한 곳으로 돌아갈 때 쉽게 이길 수 있다는 것을 강조한 것이다. 이러한 이우위직은 흔히 돌아가는 전략, 즉 '우직지계迂直之計'라고도 표현한다 쉽게 예를 들어보겠다. 형제가 많은 집에선 늘 다툼이 끊이지 않기 마련이다. 그런데 동생의 입장에선 부모님이 없을 때 형과 싸우면 어떨까? 나에게 지극히 불리하다. 아무래도 체격이나 힘에서 밀리기 때문이다. 이럴 땐 어떻게 해야 할까? 형과 직접 부딪쳐서 싸우기보단 부모님이 올 때까지 참고 기다리는 것이 유리하다. 부모님을 통해서 형을 혼내주는 게 더 효과적이기 때문이다. 이런 손자의 우직지계 사례들은 옛 고서인 사마천司馬遷의 『사기史記』에도 많이 나와 있다.

전쟁에서의 우직지계 전략

전쟁에서도 우직지계의 전략은 매우 중요하다. 직접 접근하는 식의 전투는 승패를 떠나 피해가 막심해질 수 있기 때문이다. 과거 전쟁에서는 성을 직접 공격할 때 가장 피해가 컸다. 제1차 세계대전 때는 참호선에서 치열한 전투가 이뤄져 수많은 인명 피해가 나기도 했었다. 여기서 참호란 야전에서 몸을 숨기면서 적과 싸우기 위해 방어선을 따라 판 구덩이를 말한다. 그리고 참호 앞에는 적이 접근하기 어렵도록 철조망, 지뢰, 부비트랩과 같은 장애물을 많이 설치해 놓는다. 적이 이런 참호를 파고 방어선을 구축하면 아무리 강한 군이라도 이를 뚫기가 어려웠다. 그런데 제1차 세계대전 당시 대부분의 군대는 적의 참호선을 향해 무모하게 정면 돌파를 시도하다가 수천만 명의 인명 피해가 발생했다. 승자도 패자도 엄청난 피해를 입은 대재앙이었다.

이를 막기 위해선 현대전에서도 손자의 우직지계를 적용할 필요가 있었다. 실제로 그 역할을 한 인물이 바로 영국의 대전략가 리델 하트Basil Henry Liddell Hart다. 리델 하트는 『손자병법』의 우직지계에서 영감을 받아 전략을 세웠는데, 그것이 바로 간접접근 전략이다. 리델 하트는 먼저 역대 전쟁들을 분석했다. 고대 페르시아 전쟁에서부터 1948년의 제1차 중동전까지 무려 30개 전장, 280개 전투를 살펴봤다. 그 결과 단 6개 전투를 제외한 274개 전투에서 손자가 이야기한 우직지계, 즉 간접접근 방식으로 승리한 사실을 알 수 있었다. 10개 중 9개 전투가 간접접근 전략으로 승리한 것이니 그 승률이 엄청났다.

20세기 최고의 명장으로 꼽히는 베트남의 보응우옌잡Vo Nguyen

Giap 장군의 사례가 대표적이다. 그는 프랑스군과 벌인 디엔비엔푸 전투 Battle of Dien Bien Phu를 승리로 이끎으로써 길고 긴 프랑스 식민통치에 종지부를 찍었다. 이는 식민통치를 받는 약소국이 선진 종주국과 싸워 승리한 첫 케이스다. 이 전투에서 보응우옌잡 장군은 접근하기 쉬운 길이 아니라 정글을 통과하는 우회로를 통해 프랑스군을 포위했다. 프랑스군은 이를 전혀 눈치채지 못했다. 단지 접근로에 지뢰, 철조망 등을 이중 삼중으로 설치해놓았을 뿐이다. 자신들이 전투에 불리할 때 도망을 가려고 해도 불가능할 정도였다. 보응우옌잡 장군이 만약 정면 공격을 시도했다면 계란으로 바위를 치는 격이었을 것이다. 하지만 정면 돌파 대신 우회 기동을 선택해서 제대로 판세를 뒤집은 것이다.

이와 같은 우회 전략에 대해서 군사학자인 리델 하트는 『전략론 Strategy』이라는 저서를 통해 간접접근 전략을 체계적으로 이론화했다. 적을 공격할 때는 적의 대응 준비가 가장 미진한 '최소 저항선', 적이 예상하지 않은 '최소 예상선'을 선택해 돌아가야 한다고 강조한 것이다. 리델 하트의 간접접근 전략은 현대전에 많은 영향을 끼쳤다. 지금도 간접접근 전략은 우리 군과 미군뿐 아니라 많은 나라의 군사 교리에 반영되어 있다.

오티스, 엘리베이터의 성공 신화

손자의 우직지계는 기업 경영에 있어서도 좋은 전략이 된다. 이를 잘 보여주는 기업 사례가 하나 있다. 바로 글로벌 엘리베이터 기업인 오티스 Otis다. 오티스는 1850년대 미국에서 고층 빌딩 건축 붐이 일어났을 당시 획기적인 상품을 개발하는 데 성공했다. 세계 최초로 안전장치가 부착된 엘리베이터를 개발한 것이다. 당시로서는 굉장히 혁신적인 제품이 탄생한 것이지만, 한 가지 문제가 있었다. 바로 엘리베이터의 속도가 느려서 이용객들의 불평불만이 끊이지 않았던 것이다. 오티스는 이 속도 문제를 해결하기 위해 여러 가지 기술적인 방법들을 모색했다. 하지만 그 당시 기술력으로는 엘리베이터의 속도를 더 이상 높이는 것이 불가능했다. 오티스로서는 새 제품 판매에 있어서 큰 난관에 봉착한 것이다.

그런데 이때 한 직원이 아이디어를 냈다. 바로 엘리베이터에 거울을 설치하자는 것이었다. 언뜻 생각하기에 '엘리베이터 속도를 높이는 것과 거울이 무슨 연관이 있는 걸까'라는 의문이 들 수도 있지만, 거기엔 나름의 이유가 있었다. 엘리베이터에 거울을 달면 승객들이 거울만 쳐다보기 바빠서 엘리베이터 속도에 둔감해질 거라고 생각한 것이다. 실제로 이를 실행에 옮긴 결과는 어땠을까? 예상이 맞아떨어졌다. 엘리베이터에 거울을 설치한 후 이용객들은 더 이상 속도에 대해 불평불만을 하지 않게 되었다. 속도를 높이는 직접적인 방법 대신 거울이라는 간접적인 방법으로 사람들의 심리를 변화시켜 위기를 쉽게 극복한 것이다.

기업 마케팅에서의 간접접근 전략

기업 마케팅에서도 이런 간접접근 전략은 큰 효과를 발휘한다. 특히 단 15초 안에 고객의 마음을 사로잡아야 하는 TV 광고에서도 간접접근 전략이 종종 활용되고 있다. 사실 사람들은 기본적으로 TV 광고에 대한 거부감을 가지기 마련이다. 한참 내가 좋아하는 드라마나 영화를 보고 있는데 도중에 TV 광고가 나오면 순간적으로 반감을 갖게 되기 때문이다. 이럴 때에는 아무리 제품의 우수성과 특성을 홍보한들 고객층에 별다른 감흥을 줄 수 없다.

이런 사실을 아는 기업들은 광고를 만들 때 한 발 물러선 전략을 쓴다. 제품을 전면에 내세우기보다 고객이 좋아할 만한 내용을 10초 이상 우선적으로 보여주는 전략을 쓰는 것이다. 해외 유명 스포츠 브랜드인 나이키 Nike의 광고를 한번 떠올려보자. 영상에는 세계 최고의 운동선수들이 출연한다. 그리고 열심히 운동하는 모습을 보여준다. 제품의 기능성이나 우수성을 어필하는 내용은 단 한 마디도 나오지 않는다. 단지, 마지막에 브랜드 로고와 함께 "JUST DO IT"이라는 단 한 줄의 기업 슬로건이 노출될 뿐이다. 소비자들은 이 광고를 보고 어떤 생각을 하게 될까? 유명 스포츠 선수가 열심히 훈련하는 장면 등을 보면서 동경하게 되고, "나도 저렇게 멋지게 운동해보고 싶다"는 열망을 느끼게 될 것이다. 바로 그때 브랜드의 로고와 슬로건을 접하게 되면 자연스럽게 그 브랜드에 호감을 가질 수 있다. 이것이 바로 우리 상품이 좋다고 직접적으로 말하지 않고도 브랜드 가치를 높일 수 있는 간접 전략인 것이다.

우리가 흔히 드라마나 영화를 통해서 자연스럽게 상품을 접하게 되는 협찬, 즉 PPL 방식도 여기에 포함이 된다. PPL 방식은 간접광고로 널리 사용되고 있다. 드라마나 영화 출연자가 살고 있는 집의 가구나 전자제품 등을 시청자가 보고 따라서 구매하게 되는 것이다. 또한 주인공이 입는 옷이나 악세서리가 유행하기도 한다.

내가 아는 곳 중에 유명한 중소기업 가구회사가 있다. 그런데 이 가구회사는 고급 브랜드로 이미지를 만드는 데 성공했다. 어떻게 작은 중소기업이 고급 브랜드 가구로 자리매김할 수 있었을까? 이 회사는 PPL 방식, 즉 간접광고를 적극적으로 활용했다. TV 드라마나 영화 세트장에 자신들이 만든 가구를 무료로 배치했던 것이다. 부자나 재벌집 주인공의 집에 집중적으로 가구를 배치했다. 시청자들은 주인공이 멋져 보이니까 주인공이 쓰는 가구에도 관심을 갖게 되었다. 그래서 그 가구회사는 PPL이라는 간접적인 방식으로 이미지 고급화에 성공하고 매출을 올릴 수 있었던 것이다.

최근에는 이런 우회 전략이 새로운 마케팅 전략으로 쓰이고 있다. 이른바 바이럴 마케팅viral marketing이다. 바이럴 마케팅은 '컴퓨터 바이러스처럼 널리 퍼진다'는 의미를 품고 있다. 네티즌들이 블로그나 SNS 등을 통해 자발적으로 제품을 홍보하는 마케팅 기법을 말한다. 기업이 아니라 소비자들이 직접 블로그나 온라인 카페, SNS 등을 통해서 자연스럽게 "이 제품이 좋다"고 입소문을 내는 방식이다. 소비자 입장에선 제품을 판매하는 기업이 아닌 제품을 직접 써본 또 다른 고객이 하는 말에 더 신뢰를 가질 수 있다. 그래서 일부 기업들은 이렇게 소비자가 자신의 SNS나 블로그를 통해 제품을 홍보해주면 보상을 해주는 인센티브 접근법을 쓰기도 한다. 최근에 많은 유튜버들이 뒷광고 논란에 휩싸인 것도 이런 효과를 노리려고 꼼수를 부리다 문제가 된 것이라 할 수 있다. 이런 인센티브 접근법이 바이럴 마케팅의 힘을 약화시키기도 한다. 고객이 바이럴 마케팅을 선호하는 것은 신뢰와 진정성 때문인데, 이 가치가 떨어질 경우 더 이상 효력이 없다. 이것은 곧 뉴노멀 시대의 기업이 추구해야 하는 방향을 말해준다. 멀리 돌아가더라도 제품과 서비스의 진정성을 잃지 않는 것, 이것이 가장 최우선이어야 마케팅 전략도 그 효과를 제대로 발휘할 수 있다.

일상 속 우직지계의 힘

개인의 일상에서도 간접접근 전략은 좋은 성공의 도구가 된다. 그 모범적인 예를 하나 살펴보자. 공중화장실에 가면 휴지를 함부로 쓰는 사람들이 적지 않다. 아무리 휴지를 아껴 쓰라고 강조해도 대부분의 사람들은 그냥 흘려듣기 일쑤다. 그런데 이를 해결하기 위해서 세계적인 환경보호단체 WWF가 좋은 아이디어를 하나 냈다. 화장지 케이스에 숲 모양의 지도를 그려넣고 그 모양대로 구멍을 뚫어놓은 것이다. 화장지를 한 장씩 쓸 때마다 푸르게 우거졌던 숲이 점점 사라져가는 형상을 시각적으로 보여준 것이다. 결과는 어땠을까? 화장지 사용량이 급격히 줄어드는 효과가 나타났다. 휴지를 아껴쓰라는 직접적인 메시지 대신 숲이 사라지는 간접적인 시각적 자극을 통해 사람들의 행동 변화를 이끌어낸 것이다.

길에 쓰레기를 함부로 버리는 사람들에게도 이런 간접 전략이 통했다. 미국의 한 지역에서 휴지통 모양을 농구 골대 모양으로 바꿔놓은 것이다. 그러자 아주 재미있는 일이 일어났다. 사람들이 마치 농구 골대에 공을 넣듯이 쓰레기를 쓰레기통 안에 정확히 넣으려고 노력하기 시작한 것이다. 아닌 게 아니라 그 이후 이 지역의 쓰레기 무단 투기는 눈에 띄게 줄었고 거리가 저절로 깨끗해졌다고 한다.

이것을 보고 우리는 한 가지를 깨달을 수 있다. 사람들의 심리는 복잡해서 아무리 옳은 일이라 해도 자신이 훈계나 가르침의 대상이 되는 것을 반기지 않는다. 그래서 직접적으로 무엇을 해라, 하지 말아라 하면 반발심을 갖게 된다. 이럴 때 어떤 이벤트나 재미있는 형식을 가지고 간접적으로 메시지를 전달하면 자연스럽게, 거부감 없이 받아들이는 경향이 있다. 사람을 설득하고 변화시킬 때 직접적인 말이나 행동보다 그 사람이 스스로 변화할 수 있는 계기를 만들어주는 것이 훨씬 효과적일 수 있다.

　사실 정면을 향해 직진으로 나아가는 것, 그리고 빠르게 일을 처리하고 싶은 마음은 우리의 본능이다. 또한 당연히 갖춰야 할 기본기이기도 하다. 하지만 인생을 살다 보면 여러 가지 경우의 수를 살펴야 할 때가 많다. 어떤 위기가 닥치거나 수세에 몰렸을 때 기본적인 원칙만 고집하기보다 잠시 인내하며 돌아가는 것이 더 효과적인 방법일 수 있기 때문이다. 특히 요즘처럼 변화무쌍한 시대를 살아가는 우리들에겐 우직지계의 지혜가 더 필요하지 않을까 싶다.

사실 정면을 향해 직진으로 나아가는 것,

그리고 빠르게 일을 처리하고 싶은 마음은 우리의 본능이다.

또한 당연히 갖춰야 할 기본기이기도 하다.

하지만 인생을 살다 보면 여러 가지 경우의 수를 살펴야 할 때가 많다.

어떤 위기가 닥치거나 수세에 몰렸을 때

기본적인 원칙만 고집하기보다

잠시 인내하며 돌아가는 것이 더 효과적인 방법일 수 있기 때문이다.

특히 요즘처럼 변화무쌍한 시대를 살아가는 우리들에겐

우직지계의 지혜가 더 필요하지 않을까 싶다.

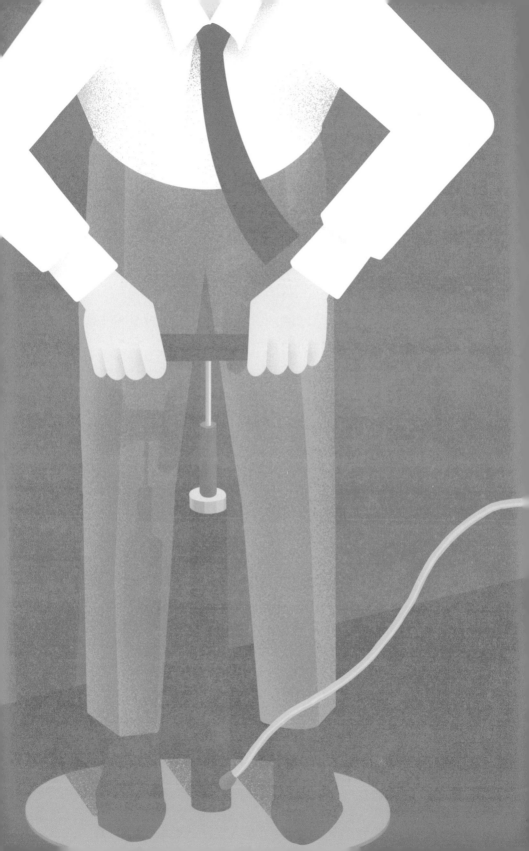

CHAPTER 3

뉴드림의
성공 키워드 5

・・・

　지금까지 우리는 뉴노멀 시대를 살아갈 때 꼭 갖춰야 할 새로운 성공 방식에 대해서 알아봤다. 2,500년 전 『손자병법』의 지혜를 빌려 뉴타입 전략을 짜는 방법부터 최소의 노력으로 최대의 성과를 이룰 수 있는 방법들을 정리해본 것이다.

　그런데 이런 전략을 실행에 옮길 때 강한 추진력을 발휘하기 위해선 무엇이 필요할까? 우리는 이미 머리로 알고 있지만 실행에 옮기지 못해서 실패한 경험들을 갖고 있다. 전략은 있지만 미리 포기하거나 시도조차 하지 않기 때문에 생기는 일이다. 이것은 뉴노멀 시대를 살아가는 데 결정적 약점이 된다. 당연히 꿈과 성공의 크기를 키울 수 없다. 꿈은 꾸는 것만으로 이뤄지지 않는다. 꿈을 향해 달리는 힘이 필요하다. 지금부터는 우리가 뉴노멀 시대에 뉴드림을 이루는 데 있어서 추동력이 되어줄 성공의 키워드들을 알아보자.

뉴드림의 성공 키워드 1

비전(道)

코로나 사태를 겪으며 우리는 초연결사회를 경험했다. 그리고 각자의 삶이 얼마나 촘촘하게 연결되어 있고 나의 삶이 누군가에게, 또 누군가의 삶이 나에게 얼마나 지대한 영향을 끼칠 수 있는지 알게 되었다. 나의 문제가 나만의 문제로 끝나는 것이 아니라 다른 사람의 인생을 바꿔놓을 수 있으며, 또 그로 인해 우리는 각자 더 많은 위험을 감수해야 하는 상황에 놓였음을 인지하게 되었다. 특히 이런 초연결사회에 정치적·경제적·사회적·종교적 입장이 다른 사람들이 서로 갈등을 빚게 될 경우 그 위험성은 수십 배 커질 수 있다는 것도 경험할 수 있었다. 일부 종교단체를 통한 코로나 재확산이 그 대표적인 사례다. 이런 갈등이 심화될 때, 도저히 해결의 실마리가 풀리지 않을 때, 그로 인해 더 큰 위기감이 느껴질 때, 우리는 무엇을 할 수 있을까?

뉴노멀의 가장 큰 특징 중 하나인 초연결사회를 살아가면서 가장 큰 위기로 다가온 것이 사회의 '갈등'이다. 이를 풀어내기 위해서 필요한 해법에 대해『손자병법』은 '도道'를 제시한다. 손자는 일찍이 국력을 키우는 다섯 가지 요소에 대해 언급했는데, 그것이 바로 '도道, 천天, 지地, 장將, 법法'이다. 그중 첫째 요소인 도는 무엇을 말하는 걸까? 사실 도라는 단어는 우리 일상생활에서도 많이 쓰이고 있다. 우리는 흔히 "정도를 걸어라"고 말하기도 하고, "도를 넘지 말라"고도 한다. 인문학에서도 도는 사람이 마땅히 지켜야 할 이치로 보고 "도가 아니면 가지 말라"고 말한다. 운동경기인 검도, 유도, 태권도 등에서도 '도' 자를 쓴다. 무도마다 지향하는 정신과 지켜야 할 예법이 있기 때문이다.

손자가 말한 도는 곧 비전이다. 국민을 하나로 뭉치게 만드는 비전을 의미한다. 요즘 식으로 말하면 정치 지도자의 비전 아래 국민이 하나로 단결하는 것을 말한다. 1997년 IMF 외환위기라는 경제적 위기 상황에 직면했을 때, 우리 국민이 보여준 금 모으기 운동은 이러한 도의 좋은 예가 된다. 정치 지도자부터 온 국민이 너나 할 것 없이 외환위기를 극복하겠다는 뜻 아래 단결한 것이다. 국민들은 집에 귀중하게 간직하고 있던 결혼반지나 아이의 돌반지까지도 기꺼이 내놓았다. 이러한 우리 국민의 단합된 모습은 세계를 놀라게 했고, 결국 우리나라는 놀랄 만큼 빨리 외환위기에서 벗어날 수 있었다. 도가 위기 극복의 힘이 된 것이다.

그 이후로도 우리는 위기 때마다 이런 '도'의 힘을 발휘해왔다. 코로나 사태 초기에도 우리는 국민들의 하나 된 마음으로 일찍 위기에서 벗어날 수 있었다. 정부와 질병관리본부가 감염병에 대한 정보를 투명하게 공개해서 국민들의 동참을 유도했다. 또 드라이브 스루 같은 새로운 방역 시스템을 신속히 도입했고, 의료진과 방역 관계자들은 목숨을 건 헌신을 이어갔다. 마지막은 국민이다. 국민들은 각자 힘든 상황 속에서도 마스크를 쓰고 기꺼이 사회적 거리두기에 적극 동참했다. 일부 국민들의 이기심이 분열을 일으키고 감염병의 위기를 키운 순간도 있었지만 국민들이 하나 된 마음을 놓지 않았기에 위기 요소를 소멸시킬 수 있었다.

베트남전에 없고 걸프전에 있었던 것

'도'를 통해 위기를 극복한 사례는 지난 역사 속에서도 흔히 찾아볼 수 있다. 특히 국가의 위기가 가장 극대화되는 전쟁의 역사를 보면 '도'의 중요성은 더욱 강조된다. 전쟁에서의 도는 전쟁의 대의명분 아래 하나로 뭉치게 하는 것을 말한다. 대의명분이 제대로 안 서면 국민을 하나로 단결하게 할 수 없다. 이를 극명하게 보여주는 두 개의 전쟁이 있다. 바로 미국이 치른 베트남전과 걸프전이다. 베트남전 때 미국은 압도적인 군사력을 가졌음에도 불구하고 승리를 거두지 못하고 철수했다. 당시 '종이 호랑이'라는 조롱까지 받았다. 하지만 미국은 1991년 걸프전에선 대승을 거두며 명실상부 세계 최강 국가임을 입증하게 된다. 어떻게 동일한 국가가 치른 전쟁의 결과가 이렇게 다를 수 있었던 걸까? 그 이유를 알아보기 위해 먼저 베트남전부터 살펴보자.

1960년 당시 베트남의 상황은 한반도와 비슷했다. 자유민주주의 국가인 남베트남과 공산주의 국가인 북베트남으로 갈라져 있던 상황이었다. 북베트남의 초대 대통령이자 공산주의자였던 호찌민胡志明은 남베트남을 공산화시키기 위해 호시탐탐 공격을 해왔다. 그런데 당시 남베트남에는 베트콩이라는 게릴라 세력이 존재했다. 자체적으로 남베트남을 무너뜨리고 공산화시키려는 세력이었는데, 호찌민은 이러한 베트콩 세력을 적극 지원했다. 베트콩들은 남베트남에 많은 혼란을 일으키곤 했다. 당시 미국은 이런 남베트남의 상황을 크게 우려하고 있었다. 북베트남이 원하는 대로 남베트남이 공산화되어버리면 그야말로 도미노처럼 동남아시아 국가들이 차례로 공산화될까 걱정되었기 때문이다.

결국 미국은 고심 끝에 베트남전을 벌이게 된다. 압도적인 군사력을 앞세운 미국은 우리나라를 비롯해 뉴질랜드, 태국, 필리핀까지 여러 나라와 합세해 공산주의 세력과 싸웠다. 미국은 전쟁 초반에는 우세했지만, 그 기세가 오래가진 못했다. 북베트남의 정규군과 남베트남의 베트콩, 양쪽 모두를 상대로 전쟁을 해야 했기 때문이다. 무엇보다 베트콩이 위협적이었다. 왜냐하면 베트콩은 낮에는 일반 주민과 똑같이 생활하다가 밤에 기습적으로 공격을 해왔기 때문에 그 피해가 컸던 것이다. 또 베트콩은 일반 주민과 구분이 잘 안 되어서 축출해내기도 상당히 어려웠다.

그런데 미군이 베트남전에서 패하게 된 가장 결정적인 사건은 따로 있었다. 1968년 1월 30일, 베트남의 최대 명절인 구정 때 일어난 일이다. 당시 남베트남의 주민들은 물론 군인들도 휴가를 떠난 상황이었고 미군들 역시 긴장을 놓고 있었는데 바로 이때를 노리고 북베트남군과 베트콩이 대대적인 공격을 벌인 것이었다. 북베트남군과 남베트남의 베트콩은 동시다발적으로 남베트남을 공격했다. 특히 남베트남의 수도인 사이공 Saigon에 위치한 미대사관 영내까지 침범해 공격했는데, 그 날 미군들이 죽어가고 성조기가 불타는 장면이 그대로 언론에 보도되면서 그야말로 미국 사회는 큰 충격에 휩싸였다. 무엇보다 미국 국민들은 많은 예산과 병력을 투입했는데도 미대사관까지 공격받는 모습을 보고 분노를 감추지 못했다. 이런 상황에서 어차피 질 게임이라면 당장 베트남전에서 미군을 철수시켜야 한다는 목소리만 점점 커져갔다. 이처럼 미국 내 반전 여론이 들끓기 시작하면서 미군은 더 이상 베트남전에 필요한 지원을 받지 못하게 되었고, 결국 1973년 완전히 철수해야 했다.

그렇다면 걸프전의 상황은 어땠을까? 1990년 8월, 중동에서의 맹주를 꿈꾸던 이라크의 사담 후세인Saddam Hussein이 쿠웨이트를 하루 만에 완전히 점령했다. 이후 유엔 안보리는 이라크를 침략국으로 간주하고 즉각 쿠웨이트에서 철수하라고 경고했지만 후세인은 이를 거절했다. 이를 본 국제사회는 일제히 분노하고 말았다. 후세인이 중동의 산유국을 마음대로 조종하는 상황을 두고볼 수 없었기 때문이다. 이에 미국은 국제적인 여론을 조성해 다국적 34개국과 함께 이라크를 상대로 전쟁을 벌였다. 미국을 중심으로 한 다국적군은 1,000시간, 그러니까 약 36일 동안 기동전을 하지 않고 화력으로만 이라크 중심부와 군사시설을 타격하기 시작했다. 결과는 어땠을까? 이라크군은 거의 마비되었고, 다국적국은 지상군을 투입한 지 4일 만에 압도적으로 승리하게 된다. 이라크를 쿠웨이트로부터 축출하는 데 성공한 것이다.

여기서 우리가 주목해야 하는 것이 있다. 바로 베트남전에선 무기력한 모습을 보였던 미국이 속전속결로 걸프전을 종식시킬 수 있었던 이유 말이다. 바로 손자가 말한 '도'를 잘 이뤘기 때문이다. 중동의 석유를 지켜야 한다는 전쟁에 대한 대의명분이 확고했기 때문에 미국 내에서 90% 이상의 국민적 지지가 있었고 국제적으로도 압도적인 지지를 받았다. 사우디나 중동의 여러 나라도 미국의 걸프전을 지지했기 때문에 전쟁을 위해서 미군이 중동 지역에 군사기지를 만드는 데 도움까지 줬다.

하지만 베트남전은 달랐다. 자유주의 진영 국가들조차 미국의 참전 요구를 거절할 만큼 국제사회의 지지가 부족했다. 또, 베트남전이 장기화되면서 미국 국민들마저 미군에 등을 돌리고 말았다. 결국 국민들의 뜻이 분열되면서 '도'를 이루지 못한 것이 전쟁에 승리하지 못한 요인이 된 것이다. 이처럼 전쟁이라는 위기를 극복하는 데 있어서 도, 즉 하나의 목표 아래 모두가 뭉쳐 단결하는 것은 가장 기본적인 전투 조건이 된다. 뉴노멀 시대의 갈등이라는 위기를 극복하기 위해서 우리도 도를 이뤄야 한다. 그런데 어떻게? 지금 중요한 것은 그 '도'를 이룰 수 있는 우리만의 방법을 찾는 것이 아닐까.

내 인생의 도 이야기 1

손자의 도는 비전이자 꿈이고 목표를 말한다. 나는 일찍부터 확실한 '도'를 지니고 있었다. 내가 4성장군의 고지에 올라설 수 있었던 것도 일찍부터 꿈과 비전이 확고했기 때문인 것 같다. 중학교 2학년 무렵이었다. 이순신 장군과 김유신 장군이 나라를 지키는 모습이 나에게 큰 감동을 줬다. 특히 책 속에서 김유신 장군이 삼국통일을 하는 명장면은 어린 나에게 엄청난 자극이 되었다. 나도 군인이 되어 남북통일에 기여해야겠다는 꿈을 꾸게 된 것이다. 첫 번째 꿈인 군인이 되기 위해선 육군사관학교에 가면 될 것 같았다. 육군사관학교에 가려면 공부는 물론이고 체력 단련도 잘해야 한다고 들었다. 그래서 중학교 2학년 때부터 육군사관학교에 들어가기 위해 이를 악물고 공부와 체력 단련을 병행했다. 꿈을 꾸기 전에는 학교 성적이 중간 정도였는데, 목표가 생기니 성적이 수직 상승했다. 고등학교에 올라가서도 공부와 운동에 매진했다. 고등학교 시절엔 쉬는 시간이 되기만 하면 철봉에 매달렸다. 고등학교 친구들은 지금도 쉬는 시간에 철봉에 매달리던 내 모습이 떠오른다고 말한다. 중고등학교 때 열심히 공부하면서 체력 단련을 병행할 수 있었던 원동력은 이 나라를 통일시키겠다는 꿈과 비전이었다. 이러한 노력으로 육군사관학교에 합격해 장교가 되기 위한 교육과 훈련을 받는 기회를 갖게 되었다.

육군사관학교에 들어가선 힘들고 어려운 훈련을 받았다. 육군사관학교 시절은 내 인생에서 가장 어렵고 힘든 기간이었다. 훈련과 공부, 체력 단련을 병행하면서 내무 생활을 하는 것은 육체적으로나 정신적으로나 힘들었다. 그렇지만 그때마다 확고한 꿈이 흔들리는 나를 잡아주었다. 다시 앞으로 뚜벅뚜벅 명확한 길을 걷게 한 것이다.

꿈과 비전을 확실히 하는 것은 바다에 떠 있는 배를 고정시키는 닻 anchor 역할을 하는 것 같다. 배가 닻을 내리면 조금씩 파도에 배가 흔들려도 다시 그 자리로 되돌아온다. 이렇듯 꿈과 비전이 명확하면 흔들리더라도 제자리로 돌아와 꿋꿋이 걸어갈 수 있다. 그리고 강해지는 것 같다.

장교가 되어 전후방 각지에서 35년을 근무하게 되었다. 어려움이 없었다면 거짓말이다. 가족과도 함께 살지 못하고 주말부부 또는 월말부부 생활을 해야 할 때도 많았다. 겨울에 혹한기 훈련을 할 때면 영하 10도, 20도의 추위에도 불을 피우지 않고 1주 내지는 2주간 야외에서 텐트 생활을 한다. 병사들과 동고동락하기 위해서다. 너무 추워서 10분 단위로 깬다. 아침에 전투화를 신으려고 하면 전투화가 얼어서 딱딱해져 신을 수 없을 때도 많았다. 또 수많은 장병들을 지휘하면 크고 작은 문제가 발생한다. 그럴 때마다 고민하고 아파하면서 문제를 해결했다. 개인과 나의 가정보다는 늘 부대와 국가가 우선이어야 하는 삶은 보람이기도 했지만 어려움과 괴로움이기도 했다. 하지만 흔들리지 않고 군대 생활을 사명감을 가지고 할 수 있었던 가장 큰 원동력은 나의 꿈과 비전이었다.

전역 후에도 나는 남북통일에 대한 비전과 꿈을 일생일대의 과업이라고 생각하고 있다. 현재 그 길을 걷고 있는 중이다. 그래서 다른 길로 오라는 몇 번의 제안을 거절하고 내가 원하는 길로 방향을 되잡았다. 그리고 안보 분야에 기여할 유튜브와 방송 프로그램 제작에 도전하고, 국가 안보를 튼튼히 하고 통일 정책을 펼치는 정치에도 도전할 수 있었다. 개인에게 꿈과 비전이 얼마나 중요한지 나는 누구보다 절감한다. 꿈과 비전이 명확하면 꿈과 비전이 나를 그쪽으로 끌어당긴다는 것을 느낀다. 내가 꿈과 비전을 향해 가기도 하지만 꿈과 비전이 나를 그쪽 방향으로 끌어당기기도 한다.

내 인생의 도 이야기 2

육군 소장 시절의 이야기다. 내가 투 스타 육군 소장으로 진급하고 맡은 보직이 30기계화사단장이었다. 기계화사단장 보직을 마치자 새로운 보직으로 이동하게 되었는데 명령지를 받아보니 육군미사일사령관이었다. 육군미사일사령부는 100km 이상의 미사일을 관장하는 우리나라 유일의 사령부다. 미사일 관련 우리나라 유일의 최고 사령부인 것이다. 미사일은 크게 탄도미사일과 순항미사일로 구분되는데, 미사일사령부는 이 두 가지 무기체계를 모두 관장한다. 미사일사령부는 전략무기를 운용하는 아주 중요한 사령부다. 그렇지만 비밀부대로 분류되어 잘 알려지지 않은 사령부이기도 하다. 군대 내에서도 미사일사령부에는 미사일과 관련된 비밀인가를 받은 간부들만 제한적으로 출입이 허용되어 있다. 그래서 군대의 장교나 장군들조차도 미사일사령부가 어떤 부대인지 정확히 아는 간부들이 많지 않다. 그래서인지 중요도에 비해 국민과 군 내에서의 관심도가 많이 떨어진다. 그리고 미사일사령부 장병들조차도 부대의 중요도에 비해 자부심이나 사명감이 높지 않았다. 그래서 미사일사령관에 부임하기 전부터 어떻게 하면 미사일사령부의 사기를 고취시키고 강한 부대로 이끌 것인가에 대해 고민을 하게 되었다. 대부분의 사람들은 미사일을 무기체계로만 인식한다. 그러나 사실 미사일 기술은 우주시대를 여는 필수 기술이기도 하다. 이미 우리는 우주시대를 살고 있다. 일상생활 깊숙이 들어온 내비게이션, 전화, 텔레비전 등 많은 것들도 우주에 떠 있는 인공위성의 도움을 받는다. 이러한 인공위성을 쏴올리는 기술, 그것이 바로 탄도미사일 기술이다. 우주선에 갔다 오는 것도 탄도미사일 기술이 뒷받침되어야 한다. 이미 우주시대는 시작되었다. 우리나라가 우주시대를 선점하고 강대국이 되기 위해서는 탄도미사일 기술을 발전시키는 것이 무엇보다 중요하다.

그래서 나는 우선 미사일사령부의 비전을 세웠다.

"미사일사령부를 통해 우주시대를 앞당겨 우리나라를 강대국으로 우뚝 설 수 있게 만든다."

이러한 계획을 세우고 나니 가슴이 뛰기 시작했다. 하루 빨리 부임하고 싶었다. 부임하고 처음 마주한 미사일사령부의 장병들은 미사일에 대한 중요성을 깨닫지 못하고 있었다. 부대의 중요도에 비해 사명감이나 사기가 높지 않았다. 단지 현재 보유하고 있는 미사일의 운용 능력 극대화에만 관심을 갖고 훈련에 매진하고 있었다. 대한민국 유일의 미사일사령부이면서 미사일의 미래에 대해서는 관심을 갖고 연구하는 분위기가 아니었다. 미래 미사일에 관련된 사항은 국방과학연구소나 국방부 및 합참 등에서 발전시켜줄 것이라는 막연한 생각을 하고 있었던 것이다. 그래서 나는 미사일사령관으로 부임하자마자 "우주시대를 앞당기자"라는 슬로건 아래 하나로 뭉치게끔 했다. 왜 "우주시대를 앞당기자"를 우리 부대의 비전으로 삼았는지에 대해 사령부 참모들과 부대원들을 대상으로 충분한 설명을 하고 공감대를 형성해갔다. 곳곳에 우주 관련 슬로건이 내걸렸다.

그리고 미션을 달성하기 위해 홍보 활동을 시작했다. 먼저 당시 국방장관과 육군참모총장, 합동참모의장께 보고를 드려 비밀로 해야 할 사항은 비밀로 확실히 분류하고, 공개할 사항은 공개하도록 해 공개할 수 있는 범위의 명확한 선을 그었다. 또 육·해·공군 전 장성들을 대상으로 미사일에 대한 교육을 실시했다. 전 장성들을 5개조로 편성해 미사일사령부로 불러 미사일에 대한 교육을 실시한 것이다. 미사일의 일반적 개념, 시스템, 구조, 원리, 미사일 발전 추세 등 브리핑을 통해 미사일을 발전시켜나가야 한다는 공감대를 형성했다. 장성들은 미사일사령부에 와서 교육을 받고 실제 우리 군의 미사일 능력을 보고는 아주 놀라워했고 미사일을 획기적으로 발전시켜야 한다는 데 공감했다.

아울러 미사일사령부 내에 자체 미사일학교를 만들었다. 여기서 미사일에 관련된 정보·작전·화력 분야의 육·해·공군 영관급 장교인 소령, 중령, 대령을 대상으로 미사일에 대한 전문적 교육을 실시했다. 이들을 5개 기수로 편성해서 일주일간의 교육과정을 이수하게 했다. 그리고 반년에 한 번 진행하던 미사일 발전 세미나를 매달 한 번씩 하는 것으로 횟수를 늘리고 앞으로 미사일을 어떻게 발전시켜 나갈지, 또 어떻게 관련 기관과 협업하고 통합해 나갈지, 어떤 비전을 공유할지 등을 토론하며 방향을 정해갔다. 미사일 발전 세미나에는 관련 부서 및 기관, 방산업체, 국방과학연구소, 방위사업청 등 관련 인원이 모두 참석하도록 했다. 이와 동시에 미사일사령부 내 부대원들의 능력 향상을 위해 여러 간부 교육을 강화했다. 그리고 미사일사령부 장병들의 사기를 높이기 위해 상급 부대에 건의해 장병 복지를 획기적으로 발전시켜 나갔다.

이러한 노력의 결과, 미사일사령부가 체계적으로 변해갔다. 하루하루 미사일사령부가 발전해가고 있음을 느낄 수 있었다. 이와 더불어 미사일사령부 부대원들의 행동이나 생각이 눈에 띄게 변하면서 상급 부대와 관련 기관으로부터 미사일사령부가 인정을 받기 시작했다. 이러한 노력의 결과, 그해 미사일사령부는 대통령 부대표창, 합참 전비대세 검열 최우수, 육군 전비태세 검열 우수를 받는 등 가시적인 성과를 냈다. 명확한 비전을 세워 그 아래 부대원을 단결시킴으로써 미사일사령부는 획기적으로 발전할 수 있었다. 비밀부대라서 잘 드러나지 않던 미사일사령부였지만 위대한 꿈을 꾸자 놀라운 변화를 보여줬다. 이러한 변화를 통해 미사일이 단순한 무기체계가 아니며, 미사일 기술이 우주시대를 여는 필수 기술이라는 것을 제대로 각인시킬 수 있었다. 이때 미사일사령부와 부대원들을 획기적으로 발전하게 만든 것은 바로 "우주시대를 앞당기자"는 부대의 비전이었다. 미사일사령부의 사례야말로 비전의 중요성을 가장 잘 보여주는 사례다.

ESG 경영의 도를 지키는 유한킴벌리

최근 기업 경영에 있어서 가장 중요한 핵심 가치로 떠오른 것이 있다. 바로 ESG다. ESG는 환경[Environment] · 사회[Social] · 지배구조[Governance]의 머릿글자를 딴 단어로 기업 활동에 친환경, 사회적 책임경영, 지배구조 개선을 도입해 지속 가능한 투명경영을 하자는 의미다. 코로나19를 거치면서 기후 변화로 인한 자연 파괴가 전 세계적인 화두로 떠올랐고, 기업의 사회적 책임을 요구하는 ESG 또한 기업 경영의 핵심 화두로 떠올랐다. 기업들은 이제 단순히 최대의 이윤을 추구하는 것이 아니라 사회적 책임 등 비재무적 요소인 ESG까지 잘 실천하는 기업이 오래 살아남을 수 있는 시대가 도래한 것이다. 이런 시대적 흐름을 거스를 수 없는 이유는 소비자들이 '착한 기업'을 원하기 때문이다. 똑같은 물건을 구매하더라도 이왕이면 지구 환경에 도움이 되는 기업 제품을 선택하는 '가치 소비' 성향이 두드러지고 있다. 이에 따라 기업 투자의 물결도 ESG를 향해 흘러가기 시작했다. 혹시 임팩트 투자라고 들어본 적이 있는가? 투자수익을 창출하면서도 사회나 환경 문제들을 해결하는 것을 목적으로 하는 투자 방식을 말한다. 나쁜 기업을 배제하는 단계에 머물렀던 이전의 착한 투자 방식에서 사회 문제나 환경 문제에 긍정적인 영향력을 발휘할 수 있는 기업을 찾아 장기적으로 투자하는 것으로 바뀌고 있다. 미국의 테슬라가 초기 스타트업이었을 때 임팩트 투자자들의 투자를 많이 받았다고 하는데 ESG가 화두가 될수록 임팩트 투자가 늘어나게 될 것은 자명한 일이다.

이런 시대가 올 것을 미리 예견했던 것일까. 우리나라 기업 중에 이미 40년 전부터 ESG경영을 실천해온 기업이 있다. 바로 "우리 강산 푸르게 ~ 푸르게~"라는 나무 심기 캠페인으로 유명한 유한킴벌리다. 유한킴벌리는 독립운동가로도 잘 알려진 고(故) 유일한 박사가 1926년 12월에 설립한 유한양행으로부터 뻗어나온 회사다. 창업 당시 유일한 박사는 '건강한 국민만이 장차 교육도 받을 수 있고 나라도 되찾을 수 있다'는 신념 하에 회사를 만들었는데, 국권을 침탈당한 채 빈곤과 질병 속에서 고통받는 동포들의 현실을 보고 제약회사를 세운 것이다. 실제로 유한양행은 제약사들이 양약 시장을 독점한 상황 속에서 일본 기업과 경쟁하며 당시 서민들 사이에 만연했던 피부병·결핵·학질·기생충 등의 치료제 개발에 힘써왔다. 더 나아가 독립운동을 위한 활동도 적극적으로 펼쳤다. 특히 유일한 박사는 1941년 12월 일본의 미국 진주만 공습으로 태평양전쟁이 발발하자 회사를 뒤로 하고 미국 전략정보국[OSS, Office of Strategic Services]의 한국 담당 고문으로 참전해 우리나라의 독립을 이끌기도 했다. 이와 같은 유한양행의 창립 이념은 지금까지 이어져 유한킴벌리 ESG 경영의 씨앗이 되고 있다. 실제로 친환경 기업의 선두주자인 유한킴벌리는 1970년 설립 이후 40년 가까이 긴 호흡으로 사회 공헌 활동을 지속해왔는데 가장 대표적인 것이 앞에서도 언급했던 '우리 강산 푸르게 푸르게' 캠페인이다. 1984년부터 지금까지 약 40년에 걸쳐 해당 캠페인을 진행해 온 유한킴벌리. 수많은 기업들이 자신의 기업을 알리기 위해 광고를 만들 때, 유한킴벌리는 광고 대신 캠페인에 전력을 쏟았다. 그 결과 국공유림에 5400만 그루의 나무를 심었다. 가히 놀라운 기록이다. 사실 유한킴벌리는 태생적으로 휴지와 기저귀, 생리대처럼 나무로부터 생산품의 원료를 공급해야 하는 기업이기 때문에 ESG경영에 반하는 기업군에 속한다. 하지만 이미 40년 전부터 자신들의 이런 핸디캡을 스스로 책임지고 더 나아가 사회에 기여할 수 있는 방향으로 기업 아젠다를 삼아 지속 가능한 미래를 일궈온 것이다. 지금은 단지 국내에서 나무 심기 캠페인을 진행하는 것 뿐 아니라 숲속 학교와 접경지역 숲을 복원하는 사업도 지속적으로 펼치고 있다. 국내 뿐 아니라 몽골에까지 진출해 사막화 방지를 위한 숲 만들기에 많은 노력을 쏟고 있는데 몽골 토진나르스 지역에 조성된 숲은 여의도 면적의 11배에 달할 정도다. 척박한 땅을 살리기 위해 10년 이상 꾸준히 투자하고 정성을 쏟아온 결과물이라 할 수 있다. 지난 2011년부터는 '우리는 생활·건강·지구환경을 위해 행동합니다'라는 명확한 기업 비전, 즉 기업의 도(道)를 가지고 ESG 경영의 속도를 높이고 있다. 이를 통해 유한킴벌리가 전사적으로 추구하는 것은 2030년까지 3가지 목표를 달성하는 것! 첫째 지속 가능한 제품의 매출 비중을 95% 이상 확대하고, 둘째 누적 6천만 그루의 나무를 심고 가꾸는 것, 셋째 소외계층이니 취약계층을 위한 기부 활동과 교육 프로그램 등을 통해누적 5,600만 명의 삶의 질을 높일 수 있도록 돕는 것이다. 그중에서도 지속 가능한 제품의 매출 비중을 95% 이상 늘린다는 것은 기업 경영진의 통 큰 결단이 있었기에 가능한 일이다. 지속 가능한 제품을 만든다는 것은 친환경 원료를 사용하고 재활용이 가능한 제품을 만든다는 것인데 유한킴벌리에서 생산하는 제품군을 떠올려보라. 휴지, 기저귀, 물티슈 등 각종 생활용품 아닌가. 이런 제품들의 체질을 친환경 기반으로 바꾸려면 생산 원가도 많이 들고 다양한 연구와 개발, 투자가 이뤄져야 한다. 가격 경쟁력이 약해질 수밖에 없는 불리한 상황 속에서도 당당히 경쟁사 제품을 물리치고 소비자들의 선택을 받아야 하는 과제도 안고 있다. 그럼에도 불구하고 유한킴벌리를 이끄는 사람들은 흔들림이 없다. 모두의 생활과 건강 그리고 지구 환경을 위하는 제품을 만든다는 기업의 도(道)가 명확하고 전 임직원이 공유하고 있기에 한 방향으로 거침없이 뛸 수 있는 것이다. 이것이 우리나라 ESG 경영의 시초라 할 수 있는 유한킴벌리의 핵심 경쟁력이자 앞으로가 더욱 기대되는 이유다

인재

"위기를 헤쳐나가는 능력을 보여라."

우리가 취업을 위해 면접을 보러 갔을 때 당장 이런 미션을 받는다면 어떻게 대응할 수 있을까? 아마 갑작스러운 질문에 당황할 확률이 크다. 그 질문 자체가 위기가 될 수도 있겠다. 그런데 기업 입장에선 이것만큼 중요한 질문도 없다. 특히 요즘처럼 장기적인 불황에 언제 어떤 시한폭탄이 터질지 모르는 위기의 시대에는 더욱 필요한 질문이다.

나 역시 인재를 뽑기 위한 면접을 볼 때 위기 대처 능력을 많이 보는 편이다. 일부러 어려운 문제를 내기도 한다. 국회의원이 된 후 보좌직원을 채용할 땐 외워둔 헌법 구절이 있으면 말해보라는 식이었다. 거기서 중요한 것은 헌법에 대해 많이 알고 모르는 것이 아니다. 어떤 문제에 맞닥뜨렸을 때 그것을 잘 모르더라도 어떻게 슬기롭게 헤쳐나가는지 그 능력을 보는 것이다. 실제로 많은 기업들이 면접 때 위기 대처 능력과 도전

정신과 충성심 등을 눈여겨 본다고 한다.

창의적인 인재를 키우는 법 – 지신인용엄

손자 역시 인재의 중요성을 강조하면서 특히 리더가 갖춰야 할 다섯 가지 요건, 즉 '지智, 신信, 인仁, 용勇, 엄嚴'에 대해 이야기했다. 지, 신, 인, 용, 엄이란 '지략, 신뢰, 인성, 용기, 엄격함'을 뜻한다. 어떤 업무를 맡든 이 다섯 가지 자질을 갖춰야 맡은 바 책임을 잘 해낼 수 있다고 생각한 것이다.

손자가 왜 이 다섯 가지 요건을 꼽았는지 하나씩 자세히 알아보자.

가장 첫 번째 요건으로 손꼽힌 '지智'는 지략을 의미한다. 지략은 지식과 다르다. 지식이 인류 문명이 발달하면서 발견된 현상이나 원리를 말한다면, 지혜는 그러한 원리를 현상 세계에 적용하는 능력을 말한다. 즉, 통찰력, 문제 해결 능력이라고도 볼 수 있다. 우리는 흔히 지식은 하나하나 쌓여간다고 표현하는 반면, 지혜는 열린다고 한다. 학교에서 열심히 공부해서 쌓아가는 것은 지식이다. 그럼 지식이 많다고 지혜로울까? 지식이 아무리 많아도 현실 세계에 적용하지 못한다면 무용지물이다. 지혜로운 사람은 자신이 알고 있는 것들을 현실 세계에 잘 적용하는 사람이다. 현장과 책 속을 넘나들며 원리를 완전히 터득하는 게 필요하다. 그래서 한 분야의 고수들, 창의력을 발휘하는 사람들을 보면 지혜로운 경우가 굉장히 많다. 실제 역대 리더들이나 전쟁에서 승리했던 장군들도 공통적으로 가졌던 것이 지혜다. 서양의 알렉산드로스Alexandros나 한니발Hannibal,

나폴레옹Napoleon Bonaparte, 우리나라에서는 을지문덕, 강감찬, 이순신 장군도 지략이 뛰어났다고 볼 수 있다. 미국에서도 걸프전을 승리로 이끈 슈워츠코프Norman Schwarzkopf 장군 등도 지략이 대단히 뛰어났다.

손자가 말한 인재의 조건 두 번째는 바로 '신信'이다. 신뢰는 사람과 사람 간의 관계를 이어주는 것이기 때문에 대단히 중요한 요소다. 신뢰는 한 번에 무너질 수 있고, 세우는 데에는 오랜 시간이 걸리는 소중한 가치다. 그래서 리더는 조직원으로부터 신뢰를 받도록 해야 하고 조직원 역시 리더의 신뢰를 받아야 한다.

세 번째 요건인 '인仁'은 무엇일까? 유교사상의 핵심이기도 한 인은 인성을 뜻한다. 공자는 물이 차면 밖으로 넘쳐 퍼져나가듯 내면의 어짊도 충만했을 때 행동으로도 표현이 된다고 했다. 부하들의 배고픔과 노고를 이해할 수 있는 인성, 나 아닌 다른 사람의 아픔과 노고를 충분히 이해할 수 있는 그런 인성 말이다.

네 번째는 용勇, 즉 용기다. 용기는 기회를 보면 즉시 행동하고 적을 만나면 즉시 싸우는 결단력과 추진력, 두려움 없는 용감성을 말한다. 또 어떤 것에 대해 책임을 지는 용기도 중요하다. 유능한 장수에게 필요한 용기는 적과 크게 싸울 수 있는 용기, 결심의 용기, 후퇴의 용기다. 그를 따르는 부하들도 명령에 따를 수 있는 용기가 필요하다.

다섯 번째는 바로 엄嚴이다. 군을 다스림이 반듯하고 명령 하달을 일사불란하게 하는 것, 즉 군령을 엄정하게 하는 것이 엄격의 요소다. 옛말에 할아버지가 엄하지 않고 손자를 한없이 귀여워하면 할아버지의 수염을 뜯는다고 했다. 할아버지의 수염은 할아버지의 권위를 상징한다. 최고로 리더십이 잘 발휘된 상태는 부하가 상관을 바라볼 때 두려워하면서도 가까이 가고 싶은 마음이 생기는 상태, 또 가까이 가면서도 두려운 상태다. 한없이 가까이 가서도 안 되고 너무 무섭기만 해도 효과가 나지 않는다. 이런 요건을 갖춘 리더는 조직을 현명하게 이끌 수 있으며, 또한 주변에 많은 인재들을 품을 수 있다.

학력보다 창의력, 정주영의 내공

국내 CEO들 중에 지신인용엄의 리더십을 보여준 인물로는 누가 있을까? 산업화 시대, 우리나라 경제 성장에 큰 공헌을 한 정주영 회장을 돌아보자. 정주영 회장은 대기업 총수들 중 가장 저학력자로 알려져 있다. 강원도 산골의 송전보통학교를 졸업한 것이 학력의 전부이기 때문이다. 초등학교 이후에는 현대식 학교를 제대로 다니지 못했다. 그런데도 그는 현대라는 그룹을 일궈 세계적인 회사로 키워냈다. 그 비결은 무엇이었을까? 정주영 회장은 문제에 집중하지 않고 해답에 집중하는 사람이었다. 그는 "이봐! 해봤어?"라는 말을 가장 즐겨했다. 어떤 문제에 봉착했을 때 문제 해결에 모든 역량을 집중했다는 뜻이다. 어떤 문제든 해보기 전에 포기하는 일이 없었다.

대표적으로 회자되는 일화 하나를 소개한다. 1984년 현대그룹은 김제 평야보다 넓은 땅을 만들어낼 서산 천수만 간척 사업을 시행한다. 그리고 막바지 물막이 공사를 할 때였다. A, B지구를 잇는 작업을 하는데 마지막 남은 270m가 문제였다. 초속 8m의 급류가 생긴 270m 구간에 물막이를 하기 위해 다양한 시도를 한 것이다. 그러나 흙을 부으면 순식간에 물살에 쓸려갔다. 심지어 4.5톤 자동차 만한 바위도 순식간에 쓸려가버렸다. 너무나 난감한 상황이었다. 이때 정주영 회장은 포기하지 않고 해결 방안을 생각하다가 번뜩이는 아이디어를 내놓았다. 대형 폐유조선을 가져다 놓으면 물살을 막을 수 있을 것 같았다. 울산항에 정박시켜놓은 22만 6,000톤급 초대형 폐유조선 워터베이호를 가져다가 바다에 가라앉혀 물살을 잠재우자는 것이었다. 다시 생각해도 참 놀라운 아이디어라 할 수 있다. 정주영 회장의 아이디어를 직원들은 모두 반대하고 나섰다. 그것을 실행하기엔 리스크가 너무 크다고 생각했기 때문이다.

이때 정주영 회장이 그 유명한 말을 한다.

"이봐, 해봤어?"

그리고 추진력을 발휘하여 실제로 실시한다. 전 세계적으로 유례없는 방식이었다. 1984년 2월 25일 개시된 이 작전은 성공적으로 끝이 났다. 각고의 노력으로 배를 가라앉히고 물살을 잠재우는 데 성공한 것이다. 이로써 공사 기간이 3년 단축되고 공사비 290억 원이 절감되었다. 문제를 풀 때 답이 없어 보인다고 해서 금방 포기하지 않았던 덕분이다. 정주영 회장은 기존에 없는 방식을 창조해서라도 해결책을 찾아내는 데 집중했고, 그 결과 배를 띄우는 것이 아니라 가라앉힌다는 역발상을 떠올릴 수 있었던 것이다. 이처럼 정주영 회장은 남들이 생각지 못하는 지략을 가지고 있었다. 그리고 주변 사람들이 자신을 믿고 따르도록 확신에 찬 결단력을 보여줬다. 어떤 문제든 해결할 수 있다는 자신감과 용기를 갖췄기에 가능한 일이었다. 손자가 말한 리더로서의 자질을 두루 갖추고 있었단 얘기다. 그리고 그것은 지금 이 시대가 필요로 하는 기업가 정신으로 회자되고 있다.

정보와 자본, 기술을 공유하며 함께 혁신을 이뤄가는 기업 환경이 조성되면서 우리 사회가 필요로 하는 인재상도 변화하고 있다. 과거에는 사람을 평가할 때 지식과 기술을 중시했다면, 지금은 창의적 사고를 중시한다. 창의적 사고는 한 가지 전문 분야에 대해 충분한 소양을 갖추면서 다양한 지식을 두루 겸비했을 때 형성된다. 창의적 사고를 하는 인재는 이것저것 조금씩 잘하는 제너럴리스트가 아니라, 자기가 잘하는 한 가지 전문 분야 외에도 다양한 분야에 대한 깊이 있는 지식을 갖춘 융합형 인재다. 예를 들어 테슬라Tesla의 CEO 일론 머스크Elon Musk와 같은 인물 말이다. 그는 물리학과 경영학, 즉 이론과 실용을 결합한 사고를 할 줄 아는 대표적인 융합형 인재로, 자동차부터 우주산업까지 자신의 능력을 마음껏 펼치고 있다. 바로 이런 융합적인 사고를 할 줄 아는 인재들을 키워내야 하는 시대가 된 것이다. 어쩌면 과거 우리가 중요하게 생각해왔던 과목과 전공 분야는 어느 날 더 이상 필요가 없어질지도 모른다. 전공 분야가 존재한다고 하더라도 새로운 지식을 바탕으로 전혀 새로운 학문으로 발전하고 있을지 모른다. 그렇기 때문에 우리는 이제 전문 분야를 더 다양하게 세분하고, 그것에 대해 폭넓게 배워나가는 노력을 해야 한다.

그런데 창의적으로 사고는 힘, 즉 창의력은 어떻게 키워야 하는 걸까? 창의력을 키우는 3단계는 '수용적 자세, 자기개념화 사고, 창의적 사고'의 순서로 진행된다고 한다. 누구든 처음부터 창의적 사고가 가능한 것은 아니다. 먼저 각종 교육에 대한 '수용적 자세'가 필요하다. 지식을 습득해야 창의적 사고도 가능하기 때문이다. 그런데 이때 무조건 배우고 그것을 암기하고 테스트를 받는 것에 그치면 안 된다. 이런 주입식 교육은 기존에 우리가 줄곧 추구해왔던 방식이다. 수용적 자세로만 사고한 학생들은 학교 성적은 잘 나올지 몰라도 학교를 졸업하고 진짜 자신의 삶을 살아갈 때 잘 헤쳐나가지 못한다. 시키는 것만 하고 배운 대로만 접근하기 때문이다. 인생은 배운 공식대로 흘러가는 것이 아닌데, 공식과 어긋나는 문제 상황을 만나게 되면 당황하고 주저앉고 만다.

그래서 다음 단계인 '자기개념화 사고'를 할 수 있도록 노력해야 한다. 자기개념화 사고란 배운 것을 자기 방식대로 소화해서 흡수하는 것이다. 사람은 누구나 자신이 직접 혹은 간접 경험을 통해 배운 사항을 뇌 속에 저장하고, 자신만의 사고 체계를 형성한다. 이것을 스키마schema라 한다. 새로 습득하는 지식들을 그 사고 체계, 즉 스키마로 끌어들여 자신만의 지식을 만드는 것이다. 이렇게 하면 배운 지식이 자신의 지식이 된다. 이렇게 저장된 지식은 어떤 문제가 닥쳤을 때 가져다 쓰기 쉽다. 응용력이 늘어나는 것이다. 예를 들어, '기정 전략'을 배웠다 치자. 자기개념화 사고가 안 되는 친구들은 그저 암기만 한다. 기정 전략의 정의를 외우는 데 그치는 것이다. 하지만 자기개념화 사고가 되는 친구들은 자기만의 방식대로 이를 이해한다. 자신이 미리 알고 있던 80:20의 법칙과 기정 전략을 연결시켜 보다 정확히 이해하기 때문에 응용도 가능하다.

이 단계를 거치면 비로소 '창의적 사고'가 가능하다. 자신이 이해한 것을 바탕으로 이제껏 세상에 없던 전혀 새로운 것을 만들어낼 수 있는 것이다. 운전 능력을 예로 들어보자, 운전하는 법을 공식처럼 따라 배운 후 아는 길만 겨우 다닐 수 있는 것이 수용적 자세라면, 운전법의 공식을 외우는 것이 아니라 그 원리를 생각해보고 각종 상황에 어떻게 적용할지 고민하며 배우는 것이 자기개념화 사고다. 후진 주차를 단순히 공식에 의해 하는 것이 아니라 그 원리를 생각해보며 다양한 후진 주차 상황에 적용하는 방법을 연구해보는 것이다. 또한 매일 다니는 길 외에 새로운 길을 가고, 더 빠른 길을 찾아내는 것이 자기개념화 사고다. 여기까지 훈련이 되면 운전에 대한 자신만의 법칙을 만들 수 있다. 그러면 다양한 상황에 자유자재로 운전할 수 있다. 그리고 남에게 자신이 만든 새로운 법칙을 가르쳐줄 수도 있다. 이것이 창의력 사고다. 따라하고 응용하는 것 말고 전혀 새로운 것을 만들어내는 것 말이다. 바로 이런 능력이 갖춰질 때 뉴노멀이 원하는 인재가 된다.

알고 보면 정주영 회장은 뉴노멀 시대에 알맞은 인재였다. 늘 1안, 2안이 아닌 3안, 4안을 창조해냈기 때문이다. 이제 지식은 인터넷 세계에 무궁무진하게 축적되어 있다. 더 이상 지식을 외우지 않아도 된다. 스마트폰이 장기의 일부와도 같이 되어버린 시대, 지식은 스마트폰으로 찾으면 된다. 이런 지식을 자기 것으로 만들어서 제3의 답안을 만들어내는 것이 창의적 사고다. 우리가 뉴드림을 이루기 위한 성공 키워드로 인재를 뽑았지만, 그것은 그냥 인재가 아니다. 창의적 사고를 하는 인재여야만 한다.

뉴드림의 성공키워드 3

협력

국제정치에서 유명한 말 중에 "영원한 적도 영원한 우방도 없다"라는 말이 있다. 현재는 적이더라도 새로운 적이 나타나거나 하면 우방이 될 수 있고, 현재 우방이더라도 상황이 달라지면 적이 될 수 있다는 의미다. 실제로 상황에 따라 적과의 동침이 필요한 순간은 얼마든지 찾아온다.

손자는 이 사실을 잘 알고 이를 전쟁에 잘 활용해야 한다고 강조했다. 특히 싸우지 않고 승부를 보는 전쟁의 방식으로 '벌교伐交'를 강조했다. 벌교는 적의 외교를 무너뜨리는 것이다. 즉, 적을 직접 공격하지 않고 적이 맺고 있는 우호관계나 동맹관계를 단절시키는 것이다. 적을 고립시켜 힘을 약화시키면 적은 우리의 의지에 굴복해 항복하게 된다.

이처럼 전쟁은 독자적인 두 나라의 대결이 아닐 경우가 많다. 때에 따라서 여러 국가가 연합하거나 동맹을 맺어 함께 싸우기 때문이다. 이런 상황에서 적은 적일 뿐이라는 고착된 사고에 빠져 있을 경우 스스로 고립 상태에 빠져 자멸할 수 있다. 변화무쌍한 국제 정세에 따라 임기응변식으로 대처할 수 있는 능력이 필요한 이유다. 이때 임기응변은 부정적인 뜻보다 긍정적인 뜻을 지니고 있다. 막무가내로 위기 상황을 모면하려는 잔꾀가 아니라 시시각각 변화하는 상황에 슬기롭게 대처하는 협력적 사고를 말한다.

적과의 동침이 필요한 이유

제2차 세계대전 당시 일본과 미국이 싸우던 때도 그러했다. 일본은 만주사변을 일으키고 중국의 만주지역을 점령했다. 이후 일본은 미국 진주만을 공격하고 동남아시아 지역에 대한 공격을 이어갔다. 이때 미국의 최대 적은 일본이었다. 당시 일본은 목숨을 던져서까지 방어하겠다는 자살특공대 가미카제[神風]까지 동원하며 결사 항쟁 의지를 드러냈다. 미국은 당황했다. 일본에 어떻게 대응해야 할지 고심이 깊었다. 그리고 하나의 결단을 내린다. 전쟁 막바지, 일본 본토를 공격하기에 앞서 소련과 손을 잡기로 한 것이다. 미국이 그 당시 판단하기엔 이것이 일본과의 전쟁에서 미군의 피해를 줄이면서 승리하기 위한 최선의 방안이었다.

그런데 미국과 손을 잡았던 소련이 제2차 세계대전이 끝나자 세계 공산화를 목표로 많은 나라를 공산주의 국가로 만들어갔다. 소련은 공산화시키려는 나라들에 군사 및 경제 원조를 제공하며 민주주의 미국을 위협했다. 그러자 미국의 최대 적은 일본에서 소련으로 바뀌었다. 급변하는 상황에 따라 각 나라는 자신들에게 가장 유리한 쪽을 선택했다. 무엇보다 아이러니한 것은 이러한 소련을 막기 위해 미국이 손을 잡은 나라 중 하나가 일본이라는 사실이다. 미국은 소련의 세계 공산화 전략을 막고자 어제의 적이었던 일본과 협력관계를 맺었다. 그리고 종국에 가서는 동맹관계를 맺게 되었다. 어제의 적이었던 일본은 오늘의 우방이 되었고, 어제의 우방이었던 소련은 적으로 변한 것이다.

이러한 일은 한 국가 내에서도 일어난다. 1937년 7월 중일전쟁이 발발했을 때 중국은 양대 세력인 마오쩌둥[毛澤東]의 공산당과 장제스[蔣介石]가 이끄는 국민당이 서로 쟁패를 벌이고 있었다. 그런데 일본이 중국을 공격해오자 두 세력은 힘을 합치게 된다. 그 유명한 제2차 국공합작이다. 일본이 물러간 뒤에는 다시 중국의 패권을 두고 공산당과 국민당이 내전을 하게 되었고, 1949년 자유중국 정부는 타이완으로 건너갔으며, 대륙에는 중화인민공화국 정권이 수립되었다. 마오쩌둥과 장제스는 서로 적이었지만, 외부의 적인 일본이 등장하자 힘을 합쳐 일본과 대항했다. 국제사회에서는 늘 이와 같은 일이 일어난다.

연합작전, 협력을 통해 시너지를 높이다

현대전에서도 서로 협력하는 사고가 중요하다. 현재 군에서는 전쟁에서 이기기 위해서 연합작전, 합동작전, 제병 협동작전을 잘해야 한다고 강조한다. 연합작전이란 다른 국가 군대가 서로 만나 한 팀이 되어 싸우는 것을 의미한다. 예를 들어 한국군과 미군이 같이 연합해서 싸우는 것을 연합작전이라고 한다. 1개 나라보다 2개 나라가 융합해서 싸우면 승

수효과가 날 수 있다. 두 나라가 서로의 약점을 보완해주고 강점을 극대화시켜줄 수 있기 때문이다.

그런데 다른 국가끼리 같은 팀이 되어 작전을 하는 데에는 어려움이 많다. 문화와 사고방식, 교리, 무기체계 등 많은 것들이 다르기 때문이다. 그래서 연합작전이 효과적으로 이뤄지기 위해서는 상대국과 군, 무기체계, 교리, 사상 등을 잘 이해해야 한다. 또 많은 훈련을 같이 해야 연합 전투력을 발휘·융합할 수 있다. 그래서 현재 우리 한국도 한미 동맹 아래 연합작전의 효율을 높이기 위해 연합훈련을 자주 실시하고 있는 것이다.

한미동맹을 위해 누구보다 애써온 사람이기에 미군과의 협력에 대해서 누구보다 할 이야기가 많다. 그중에서도 가장 기억에 남는 일이 있다. 내가 중령으로 보병 28사단에서 근무하던 시절의 이야기다. 28사단은 경기도 의정부 동두천에 위치하고 있는데, 그 당시 이곳에는 미 2사단 예하 여단들이 있었다. 그런데 2002년 6월! 전국이 월드컵 열풍으로 들끓던 시절! 언제 떠올려도 너무나 가슴 아픈 '효순이 미선이' 사건이 일어났다. 두 명의 여중생이 전투력 훈련을 위해 이동 중이던 미군 장갑차에 깔려 숨진 것이다. 사고를 낸 미군 병사들은 주한미군지위협정SOFA에 의해 미군의 재판을 받았다. 그런데 미군 재판에서 이들이 무죄 판결을 받자 온 국민들이 분노했고 이에 항의하는 집회가 곳곳에서 들불처럼 번졌다. 반미 감정은 최고조로 올랐고, 한미동맹에 심각한 균열이 발생하기 시작했다. 당시 나에게 주어진 임무가 보병사단 교육훈련참모였기에 우리 28사단과 미 2사단간 교육훈련과 연합훈련 등 각종 훈련을 통한 협력을 모색해보기로 했다. 사고는 안타까웠지만 우리 안보와 국방을 위해선 한미군 사이 감정의 골이 깊어지지 않게 훈련을 통해 극복해 보기로 했다. 그동안 한국군과 미군은 동두천에 함께 있었지만 훈련은 없었다. 그래서 나는 창의력을 발휘해 연합훈련을 하기로 했다.

한미 연합훈련이 잘 이뤄져야 우리 간부들이 미국 유학을 가지 않더라도 미군에 대한 이해도를 높일 수 있고, 미군들도 우리 군에 대한 이해의 폭을 넓힐 수 있는 기회를 마련할 수 있었기 때문이다. 나는 미군 측에 소규모 훈련부터 제안하며 그 규모를 중대, 대대로 점차 키워나갔다. 소규모 단위의 훈련은 매우 성과가 컸다. 연합훈련 경험이 없던 우리 군 소대장, 중대장들이 연합작전에 눈을 뜨기 시작하는 등 효과가 매우 컸다. 뿐만 아니라 간부들도 개인훈련에 참가하도록 했다. 미군이 시행하는 2주간의 훈련 프로그램에 우리 28사단 부사관과 위관급 장교를 선발해 보냈다. 우리군 초급간부 30명이 이 훈련에 참가했다. 선발된 간부들에게 공식 훈련에 앞서 일주일 전 예비훈련도 사단 자체적으로 실시했다. 체력단련을 시키고, 어학 능력과 미군에 대한 소양 교육을 거치도록 해 교육효과를 극대화했다. 우리 군 참가자들은 미군들이 이토록 혹독한 훈련을 하는지 미처 몰랐다고 했고, 미군 참가자들은 우리 군의 정신력이 매우 뛰어나다며 찬사를 보냈다. 이처럼 서로가 서로를 이해하고 알아가는 계기가 된 것이다.

이후 미군 여단급 훈련에 우리 사단의 1개 대대를 보내 연합훈련을 실시했고, 우리 연대급 훈련에 미군 중대와 대대를 불러 연합훈련을 전개했다. 이를 위한 사전 준비와 본 훈련을 통해 한미군 사이에 긴밀한 협조 체계를 형성할 수 있었다. 한미 관계가 어려운 상황에서 교류가 활발히 전개됐고, 연대감이 강화됐다. 양쪽 군 장병들 개개인에게도 자기 발전의 기회가 됐다. 이뿐 아니라 훈련을 통해 우리 장병들이 영어 교육을 하게 해달라는 요청이 쇄도했다. 그러나 예산이 없었다. 또 다시 아이디어를 냈다. 미 2사단으로부터 영어 강사 자원자를 받아 주말에 수준별 영어 교육을 받을 수 있도록 한 것이다. 수업 이후에는 양쪽 군 간부들이 맥주를 함께 마시며 친교를 나눴다. 이런 활동들이 켜켜이 쌓여 미 2사단과 우호 관계가 증진되었다. 이렇다보니 한미 관계가 삐걱거리던 시기 한미동맹 강화를 위한 마라톤 대회까지 열 수 있었다. 미군 동두천 캠프 케이씨 정문에서 우리 군 28사단 정문까지 10km를 뛰는 이 대회에 한국군과 미군 1,000여 명이 참가했다. 양국 군의 사단장이 맨 앞에서 나란히 뛰고, 그 뒤로는 양국 군 참모들이 섞여 뛰었다. 특히 각각의 부대 깃발을 들고 뛰는 등 장관이 펼쳐졌다. 내외신 기자들이 앞다퉈 취재를 하는 등 언론의 뜨거운 관심이 이어졌다. 한미 마라톤 행사 후 양국 군 장병들은 연병장에 모여 막걸리를 함께 하며 한미 우호를 또 한 번 다졌다. 삭막해졌던 한미동맹이 회복되는 계기가 된 것이다. 한미동맹 위기의 순간에 말단 사단이 나서 교육과 훈련 및 각종 행사로 작전 능력을 향상시키는 동시에 양국의 우애를 다져나간 것이다. 더 나아가 장병 개개인들도 어학 능력과 체력을 키웠다. 이런 공로로 당시 우리 28사단은 육군본부로부터 최우수 교육훈련부대로 선정되기도 했다.

한미 동맹을 위해 애쓴 일화는 또 있다. 내가 한미연합사령부 부사령관으로 있던 당시의 얘기다. 한미연합사령부에는 우리 군과 미군이 각각 4~5백여 명 근무하고 있었다. 모든 부서가 우리 군과 미군 반반으로 구성돼 있다. 그러나 인력 균형을 맞추는 것으로 협력을 완성하는 데에는 한계가 있다. 나는 한미동맹은 서로를 아는것부터 시작한다고 굳게 믿었다. 서로를 잘 알 때 시너지 효과가 나기 때문이다. 나는 당시 빈센트 브룩스 한미연합사령관과 함께 서로 알기 운동을 시작했다. 양국군 장병들이 자기 소개를 할 때 앞부분에 우리 군은 영어로, 미군은 우리말로 하는 식이었다. 양군이 함께 브리핑을 할 때도 서두는 서로 상대방의 언어로 했다. 한국군이 축배 제의를 할 때 "위 고 투게더We Go Together!"로 외치면 미군은 "같이 갑시다!"로 화답했다. 브룩스 사령관을 비롯한 많은 미 장병들이 우리말을 읽을 수 있게 됐다. 특히 브룩스 사령관은 더욱더 솔선수범해 우리말을 아주 잘 읽을 수 있었고, 우리 장병들과 악수할 때도 우리말로 장병들의 이름을 불렀다. 나 역시 '스미스', '존' 등 미군 장병들을 만날 때 이름을 일일이 불러줬다. 미 장병들은 우리 애국가 1절을, 우리 장병들은 미국 국가 1절을 부를 수 있도록 훈련을 시켰다. 브룩스 사령관은 애국가를 4절까지 부르는 것으로 유명해지기도 했다. 이것만이 아니었다. 아는 만큼 보이고 보이는 만큼 사랑하는 법. 미군들에게 우리 고궁을 둘러보고 주요 관광지를 방문하는 프로그램을 제공했다. 또한 우리나라 지형을 함께 탐색하는 프로그램을 선보였다. 양국의 장군들과 핵심 간부 60여 명이 2박 3일간 동해안에서 전전지 답사를 하며 6·25 전쟁사를 알고, GOP 상황을 둘러보게 했다. 이 가운데 설악산에서 다양한 전쟁사를 연구하는 동시에 한국의 아름다움을 알리는 기회가 됐다.

나는 이 같은 다양한 프로그램을 만들고 이를 위한 예산을 국방부에 건의했다. 그 덕분에 이 프로그램들은 지속 가능하게 되었다. 당연히 한미동맹도 강화되고 연합작전 능력도 향상됐다. 그간 한미동맹을 견인했던 것은 6·25 참전용사들이었는데 많은 분들이 작고했다. 때문에 나는 향후 한미동맹을 견인할 사람들은 한국에서 근무했던 미군들이라고 생각했다. 미군들을 대상으로 '대한민국 홍보대사 만들기' 프로젝트가 시작된 배경이다. 2017년 당시 한반도에는 전쟁의 먹구름이 끼어 있었다. 그러나 사드 문제 등 연합해야 할 한미 간에 각종 이슈로 이견이 많았다. 그럼에도 이같은 노력으로 양국 군의 관계는 더 돈독해졌다. 브룩스 사령관은 역대 사령관 가운데 가장 한국인들에게 사랑을 많이 받았고, 나 또한 한미동맹에 기여한 장군으로 기억되고 있다.

4차 산업혁명 시대에는 이런 협력적인 사고가 더욱 필수적이다. 업종과 산업, 종목과 배움 등 경계를 명확히 두지 않고 다양한 형태의 협력을 시도해야만 더 강한 경쟁력을 가질 수 있기 때문이다. 하나의 비유를 들어보자. 엄지손가락을 제외한 네 손가락으로 물건을 잡으려고 하면 잘 잡히지 않는다. 하지만 엄지와 나머지 네 손가락이 결합되었을 때 우리는 물건을 잘 잡을 수 있다. 우리가 물건을 쉽게 잡을 수 있는 것은 반대쪽에서 엄지손가락이 받쳐주기 때문이다. 즉 다른 시각, 다른 방면에서 서로의 부족한 부분을 채워나갈 때 보다 나은 결과물을 탄생시킬 수 있다.

콜라보레이션과 오픈 이노베이션

경영 환경에서도 이런 융합적 사고가 중시되기 시작하면서 새롭게 주목받고 있는 전략이 있다. 바로 콜라보레이션collaboration이다. 콜라보레이션은 라틴어에서 유래한 말로 '함께'라는 의미의 'cum'과 '노동'을 의미하는 'laboro(laborare)'가 합쳐져서 생긴 단어다. 말 그대로 '협업'을 지칭하는 말이다. 이제까지는 브랜드와 브랜드가 만나 새로운 제품이나 작품을 탄생시킬 때 주로 사용되어온 전략이다. 예를 들어 유명 브랜드와 셀럽들이 이벤트 개념으로 하나의 신제품을 만들고 그것을 판매하는 방식이었다. 주로 명품을 제작·판매하는 기업들이 한정판 신제품을 내놓을 때 유명인들과 함께 쓰던 전략이다. 사실 기업 입장에선 콜라보는 무척 가성비 좋은 전략이다. 많은 투자를 하지 않고도 고객에게 새로운 감성적·기능적 혜택을 제공할 수 있다는 장점 덕분이다. 하지만 협업을 한다고 해서 무조건 성공이 보장되는 것은 아니다. 그렇기에 더욱 신경써야 할 부분들이 있다.

하나는 협력을 꾀하는 각각의 제품 혹은 서비스가 기본적 경쟁력을 갖추고 있어야 한다는 것이다. 그 자체로 경쟁력이 없는 제품 혹은 서비스를 무조건 결합했다간 소비자들의 외면을 받는 건 시간문제다. 콜라보레이션은 포장일 뿐, 그 자체가 제품의 경쟁력을 본질적으로 강화하는 게 아니기 때문이다. 효과적인 협업을 통해 일시적으로 품질과 디자인의 우위를 선점할 순 있어도 기업이나 브랜드 역량이 높아지거나 그 가치가 높아지는 것은 아니다. 또한 지속적 성장을 위해 중요한 것은 충성 고객들을 확보하는 것이기 때문에 반짝 이벤트를 통해 일시적으로 매출을 높였다고 해도 그것으로 만족해선 안 될 것이다.

둘째, 종전과 똑같은 패턴으로 기계적으로 반복되는 콜라보레이션은 오히려 독이 될 수 있다. 끊임없이 새로운 것을 기대하는 소비자의 기대치를 충족시키지 못한 채 협업을 위한 협업만 일삼다가는 오히려 낭패를 보기 쉽다. 차별화 전략이었던 콜라보레이션이 더 이상 새롭지 않은 것,

흔하고 식상한 수단으로 전락할 수 있기 때문이다.

　마지막으로 콜라보레이션은 기업이나 브랜드 정체성을 희석하지 않는 범위 내에서 진행되어야 한다. 브랜드의 이미지는 소비자와의 관계를 구축해나가는 매우 중요한 자산이기 때문이다. 자칫 콜라보레이션만 부각이 되고 기업은 잊혀진다면 그 자체로 실패한 콜라보레이션이 될 수 있다. 잘 쓰면 약, 못 쓰면 독이 되는 콜라보이레션. 하지만 변덕스러운 소비자들의 마음을 사로잡기 위해 고군분투하는 기업의 입장에서 콜라보레이션은 마법과 같은 존재임이 틀림없다.

크라우드소싱, 뉴노멀 시대의 협력

　뉴노멀 시대에 가장 주목받고 있는 협력 방식은 바로 크라우드소싱crowdsourcing이다. 크라우드소싱은 대중[crowd]와 아웃소싱[outsourcing]의 합성어로, 기업 활동 일부 과정에 대중을 참여시키는 것이다. 한 마디로 대중으로부터 아이디어를 구하는 것이니, 기업과 대중이 협력하는 걸 말한다. 크라우드소싱의 가장 대표적인 예는 위키피디아Wikipedia다. 위키피디아는 인터넷을 사용하는 대중들이 어떤 항목에 필요한 내용을 작성하고 사람들과 공유할 수 있도록 한 무료 인터넷 백과사전이다. 모든 사람들이 함께 지식을 모아서 만드는 백과사전인 셈이다. 그런데 실제 내용을 들여다보면 위키피디아와 전문가들이 모여 출판한 백과사전의 내용과 큰 차이가 없다고 하니 그만큼 대중들의 참여는 큰 힘을 발휘한다.

페이스북이 해외 사이트를 개설한 과정도 마찬가지다. 2008년 페이스북은 영문 웹사이트를 번역해서 해외 사이트를 개발하는 작업을 시작했다. 그런데 이때 페이스북 내부 직원이나 번역 전문가들을 사용하는 대신 다른 방법을 썼다. 바로 대중 사용자들에게 함께 작업해달라고 공개적으로 요청한 것이다. 그렇게 한 결과, 공개 24시간 후에 프랑스 번역이 완성되었고, 2년 후인 2010년 말에는 무려 70개국 언어로 번역될 수 있었다. 페이스북 내부에 유능한 직원이 아무리 많다고 하더라도 2년의 기간 동안 70개국 언어로 번역하는 것은 어려웠을 것이다. 이것은 많은 이들이 자신이 가진 지식을 공유함으로써 가능한 일이었다.

또 다른 예도 있다. 의류회사인 스레들리스Threadless라는 회사가 있다. 이 회사는 2000년에 설립되었고, 주로 티셔츠를 생산하는 곳이다. 그런데 이 회사엔 한 가지 특이점이 있다. 바로 디자이너가 없다는 것이다. 어떻게 의류회사에 디자이너가 없을 수 있는지 선뜻 이해가 가지 않는다. 그런데 크라우드소싱을 활용한다면 충분히 가능하다. 디자이너를 두는 대신에 티셔츠 디자인을 공개 모집하는 것이다. 그래서 어느 곳의 누구라도 디자인 결과물을 이 회사에 제출할 수 있다. 또한 수많은 디자인 공모를 받은 후 최고의 디자인을 선정하는 과정에 있어서도 대중이 투표를 해서 결정한다. 만약 최우수작으로 선정되면 약 250~2,000달러에 이르는 상금을 받을 수 있다. 또한 이 디자인 아이디어가 상품화되어서 시장에서 판매가 되면 매출의 3~20% 정도 로열티를 받을 수 있는 것이다. 오히려 한두 명의 디자이너를 두는 것보다 더 폭넓은 대상자들을 통해서 신선한 제품 디자인을 받을 수 있다. 그래서 이 회사는 디자이너 없이도 좋은 디자인의 상품을 속속 출시할 수 있다. 부수적인 효과도 따라온다.

이 회시에 디자인 아이디어를 제시하는 사람들 중에는 전문 디자이너뿐 아니라 일반 소비자도 많이 포함되어 있다. 자신이 일부 참여한 아이디어가 상품화돼서 시장에서 볼 수 있을 때면 자연스럽게 선호도가 높아지는 효과를 얻을 수 있는 것이다.

이런 방식은 과거엔 전혀 상상도 할 수 없었던 일들이다. 과거에 많은 기업들은 기술 개발에 있어서 특정 부서를 두었다. 연구개발팀을 두고 비밀리에 기술을 개발했다. 경쟁자들에게 기술이 알려지면 안 되기 때문에 보안에 철저히 신경을 썼다. 그리고 막대한 비용을 쏟아부음으로써 어떻게든 성과를 내도록 하는 방식을 사용한 것이다. 그런데 여기엔 분명히 한계가 생기기 시작했다. 기술이 엄청난 속도로 개발되고 보다 혁신적인 기술이 요구되기 시작하면서 이제 기업 혼자 이것을 감당하기가 버거워진 것이다. 하지만 기업들이 기술 개발 프로세스를 오픈하고 다양한 루트를 통해 아이디어를 모으게 되면서 더 멀리, 더 혁신적으로 나아갈 수 있게 된 것이다. 그 결과 '전에 없던 결과물'들이 탄생할 가능성은 더욱 높아지고 있다.

뉴드림의 성공 키워드 4

혁신

"성공은 반복되지 않는다!"

『손자병법』에 나오는 문구 중 오래 기억하고 있는 문구가 있다. 바로 '전승불복戰勝不復 병형상수兵形象水'다. 고정된 틀을 깨고 끊임없이 변화해야 한다는 것이다. 이때 전승불복戰勝不復을 직역하면 승리는 반복되지 않는다는 뜻이다. 좀 더 쉽게 풀이하면 한 번 승리했다고 해서 그 방법을 그대로 반복하면 승리하기 어렵다는 뜻이다. 쉽게 가려다 된통 실패를 맛볼 수 있다는 말이다. 전쟁을 할 때에는 매번 다른 형태의 전술을 써야 한다. 한 번 승리했을 때 어떤 전술이나 무기를 적용했다 치자. 패배한 적은 그 것을 분석하고 다음엔 또다시 당하지 않도록 철저히 대비할 것이다. 이런 이유로 한 번 이겼다고 해서 똑같은 방법을 계속 쓴다면 승리를 장담할 수 없다. 그래서 전쟁에서는 한 번 이겼더라도 같은 전술을 반복하지 말고 상황에 맞게 달리 접근해야 한다. 승리했다고 해서 그 방법을 또 쓰게 되면 결국 패배로 이어질 확률이 클 수밖에 없다. 고정된 틀에 갇혀서는 전쟁에 승리할 수 없다.

손자는 또 병형상수兵形象水를 강조했다. 병형상수란 군사력의 운용은 물의 형태를 닮아야 한다는 것이다. 물은 자신의 고유한 특성, 즉 정체성을 그대로 유지한 채 상황에 따라 형태만을 변화무쌍하게 바꿔나간다. 생각해보자. 물은 계곡을 만나면 계곡의 형태로, 큰 강을 만나면 커다란 강의 형태로 변한다. 조그마한 컵에 물을 담으면 컵의 형태가 되고, 큰 항아리에 담으면 다시 큰 항아리의 형태가 된다. 병력을 운용할 때도 마찬가지다. 전쟁 시에는 피아 상황과 지형, 기상 등 다양한 환경적 요소를 고려해서 그때그때 전법과 무기체계 등을 변화시켜야 한다. 전쟁사를 보면 한번 승리한 방법을 계속 고집할 경우 어김없이 패했다. 반면에 변화무쌍한 전술을 쓴 경우엔 대부분 승리했다. 전쟁을 시작할 때에 늘 새로운 판을 짜야 하는 이유다. 한 번 승리했던 판에서 그대로 싸우면 상대도 대비하고 있기 때문에 승산이 적다. 과거에 고착되지 않고 새로운 전술과 무기체계로 새로운 판을 만들어가야 하는 것이다.

140년의 명성을 무너뜨린 성공의 덫

경영이나 경제에서도 똑같다. 한 번 성공한 방법만 고집하다 보면 결국 실패할 수 있다. 기업이 지속적으로 발전하지 못하는 가장 큰 원인 중 하나는 기존의 방식을 고집하고 변화하지 않기 때문이다. 그러한 기업은 수

명이 짧다. 시대 흐름에 따라 끊임없이 변화하는 판을 짜고 변화하는 기업만 생존할 것이고 그러지 않는 기업은 도태된다.

이를 잘 보여준 기업이 바로 에디슨이 설립한 회사 GE다. GE는 최근 세계 시장을 충격에 빠뜨렸다. 미국 제조업의 상징으로 140년간 군림해 왔던 그들이 111년 만에 다우지수에서 퇴출되며 몰락의 길을 걷기 시작한 것이다. 제조, 금융, 미디어를 아우르며 경영학의 교과서로 불렸던 GE는 어쩌다 이런 신세가 된 걸까?

GE는 시대가 바뀌었음에도 과거 제조업계에서만 통하던 성공 방식에 갇혀 있었다. 전형적인 제품 제조업을 기반으로 GE는 효율성을 극대화하는 데 앞장섰던 기업이었다. 일단 제품이 탁월해야 한다는 생각에만 계속 갇혀 있던 것이다. 시장이 변하고 고객의 요구가 달라지는데도 원래하던 것에만 집중했다. 또 기업의 몸집이 비대해진 만큼 새로운 사업에 대한 적응력도 떨어졌다.

하지만 이보다 더 큰 문제는 따로 있었다. 그동안 자기가 했던 방식이 옳다는 걸 믿고 일종의 오만에 빠지게 된 것이다. 아닌 게 아니라 성공 경험이 있는 대부분의 기업들은 위기에 직면했을 때 스스로 잘못한 것을 깨닫고 새로운 방식을 찾기보다 과거에 성공했던 방식으로 회귀할 때가 많다. 이미 한 번 성공해봤으니 그게 정답이라 확신하게 되는 것이다. 세상은 그들이 성공했던 당시 그 상태로 머물러 있지 않은데도 말이다. GE 역시 마찬가지였다. 실제로 전문가들은 GE가 과거에 의사결정을 내렸던 여러 가지 부분들이 잘못된 것으로 판명 났음에도 불구하고 그것들을 반복한 것이 결국 문제가 되었다고 말한다. 잭 웰치Jack Welch 20년, 제프리 이멜트Jeffrey Immelt 16년, 이렇게 내부 출신 CEO가 오랫동안 군림

하다 보니 '할 말을 할 수 없는' 문화가 생겼고, "GE방식이 최고"라는 1 등주의 문화가 미래에 대한 위기의식만 갉아먹었다는 얘기다. 전 세계가 태양광·풍력 에너지와 같은 신재생 에너지로 전환하는 추세인데도 석유·석탄 사업에만 집중한 것이 그 대표적인 잘못이라 할 수 있다.

"수많은 기업이 변화를 시도했지만 그중 70% 이상이 실패로 끝났다. 구성원의 20%는 변화에 저항하고, 60%는 무관심하며, 나머지 20%만이 변화를 수용한 결과다!"

세계 리더십의 대가, 존 코터John Kotter 교수의 말이다.

기업이 혁신하는 데 있어서 가장 큰 장애물은 역시 기존의 관성이다. 기존의 성공 방식, 즉 고정된 틀을 벗어나는 것이 얼마나 힘든 일인지 잘 보여주는 하나의 실험이 있다. 바로 자전거 타기에 관한 실험이다. 자전거를 굉장히 잘 타는 한 남성이 있다. 그런 그에게 핸들 조작 방향을 반대로 바꿔놓은 자전거를 주었다. 핸들을 오른쪽으로 틀면 왼쪽으로, 왼쪽으로 틀면 오른쪽으로 움직이는 자전거다. 핸들의 방향만 바꾼 자전거를 받아든 남자는 어떤 반응을 보였을까? 이전처럼 자전거를 잘 탔을까? 천만의 말씀이다. 호기롭게 자전거에 올라탔지만 그대로 고꾸라지려 했다. 자전거 중심을 제대로 못 잡았던 것이다. 아무리 자전거 타기를 반복하고 연습을 해도 쉽게 적응하지 못했다. 결국 이 남성이 실험용 자전거에 완전히 적응하기까지 무려 8개월이 걸렸다. 그런데 여기에 더 놀라운 사실 한 가지가 숨어 있다. 8개월간을 열심히 연습해서 핸들이 바뀐 자전거에 적응한 남자가 원래 자전거로 다시 돌아오기까지는 불과 20분도 걸리지 않았다는 사실이다. 8개월의 수고가 20분 만에 무너진 셈이다.

이 실험을 통해서 우리가 알 수 있는 것은 무엇일까? 고정된 방식에 갇힌 사람은 변화하기 힘들며, 그 변화에 적응하는 데 상당히 오랜 시간이 걸린다는 것이다. 그리고 설사 자신이 그 변화에 완벽하게 적응했다 하더라도 원래 제자리로 돌아오기까지는 오랜 시간이 걸리지 않는다. 한 마디로 기존의 고정된 틀과 방식에서 벗어나 새로운 변화에 적응하는 것은 그야말로 다시 태어나는 것만큼 어렵다는 것이다.

네스프레소, 홈카페로 뒤집은 판

글로벌 시장에서 자기 파괴의 혁신으로 성공한 기업이 있다. 바로 커피를 즐겨 마시는 사람들에게 친숙한 기업 중 하나인 네스프레소 Nespresso다. 네스프레소는 세계적인 식품업체 네슬레Nestle의 자회사로 현재 50여개 국에서 7,000명이 넘는 직원을 거느리고 있는 대기업이다. 하지만 네스프레소의 출발은 쉽지 않았다. 전형적인 B2B 회사, 즉 기업 간 거래로 출발한 네스프레소는 어느 시기에 다다르자 커피 매출이 더 이상 늘어나지 않는다는 사실을 깨달았다. 거래사들이 외면하면 언제든 매출이 떨어질 수 있는 위기 상황에 놓였던 것이다. 커피 자체의 경쟁력을 키우지 않고선 시장에서 오랫동안 살아남을 수 없을 거란 판단이 섰다. 만약 일반적인 회사였다면 경쟁력을 키우는 데 한 가지 고민만 했을 것이다. 어떻게 하면 더 많은 커피 회사에 우리 제품을 판매할 수 있을까, 어떻게 하면 더 많은 거래처를 확보할 수 있을까만 고민했을 것이다. 하지만 네스프레소는 달랐다. 기존의 성공 방식을 벗어나 전혀 다른 성공을 기획했다.

B2B에서 B2C 회사로 고객층을 바꾸기로 한 것이다. 즉 가정집에서도 네스프레소의 커피를 마실 수 있도록 하는 방법을 고민한 것이다. 하지만 이것은 굉장한 모험이었다. 당시 사람들은 집에서 먹는 커피에 대해서 부정적인 인식을 가지고 있었기 때문이다. 집에서 먹는 커피는 카페에서 사먹는 것보다 맛이 없고 질이 떨어진다고 생각한 탓이다. 또 좋은 커피를 집에서 마신다고 해도 너무 많은 문제가 뒤따랐다. 일단 에스프레소 머신을 집에 구비해야 했는데, 그러기엔 가격이 너무 비쌌다. 또 기계를 작동하는 기술을 익혀야 했고, 찌꺼기 처리 역시 번거로웠다. 더 큰 문제는 커피의 신선도를 유지하기 힘들고 자신이 원하는 대로 다양한 커피를 즐길수 없다는 것이었다. 하지만 네스프레소는 이런 모든 약점을 보완해 홈카페라는 새로운 시장을 열었다. 과연 그 비결은 무엇이었을까?

먼저 네스프레소는 간편하게 조작할 수 있는 에스프레소 머신을 개발했다. 그리고 누구나 자신이 원하는 커피를 맛있게 즐길 수 있도록 개별 포장된 커피 캡슐을 만들어 판매하게 된다. 당시 네스프레소가 커피 머신과 커피 캡슐에 대해서 출원한 특허만 해도 약 1,700개에 달했다. 고객이 원하는 커피를 고객의 집에서 마실 수 있게 한다는 한 가지 목표를 가지고 매진한 결과였다.

또한 네스프레소는 고객들과의 접점을 만들어 그들의 충성도를 얻기위한 마케팅 전략을 세웠다. 커피 머신은 어디서나 구매가 가능하게 하면서 커피 캡슐은 폐쇄적인 시스템을 통해서만 살 수 있도록 하는 반전 전략을 취한 것이다. 커피 머신을 구매한 고객들을 자동으로 네스프레소클럽에 가입시켜 충성도를 높이는 전략이었다. 또한 이를 통해 차별화된 서비스를 제공했다. 먼저 고객의 소비 패턴을 분석해 고객이 좋아하는 커피를 제안함으로써 고객이 집에서도 충분히 자신이 원하는 퀄리티의 커피를 즐길 수 있게 했다. 또 오랫동안 커피 캡슐을 재구매하지 않을 경우 전화해서 따로 문제가 있는지 파악하고 커피 머신에 문제가 있을 때 직접 픽업해서 수리해주는 센스를 발휘했다. 또한 고품질의 커피를 제조하고 서비스하기 위해 마쓰시타Matsushita, 터믹스Turmix, 크럽스Krups, 드롱기Delonghi 등과 협력했고, 조지 클루니George Clooney를 광고 모델로 내세우기도 했다.

캡슐 커피의 빠른 배송을 위해 자체 배송 시스템을 구축하는 것도 잊지 않았다. 사실 네스프레소는 커피 머신을 팔아서 남는 이윤이 거의 없었다. 왜냐하면 파트너인 생산업체와 유통업체에게 각각 25~30%의 마진을 보장해주었고 더 싸게 팔아 많은 사람이 커피 머신을 살 수 있게 했기 때문이다. 이렇게 커피 머신을 싸게 많이 판 이유는 커피 캡슐을 많이 팔기 위해서였는데 이것이 바로 반전이었다. 네스프레소 커피 머신은 네스프레소 커피 캡슐만 이용이 가능했기 때문에 커피 머신은 싸게 샀어도 네스프레소 커피 캡슐을 계속 이용할 수밖에 없었던 것이다. 커피 캡슐의 마진은 약 50%였으니 지속적으로 수익을 낼 수 있는 구조를 만들어놓은 것이다. 기업 고객을 상대로 라이벌 회사와 경쟁하며 파이를 나눠 먹는 대신 스스로 경쟁력을 키워 '홈카페'라는 새로운 시장을 열고 바로 그곳에서 승자가 된 것이다. 기업용 커피 머신을 판매하는 회사라는 기존 틀에 갇히지 않고 홈카페라는 새로운 성공의 틀을 마련했기에 가능한 일이었다.

군의 악습을 끊어낸 혁신

손자가 강조한 '전승불복 병형상수'를 가장 적용하기 힘든 곳은 다름 아닌 군대다.

군대의 특성 상 위계질서와 명령을 중시하고 엄격한 통제를 요구하기 때문에 많은 부분이 폐쇄적일 수밖에 없다. 또 새로운 변화를 시도하는 데 여러 가지 제약이 따른다. "생각이라는 걸 하지 말고 훈련만 받으면 된다"는 말처럼 기존에 정해진 규정과 관습대로만 행동해야 한다고 교육 받기 때문에 새로운 발상이나 창의적인 생각을 하기 어렵다. 그런 군대에 40년 가까이 몸 담으면서 나는 마음 한 쪽 구석에선 항상 답답함을 느꼈다. 조금만 생각을 달리하면 더 나은 길이 보이는데 왜 늘 가던 길로만 가야 할까. 새로운 변화를 시도하는 것이 군대라는 조직에 정말로 해가 될까? 여러 가지 의구심이 들었다. 그리고 이런 고민이 깊어질 때쯤 나는 하나의 큰 산을 넘어야 했다. 2016년 무렵이었을 거다. 당시 나는 군단장으로서 강원도 인제와 양구 일대에 있는 부대를 통솔하고 있었는데, 워낙 깊은 산 속 오지에 자리하고 있던 군부대다 보니 다른 곳보다 더욱 폐쇄적인 문화를 가지고 있었다. 가장 큰 문제는 구타와 가혹행위 등의 고질적인 악습이 뿌리깊게 박혀있는 것이었다. 최근 우리나라에서 크게 인기를 끌었던 〈D. P〉라는 드라마를 기억하는가. 탈영병들을 잡으러 다니는 군무 이탈 체포조들의 이야기를 담았는데 군대에서 벌어지는 수많은 폭력과 부조리들을 적나라하게 보여준다. 집단 괴롭힘과 구타, 폭력, 가혹행위 등 차마 현실 속 이야기라고 믿고 싶지 않은 에피소드들. 맞다. 그것은 부정할 수 없는 우리 군의 한 단면이자 현실이었다.

군단장으로 취임한 직후 〈D. P〉와 같은 현실을 마주하게 된 나는 어떻게든 이런 악습을 뿌리 뽑아야겠다고 생각했다. 그리고 이것은 단순히 문제를 일으킨 장병들을 잡아내 징계를 한다고 해서 해결될 일이 아님을 직감했다. 보다 근본적인 원인을 찾아내 그 부분을 바로잡아야 했기에 먼저 현황 파악에 나섰다. 상급자들을 통해 그동안 일어났던 구타와 폭력 사건 들의 배경을 살펴보게 하는 것은 물론, 병사들의 생활 패턴과 계급에 따른 위계질서가 어떻게 잡혀있는지 등을 자세히 알아보라고 지시했다. 그리고 그 결과를 놓고 보니 가장 큰 원인이 무엇인지 비로소 짐작이 됐다. 그것은 다름 아닌 장병들 사이에 '보이지 않는 계급'이 존재한다는 사실이었다. 일반적으로 병사들의 계급 구조는 이등병과 일병, 상병, 병장 이렇게 4개로 나뉜다. 그런데 병사들의 생활을 자세히 들여다보니 선임과 후임을 나누는 기준이 한 달 단위로 쪼개져 있었다. 바깥 사회에서는 1년 단위로 형 동생이 가려지는데, 군대에 들어오는 순간부터 한 달 단위로 선임과 후임의 서열이 생기는 것이었다. 당시 군 복무 기간이 24개월이었다고 하면 한 달 단위로 24개의 보이지 않는 계급이 존재했던 셈이다. 새로 들어오는 신병의 경우 그야말로 24계급의 가장 말단에서 하늘같은 선임들을 모셔야 했고, 함께 의지할 수 있는 동기는 많아야 1~2명에 불과했다. 가뜩이나 서열에 따른 위계 질서가 엄격한 군대에서 계급이 잘게 쪼개져 있으니 선임이 후임을 괴롭히는 사례가 빈번하게 발생하는 것이었다. 소위 군기를 잡으려는 선임들에 의해 후임들은 층층시하의 괴롭힘을 당해야만 했다. 이런 문제를 알고 나니 단숨에 해결책이 보였다. 여러분들도 짐작이 가시는가? 그것은 바로 보이지 않는 계급의 간격을 넓혀 선임의 수를 줄이고, 대신 동기의 숫자를 늘리는 것이었다. 우리가 학교나 직장 생활을 할 때도 형, 누나, 선배보다 친구나 동기가 우선이지 않았나. 어떤 상황에서도 믿고 의지할 수 있는 친구나 동기가 있으면 버틸 만하다. 그리고 문제가 생겨도 함께 풀어갈 수 있다. 여기까지 확신을 갖게 된 나는 즉시 동기의 개념을 6개월씩 끊어줄 것을 제안했다. 쉽게 말해 1년 단위를 놓고 봤을 때 같은 해 1월부터 6월까지, 또 7월부터 12월까지 입대한 병사들끼리 동기로 만들어주는 것이다. 그러면 한 달 단위 6개로 쪼개졌던 계급을 하나로 뭉쳐주는 효과를 낼 수 있다. 한 발 더 나아가 약 12명의 병사들이 함께 쓰는 '생활관'도 바꿔야겠다고 생각했다. 당시 병사들은 분대 단위로 나뉘어 병장부터 이등병까지 모두 한 공간을 같이 사용해야 했는데, 이것이 큰 문제로 받아들여졌다. 후임들이 고참들의 온갖 잔심부름을 도맡아 해야 하는 것은 물론 휴식의 자유를 누릴 수 없었다. 언제 어떤 명령이나 지시가 떨어질지 모르니 항상 긴장 상태를 유지해야 했기 때문이다. 잠잘 때조차 편히 쉴 수 없었다. 간혹 성질 고약한 선임을 만나게 되면 군 생활 자체가 지옥이 되어버리기 일쑤니 그대로 놔둘 수 없었다. 생활관 역시 동기생들끼리 사용할 수 있는 공간으로 만들어주면 자연스럽게 선임과 후임이 근무 외 시간에 부딪칠 일이 줄어들게 되고, 그만큼 후임들은 폭력과 괴롭힘의 그늘에서 벗어날 수 있을 터였다. 그뿐인가. 일과를 끝낸 후 동기들끼리 함께 어울릴 수 있고, 서로의 고충도 나눌 수 있으니 병사들의 사기가 오르는 건 시간문제였다. 그런데 내가 넘어야 할 산은 정작 따로 있었다. 내가 이런 제안을 내자 군 내부에서 엄청난 반대가 시작된 것이다.

군 간부들은 물론 지휘관들이 한 목소리로 있을 수 없는 일이라며 나를 말리려 했다. 군은 위계질서가 중요한 조직인데 동기생들끼리 생활관을 쓰게 하는 것만으로도 군 기강이 해이해질 거라 했다. 또 병사들 사이에서 자연스럽게 한 달 단위로 끊는 계급 문화가 자리잡아 왔는데, 그것을 하루아침에 바꿀 수 없을 거란 부정적인 의견도 많았다. 당장 어제의 선임이 오늘의 동기가 되는 것을 병사들이 어떻게 받아들이겠느냐는 말이었다. 하지만 나는 뜻을 굽히지 않았다. 아니 굽힐 수 없었다. 잠깐의 혼란이 두려워 수십 년째 뿌리박혀 온 온갖 구타와 폭언, 욕설, 가혹행위와 같은 악폐습을 두고 볼 수 없었기 때문이다. 사랑하는 조국을 지키기 위해 기꺼이 청춘을 바쳐 군대에 온 수많은 청춘들이 '위계질서'와 '군 기강'이라는 이름으로 버젓이 자행되는 악폐습의 피해자가 되는 걸 막아야 했다. 그래서 나는 시간을 두고 군 간부와 지휘자들부터 장병들에 이르기까지 차근차근 설득해 나갔다. 그렇게 점차 공감대를 형성한 끝에 군단 내 3개 사단부터 변하기 시작했다

결국 나의 뜻대로 '보이지 않는 계급'을 없애기 위한 개혁이 시작된 것이다. 밖에서 보기엔 이런 일에 무슨 '개혁'이란 이름까지 붙이냐 싶겠지만, 군에서는 엄청난 변화를 시도한 일이었고 그 자체가 혁신이었다. 과연 그 결과는 어땠을까. 상급자와 선임들의 갑질이 눈에 띄게 줄었고 병사들의 일상에 평화가 찾아왔다. 그만큼 생활관에는 명랑한 조직 문화가 자리잡기 시작했다. 변화를 직접 경험한 병사들은 스스로 동기생 문화를 전파하기 시작했고 이 사건은 군대 내 악폐습의 고리를 끊는 데 크게 일조한 모범 사례로 기록될 수 있었다. 우리 군대 문화가 한 걸음 성숙해지는 계기가 된 것이다. 이 일을 통해 나는 손자의 '전승불복 병형상수'! 고정된 틀을 깨고 변화를 두려워 하지 않는 것이 얼마나 큰 위력을 갖는지 다시금 깨달았다. 기존의 틀을 유지하긴 쉽지만 이를 깨지 못하면 앞으로

나아갈 수 없다. 고질적인 병폐가 있어도 깨부술 수 없다. 이것은 곧 도태와 폐망을 의미한다. 고로 우리는 늘 싸워야 한다. 우리 안의 고정된 틀과 익숙함만을 추구하고 변화를 두려워하는 마음을 이기기 위해서 말이다.

자기 혁신은 노력에서 시작된다

나는 군 생활을 하면서 늘 지금의 방법이 최선의 방법은 아닐 것이라 생각했다. 어딘가에 보다 더 나은 방법이 있을 것이라고 믿고 현재의 방식보다 좀 더 나은 방식이 무엇일지를 늘 고민했다. 고민하고 아이디어가 떠오르면 적용해보기도 했다. 이러한 사고는 나에게 굉장히 큰 도움이 되었는데 실제 더 나은 방법을 찾는 경우가 많았다. 그래서 부대 운용 시 최소 노력으로 효과를 극대화하는 데 도움이 되었다. 육군사관학교에서 생도로서 장교가 되기 위한 교육을 받을 때 일이다. 육군사관학교 생도들은 장교가 되기 위해 군사학 교육과 훈련을 받으며 대학교처럼 전공 공부를 4년간 한다. 그 당시 선배들이나 교수들은 늘 이렇게 말했다. "군인이 되려면 전쟁 원리를 잘 알아야 하고 그러기 위해선 전쟁사를 잘 알아야 한다. 그래야만 유능한 장교, 지휘관, 장군이 될 수 있다고." 그래야 전쟁이 났을 때 전투를 승리로 이끌 수 있다고 했다. 육군사관학교 생도들은 공통과목으로 전쟁사를 공부하게 되어 있다. 세계 전쟁사와 우리나라의 전쟁사로 나눠 배운다.

그런데 나는 도통 전쟁사에 흥미를 느끼지 못했다. 전쟁사는 전쟁에 대한 세부적인 내용과 당시 무기체계, 전투 시 전투 편성부터 부대 배치, 지휘통제 방법 및 기동로 등 다양한 내용이 포함되어 있다. 당시 병력을 지휘해본 경험도 없고 군사학이 생소한 나로서는 전쟁사에 흥미를 못 느낀 것이 어찌 보면 당연한 것이었는지 모른다. 그러나 어떤 동기생들은 전쟁사를 재미있어 하고 학습 능력도 뛰어났다. 나는 그런 친구들을 부러워만 할 뿐이었다. 때로는 나는 군인이 될 자질이 없나 하는 좌절감을 느끼기도 했다.

그런 채 육군사관학교를 졸업하고 장교로 임관했다. 전쟁사를 잘 모르고 전쟁의 원리를 터득하지 않은 상태에서 군 생활을 시작한 것이다. 이 때문에 소위, 중위 시절 늘 뭔가에 짓눌렸다. 군사교리, 또는 전투 예규를 갖고 매뉴얼, 교리에 따라 훈련도 하고 작전 계획도 세웠지만 상황이 변하면 어떻게 해야 할지 난감했다. 전쟁술에 있어 자유롭지 못했던 것이다. 그래서 군인으로서의 자질이 부족함을 늘 느끼며 생활했다. 군인으로서 가장 기본적인 경쟁력을 갖추지 못했다는 좌절감이 나 자신을 주눅 들게 했다. 이대로라면 나는 지는 게임을 하는 거였다.

그러던 중 큰 변화의 계기가 생겼다. 전쟁사를 공부하는 방법을 바꿔보기로 한 것이다. 전쟁사를 공부하기 전에 먼저 전쟁에 관련된 영화를 보면 지적 자극을 받고 몰입할 수 있지 않을까? 예상은 적중했다. 이순신 장군에 대한 영화나 드라마를 보고 임진왜란의 해전사를 공부하니 너무 재미 있었다. 영화나 드라마를 보니 당시 해상 전투의 모습이 구체적으로 그려졌고, 공부할 때 이해가 쉬웠다. 또한, 〈칭기즈칸〉이라는 영화를 보고 몽골의 전쟁 사례를 공부하니 당시 무기체계, 복장, 문화가 머릿속에 생생하게 떠올랐다. 그리고 제2차 세계대전 당시 일본군이 미국의 진주만을 공격하는 영화인 〈도라 도라 도라[Tora! Tora! Tora!]〉라는 영화를 보고 일본의 진주만 공격과 미국의 대응을 공부했다. 제2차 세계대전 당시 미국이 일본군으로부터 진주만을 공격받은 후 해군 전투력을 보강하여 일본군과 수행한 미드웨이 해전Battle of Midway과 관련된 영화를 본 후 미드웨이 해전을 연구했다. 그러면서 서서히 전쟁사에 빠져들게 되었다. 그렇게 2~3년을 보내자 완전히 전쟁사 공부에 몰입할 수 있었다. 조금씩 전쟁사에 자신감이 붙었다.

그 이후 소령으로 진급했다. 소령 당시 한국군 최초로 인도·파키스탄 유엔 요원으로 파견되어 근무했다. 그 당시에도 나는 전쟁사에 몰입해 있었다. 그래서 휴가 때 개인적으로 유럽 배낭 여행을 할 기회가 생겼을 때에도 평범한 유적지나 관광지가 아닌 전쟁과 관련된 유적지를 여행 코스로 택했다. 제2차 세계대전 때 독일이 프랑스를 공격하기 위해 택했던 아르덴 산림지역 루트를 따라 여행하면서 그 당시 전쟁을 머릿속에 떠올려보고 몸으로 직접 전장의 현장감을 느껴보기도 했다. 전쟁에 대한 원리와 그 당시의 교훈이 뼛속까지 스며드는 듯했다. 전투 현장에 가서 전쟁사를 공부하는 것은 정말 많은 도움이 되었다.

그리고 한국으로 복귀한 뒤에는 동두천에 근무하게 되었다. 아내와 자녀들은 전라도 광주에 살고 있었는데 한 달에 한 번 2박 3일 휴가를 얻어 집에 가곤 했다. 가족과 오랜 시간을 보내고 싶었지만 전쟁사에 너무 심취한 나머지 나는 2박 3일의 짧은 휴가 기간 중 하루만 집에서 보내고 이틀은 전적지 답사를 했다. 지금 생각해보면 어떻게 그럴 수 있었는지 신기하다. 한 번은 임진왜란 때 격전지였던 충주의 탄금대 전투 현장을 답사한 적이 있다. 탄금대는 임진왜란 당시 조선의 신립 장군이 조선군 주력을 이끌고 일본군과 싸운 전적지다. 당시 신립 장군과 조선군은 일본군에 대패해서 조선은 풍전등화의 위기에 처해 있었다. 신립 장군은 왜 한 명이 목을 지키면 천 명도 막을 수 있다는 천의 요새인 문경새재라는 중요한 방어목을 지키지 않고 탄금대에서 배수진을 친 것일까? 아픈 역사와 국가의 운명을 좌우할 수 있는 막중한 장군의 책임을 생각하며 배수진과 관련된 또 다른 전쟁사를 찾아 비교하면서 공부했다. 중국의 초한전쟁 당시 한신 장군은 배수진을 쳐서 대승을 거뒀다. 두 배수진의 전투 방법과 결과의 차이를 고민해보면서 전쟁의 원리를 터득해갔다. 또 삼국시대, 후삼국시대, 고려시대의 전투 현장과 6·25전쟁의 전투 현장 등을 직접 가보았다. 6·25전쟁 최대 격전지였던 다부동 전투 현장이나 고지전이 있었던 백마고지 현장 등을 직접 방문하여 전쟁사를 더듬어보면서 지형에 따라 병력 운용을 어떻게 해야 할지 생각해보았다. 이것을 반복하자 지형에 따른 병력 운용에 대한 혜안이 어느 정도 생기는 느낌을 받았다.

소령 때에는 필수로 가야 하는 육군대학에서 6개월 교육을 받았다. 당시 육군대학에선 대대 공격과 방어 전술, 연대 공격과 방어 전술, 사단 공격과 방어 전술을 배웠다. 특정 지역을 선정해 공격과 방어 전술, 그리고 작전 계획을 만들어보고, 워게임도 실시했다. 이때 직접 현장을 나가기 어렵기 때문에 대부분 지도를 보면서 작전 계획을 수립했다. 그런데 그 지역을 지도로만 알고 있으니 실제로는 어떤지 너무 궁금했다. 내가 만든 작전 계획이 지형에 맞는지, 실효성 있는 계획이었는지 늘 의문이었다. 그래서 육군대학 6개월 교육을 마쳤을 때 휴가를 얻어 내가 탐구해 작전 계획을 세웠던 곳의 지형을 답사했다. 직접 가서 내가 교육받던 당시 만든 작전 계획이 실지형에 맞는지 검토해보았다. 실지형을 직접 눈으로 보면서 나의 작전 계획과 비교한 뒤 이론과 실제의 갭이 크다는 것을 느겼고, 이를 통해 전략적 교훈을 얻었다. 이러한 노력의 결과, 여행을 할 때 산이나 들을 바라보면 저곳에서 나의 부대가 방어를 한다면 부대 배치를 어떻게 하면 되고, 공격을 한다면 어떻게 하면 되겠다는 생각이 떠오르곤 했다. 같은 산이나 들을 바라보아도 군인의 관점에서 바라보는 습관이 생겼다.

그러면서 동양의 전법에 빠져들었고 동양의 7대 병법서를 공부하게 되었다. 7대 병법서는 과거 옛 무인들의 필독서였으며 무과 과거시험을 볼 때 일부는 시험과목이기도 했다. 7대 병법서 중 특히 『손자병법』이 마음에 많이 와닿아 집중적으로 공부하기 시작했고, 『손자병법』의 원리를 적용해 작전 계획을 짜보고, 부대 지휘, 훈련 때 적용을 해보면서 『손자병법』의 지혜와 지략을 나의 것으로 만드는 연습을 했다.

중령으로 진급한 이후엔 이러한 전쟁사를 통해 전쟁 원리를 어느 정도 터득하고 전투 역량이 향상되어 부대 훈련뿐만 아니라 리더십도 인정받기 시작했다. 그 이후 자신 있게 군대 생활을 했다. 장교로서의 핵심 능력은 전쟁 수행 능력이다. 전쟁 원리들을 포함하여 핵심 전투 능력을 확보하는 것이 무엇보다도 중요했기 때문에 나에게 맞는 방식을 찾아 전쟁사에 몰입했고, 이를 통해 나의 아킬레스건이 될 수 있었던 전쟁사 울렁증을 극복해낼 수 있었다.

유연성

전쟁은 살아 있는 생물이라 했다. 상황에 따라 다채로운 변화가 일어나기 때문이다. 전쟁에 이기기 위해서 변화에 유연하게 대처하는 능력이 중요한 이유다. 손자는 이를 위해서 무엇보다 임기응변臨機應變의 자세가 중요하다고 강조했다. 이때 임기응변은 "그때그때 처한 뜻밖의 일을 재빨리 그 자리에서 알맞게 대처하는 것"을 뜻한다. 유교적인 전통으로 바라봤을 때 임기응변은 권모술수나 기회주의에 가깝지만, 손자는 그렇게 생각하지 않고 그때그때 최적의 모습으로 변화하는 것을 중요하게 생각했다.

이를 위해 『손자병법』 제8장 「구변九變」편에서 전쟁에서 피해야 할 아홉 가지의 지리와 지형상의 상황을 언급하면서 이런 변화에 따라 민감하게 임기응변하는 방법을 논하기도 했다. 손자는 길이 움푹 파여 축축한 땅이 나타나거나, 길이 사방으로 뚫리거나, 갑자기 끊어진 지역 등을 빠르게 알아차리고 그에 맞게 대응하라고 했다. 또한 훌륭한 장수가 되기 위해선 상황에 따라 임기응변을 발휘해 무궁무진한 용병술을 쓸 수 있어야 한다고 했으며, 이를 하지 못하면 상황에 따라 이익을 취할 수 없다고 강조했다. 그리고 적이 침입하지 않을 것이라는 예측을 믿을 게 아니라 적이 침입해 오더라도 이겨낼 수 있도록 충분한 대비책을 갖춰야 한다고 덧붙였다.

이것은 지금과 같은 변화무쌍한 시대를 살아내야 하는 우리들이 귀 기울여야 하는 이야기다. 지금과 같은 뉴노멀 시대야말로 세상의 변화에 따라 그 흐름을 정확히 읽고 대응할 수 있는 임기응변, 즉 유연한 사고가 필요한 때다. 이것은 수많은 위기 속에서 성공의 기회를 찾는 손자의 '이환위리'의 정신과도 일맥상통한다. 언제 닥칠지 모르는 위기에 대해 안테나를 세우고 미리 대비하되, 혹시 위기를 미리 막지 못했을 경우에도 일찍 포기하지 않고 위기를 기회로 바꾸는 유연한 사고와 자세가 필요하다. 이것이 바로 손자가 강조한 '이환위리'와 '임기응변'이다.

이스라엘의, 유연성의 승리

손자의 이환위리의 정신을 잘 실천한 사례가 있다. 끈질긴 전쟁의 역사를 자랑하는 이스라엘의 이야기다. 독일이 제2차 세계대전에서 패하면서 수많은 유대인 난민들이 생겨났다. 나라 없는 설움을 겪고 있던 이들은 자신들의 고향 땅인 팔레스타인 땅으로 돌아가 1948년에 이스라엘을 세웠다. 그런데 이곳에는 이미 오래전부터 아랍인들이 정착해 살고 있었다. 아랍인들은 유대인들이 이스라엘을 세운 것이 못마땅했고, 그들을 팔레스타인 땅에서 몰아내기 위해 전쟁을 벌였다.

이렇게 시작된 중동전은 총 네 번에 걸쳐 벌어졌는데, 그때마다 전쟁의 승기를 잡은 건 이스라엘이었다. 특히 제3차 중동전에서 이스라엘은 단 6일 만에 대승을 거뒀는데, 그 결실이 대단했다. 이집트로부터는 시나이 반도Sinai Peninsula를, 시리아로부터는 골란 고원Golan Heights을 빼앗은 것이다. 이집트와 시리아 입장에선 엄청난 손실이 아닐 수 없었다. 시나이 반도와 골란 고원 모두 아주 중요한 전략적인 요충지였기 때문이다. 두 나라는 어떻게든 이 땅들을 되찾고 싶어했다. 이후 이들은 수년간 이스라엘에 보복하기 위해 칼을 갈았다. 이집트는 소련으로부터 대량으로 무기를 사들이며 전력을 보강했고, 시리아 역시 군 개혁을 통해 현대화 작업을 이뤄갔다. 반면에 당시 이스라엘은 세 번의 승리 후 군 경계가 상당히 느슨해진 상태였다. 아랍국가들이 공격해봤자 당연히 이길 수 있다고 확신했던 것이다. 그런데 이런 자만심이 독이 되었던 걸까? 이스라엘은 곧 절체절명의 위기를 맞게 된다.

1973년 10월 호시탐탐 기회만 노리던 이집트와 시리아가 이스라엘을 상대로 선제공격에 나선 것이다. 이스라엘로서는 적잖이 당황스러운 일이었다. 그날이 바로 유대인들의 가장 큰 명절인 욤키푸르Yom Kippur(속죄의 날'이라는 뜻으로 유대교 최대의 명절)였기 때문이다. 이스라엘은 큰 명절이라 많은 군인들이 휴가를 간 상태였다. 그만큼 대비가 허술했던 것이다. 아랍군들은 이 기회를 놓칠세라 거침없이 이스라엘을 공격했다. 이집트는 이스라엘의 남쪽인 시나이 반도를, 시리아는 동쪽에 있는 골란 고원의 대부분을 단 사흘 만에 점령했다. 이스라엘군은 거의 48시간 만에 전멸 직전에 처했다. 병사는 절대적으로 부족했고, 탄약은 고갈되어

가고 전차와 전투기도 엄청난 손실을 입었다. 그대로 밀리다간 나라가 패망하는 건 시간 문제였다. 완벽한 실패로 보였다.

그런데 이스라엘은 쉽게 무너지지 않았다. 패전의 위기 속에서도 어떻게든 전세 역전의 기회를 노린 것이다. 우선 현역 군인들이 후퇴를 하면서 지연전에 최선을 다했다. 어떻게든 예비군이 동원될 때까지 시간을 끌어보려 했던 것이다. 그중에 눈에 띄는 인물이 한 명 있었다. 바로 이스라엘의 스무살 청년 즈비카 그린골드Zvika Greengold 소위다. 그는 휴가 중에 전쟁이 터지자 즉시 휴가지에서 가까운 그 지역의 부대로 달려갔다. 그리고 곧 부서진 4대의 전차를 발견하게 된다. 골란 고원 전투에 참가한 전차부대 병사들이 소대장을 잃고 후퇴하고 있었다. 즈비카 소위는 전차를 고쳐 탄약을 보충한 뒤 다시 골란 고원으로 향했다. 그리고 기지를 발휘해 단 4대의 전차로 30여 대의 시리아 전차와 혈투를 벌였다. 그런 다음 이틀 동안 한숨도 자지 않고 다른 전투 지역으로 가서 시리아군과 사투를 벌였다. 이스라엘군은 이러한 노력 끝에 예비군이 동원될 때까지 골란 고원의 일부를 지켜낼 수 있었다.

한편 수세에 몰린 이스라엘 정부는 재빨리 미국에 SOS를 쳤다. 이스라엘의 골다 메이어Golda Meir 총리가 리처드 닉슨Richard Nixon 미 대통령을 직접 찾아가 눈물로 도움을 요청한 덕분이었을까? 미국은 이스라엘을 돕기로 했고 곧 대대적인 지원에 나선다. 대규모 전차와 항공기는 물론, 미군이 사용하고 있는 무기까지 그대로 가져와 이스라엘에 투입한 것이다. 이처럼 미국이 이스라엘에 엄청난 물량의 무기를 지원한 것이 바로 니켈 그래스 작전Operation Nickel Grass이다. 때마침 이스라엘의 예비군 병력들도 군에 투입되었는데, 예비군 동원 속도 역시 빨랐다. 예비군이 동원되자 이스라엘은 빠르게 전세를 뒤집어갔다. 특히 이 작전에서 이스라엘군은 또 한 번 위기에 강한 면모를 보여줬다. 단순히 시나이 반도를 되찾는 것에 그치지 않고 시나이 반도와 수에즈 운하Suez Canal를 건너 이집트 적진까지 뚫고 들어가는 작전을 펼친 것이다. 이때 부대들끼리 손발도 척척 맞았다. 예비군들은 이미 여러 번의 전쟁을 경험했기 때문에 서로 호흡이 잘 맞았던 것이다. 공수부대가 먼저 아랍군의 미사일부대를 탐색해내면, 전차부대가 들어가서 그곳을 초토화시키고, 공군이 주변을 박살내는 방식이었다. 또한 정면 싸움에 자신이 없을 땐 측방을 공격하는 방식으로 불리한 판을 뒤집었다. 골란 고원 전투 당시 이스라엘의 79전차여단이 측방 공격, 즉 전차로 적군의 허리를 치는 전략을 펼쳐서 크게 이겼다. 이것은 손자가 말한 우직지계迂直之計와도 상통한다. 비록 멀리 돌아가더라도 자신들에게 가장 유리한 방법으로 싸운 것이 위기를 기회로 바꾼 또 하나의 비결이 되었다.

결국 이스라엘은 아랍군을 물리치고 대역전극에 성공하여 전쟁 3주 만에 시나이 반도에 이어 골란 고원을 되찾았고, 소련과 미국의 중재 아래 전쟁을 끝낼 수 있었다. 이스라엘이 승리할 수 있었던 비결은 바로 손자의 이환위리의 정신을 잘 실천했기 때문이다.

그런데 여기서 진짜 중요한 건 따로 있었다. 그동안 이스라엘은 주변 아랍국들에게 시도 때도 없이 전쟁의 위협을 받았다. 하지만 이 전쟁을 계기로 더 이상 그런 위협을 받지 않게 된 것이다. 패망의 위기 속에서도 결국 다시 살아나는 이스라엘을 보고 주변 아랍국들 모두 더 이상 싸울 생각을 못 하게 된 것이다. 전쟁에 대한 의지를 확실히 꺾어놓았기 때문이다. 이것은 차후에 이스라엘이 이집트의 사다트Muhammad Anwar

Sadat 대통령과 캠프 데이비드 평화협정Camp David agreement을 맺는 밑거름이 되었다. 그리고 더 이상 중동전과 같은 대규모 전쟁을 치르는 일은 없게 되었다. 이것만 봐도 4차 중동전쟁이 이스라엘에 위기가 아닌 평화를 향해 나아가는 진짜 기회가 되었다는 것을 알 수 있다.

뉴드림, 회복력에 달려 있다

최근 국제기구와 미래에 대응하기 위한 각국 정부의 전략 등에서 자주 쓰이는 용어가 있다. 바로 회복력[resilience]이다. 회복력을 의미하는 영어 단어 '리질리언스resilience'는 '다시 뛰어오르다[to jump back]'라는 뜻의 라틴어 리실리오resilio에서 비롯되었다. 전 세계 각국에서 초대형 자연 재난들이 일어나면서 이런 위기에 잘 대처하기 위해선 근본적인 변화가 필요하다는 인식이 확산되었고, 이때 가장 필요한 역량으로 회복력이 언급되기 시작한 것이다.

여기서 말하는 회복력은 단지 위기 이후 원래의 상태로 회복하는 수준을 넘어 위기 이전보다 더 강한 경쟁력을 갖게 된다는 것을 뜻한다. 외부 충격을 받은 스프링이 강한 활력으로 반응해서 원래보다 더 튀어 오르는 것 같이 도약해야 한다는 것이다. 이런 회복력은 손자가 말한 임기응변의 진화된 개념이라 할 수 있다. 최근 코로나 시대를 맞이해 이런 회복력을 잘 보여준 기업이 있다. 바로 일본의 소니SONY다. 소니는 한때 전자기기 기업으로 승승장구했지만, 최근에는 전자기기 사업 분야에서 겨우 명맥만 유지하고 있는 수준이다. 이에 소니는 사업 분야를 다양하게 넓혔다.

전자기기 이외에 영상기기, 가전, 금융, 게임 콘텐츠 등 다양한 분야의 사업을 전개한 것이다. 뉴노멀 시대의 특성상 어느 한 쪽 사업에만 올인하기보다 다양한 사업을 진행하면서 그때그때 상황에 맞게 주력 사업을 바꾸는 것이 리스크를 줄이고 미래 성장 동력을 만들어가는 방법이라 판단했던 것이다.

이런 노력은 코로나19 사태에서 적지 않은 힘을 발휘했다. 제조업의 경우 세계 각국이 봉쇄를 감행함에 따라 수출 판로가 막히면서 상당한 매출 타격을 입어야 했지만, 반대로 영상이나 게임 서비스의 경우 매출 반등의 기회를 맞이했다. 밖에 나가지 않고 집에서 모든 것을 해결해야 하는 상황이 되자 게임이나 영상 콘텐츠를 즐기는 사람들이 급증했기 때문이다. 소니는 이러한 상황에 보다 효율적으로 대응해나가기 위해서 조직 구조를 빠르게 개편해나갔다. 일본 특유의 경직된 기업 조직 문화에서 유연한 기업 조직 문화로의 전환을 시도한 것이다. 먼저 단순히 분야별로 나누어놓았던 기존의 조직 구조 대신 하드웨어와 금융, 엔터테인먼트의 세 분야에 집중할 수 있는 조직을 갖춘 후 서로 수평적인 관계를 이루며 각자 업무에 집중할 수 있도록 했다. 하드웨어 조직은 인공지능 기술 개발을 통해 포스트 코로나 시대의 새로운 일상에 대응하도록 했다. 금융 분야는 언제 어떤 위기가 닥쳐 자본의 어려움을 겪게 될지 모르는 상황이 된 만큼 자본 조달을 보다 신속하게 할 수 있는 체계를 갖췄다. 은행 보험 부문을 완전 자회사화 함으로써 투자 자금 확보 능력을 더 강화한 것이다. 현재 주력이 되고 있는 엔터테인먼트 분야의 경우 음악이나 게임 등의 지속적인 수익 창출을 낼 수 있는 시스템을 갖추도록 했다. 코로나를 경험하며 배운 것을 통해 위기가 닥쳤을 때 대응하는 것이 아니라, 앞으로 어떤 위기가 다칠지 미리 예측하고 그것에 잘 대응할 수 있는 조직으로 거듭난 것이다.

　코로나와 같은 변수가 또 언제 찾아올지 모르는 지금, 세계 경제는 출렁이고 규제 환경도 갈피를 잡기 힘든 상황이 계속되고 있다. 이런 시대에 기업이 가장 먼저 갖춰야 하는 능력은 스스로 위기를 극복하고 이겨낼 수 있는, 오히려 위기를 통해 더 강해질 수 있는 회복력이다. 이런 회복력은 변화를 빠르게 인지하고 이에 대응해나갈 수 있는 유연성에서 비롯된다. 이것은 단지 기업에만 해당되는 이야기는 아니다. 우리 자신도 회복력을 갖춰야 한다. 언제든 찾아올 불확실성에 기민하게 대응하는 능력이 필요하다. 상황이 어떻게 변해도 본질은 변하지 않듯 어떤 위기 상황에서도 살아남을 수 있는 경쟁력을 키워나가야 한다.

　이것이 뉴노멀 시대에 보다 큰 성공을 이룰 수 있는 새로운 성공 방식의 첫걸음이다.

CHAPTER 4

뉴노멀 시대
성공 전략 요소 6

．．．

　"계란으로 바위 치기"라는 말이 있다. 가능성이 아주 희박해 보이는 것을 단적으로 표현한 말이다. 그런데 손자는 역으로 바위로 계란을 치듯 이기라고 강조했다. 그만큼 쉽게 이기라는 뜻이다. 그러면서 손자는『손자병법』에서 바위로 계란치듯 쉽게 이길 수 있는 방법을 여러 가지 제시했다. 한 마디로 노력 대비 성과를 높이라는 것인데, 늘 그렇듯 말이 쉽지 실제로 이를 가능케 하기란 쉬운 일이 아니다. 어떻게 하면 이것이 가능할까.

　이 질문에 대해서 오랫동안 고민한 결과, 나는 한 가지 답을 얻었다. 바로 지렛대 효과를 발휘하는 것이다. 지렛대가 어떻게 생겼는지는 누구나 잘 알고 있을 것이다. 지렛대란 막대의 한 점을 받치고 그 받침점을 중심으로 물체를 움직이는 장치를 말한다. 작은 힘으로 무거운 물체를 들어올리는 데 아주 효과적인 도구로 쓰여왔다. 지렛대의 원리는 고대부터 사용되어왔다. 기원전 3세기경 고대 그리스의 수학자이면서 물리학자인 아르키메데스Archimedes가 지렛대 반비례의 법칙을 발견한 것이다. 그는 당시 히에론Hieron 왕에게 "적당한 장소가 주어진다면 지렛대를 이용해 지구라도 들어 보이겠다"라고 호언장담했다. 그러자 히에론 왕은 그에게 지렛대의 법칙을 증명하라며 한 가지 미션을 주었다. 모래톱에 올려놓은 군함에 병사들을 가득 태우고서 그 배를 물에 띄워보라고 한 것이다. 실현 가능성이 없어 보였지만, 아르키메데스는 이 어려운 일을 너무나 쉽게 해낸다. 지렛대를 응용한 도르레를 이용해 이 미션을 간단히 해결한 것이었다. 이후 그는 지렛대를 이용해 다양한 기술을 선보였다. 전쟁에 필요한 각종 무기와 투석기, 기중기까지 지렛대를 응용한 신형 무기들을 개발해내는 데 성공한다. 덕분에 당시 그가 속해 있던 카르타고는 늘 전쟁에서 손쉽게 이겼다. 특히 제2차 포에니 전쟁에선 적군이었던 로마군을 호되게 괴롭힐 수 있었다. 이런 지렛대의 원리는 지금도 우리 주변 곳곳에 적용되고 있다. 가위와 시소, 배를 젓는 노부터 병따개, 손수레까지 이렇게 많은 것들이 다 지렛대의 원리를 이용한 것들이다.

지렛대 원리는 그 효율성이 좋아서인지 경제 분야에서도 흔히 쓰이고 있다. 경제 용어로는 레버리지 효과Leverage Effect와 그 뜻이 통한다. 레버리지 효과란 타인으로부터 빌린 차입금을 지렛대로 삼아 자기자본 이익률을 높이는 것이다. 예를 들어 100억 원의 자기자본으로 10억 원의 순익을 올리게 되면 자기자본 이익률은 10%에 그친다. 하지만 자기자본 50억 원에 타인 자본 50억 원을 도입해 10억 원의 순익을 올리게 되면 자기자본 이익률은 20%가 된다. 레버리지 효과란 한 마디로 개인이 빚을 지렛대 삼아 주식이나 부동산 등에서 높은 수익률을 올리는 것을 말한다. 차입금 등의 금리비용보다 높은 수익률이 기대될 때는 다른 사람의 자본을 적극적으로 활용해 투자를 하는 쪽이 유리한 것이다.

경제의 레버리지에선 자본을 지렛대 삼는데, 손자가 말한 전략의 레버리지에선 어떤 것들을 지렛대로 삼을 수 있을까? 『손자병법』에서 제시된 방법을 현대적인 관점에서 생각해보면 크게 여섯 가지로 나눌 수 있다. 바로 목표, 수단, 방법, 시간, 장소, 그리고 심리다. 이것은 내가 『손자병법』의 핵심을 뽑아 현대 전략과 결합시킨 6요소다. 지렛대 원리에서 지렛목에 해당되는 이 6요소가 뉴노멀 시대에 맞는 성공 전략의 6요소라고 생각한다. 손자를 지금 이 시대에 소환한다면 아마 이 6요소를 틀림없이 강조할 것이다. 지금부터 그 구체적인 '내용을 하나씩 살펴보겠다

뉴노멀 시대 성공 전략 요소 1

목표

　전략을 세울 때 반드시 필요한 것은 다름 아닌 목표다. 이때 목표는 명확하고 달성 가능한 것으로 정해야 한다. 내가 이루고자 하는 것이 명확해야 더 구체적인 전략을 짤 수 있고 그것을 이루고자 하는 의지 역시 높아지기 때문이다. 손자는 전쟁을 하기 전 신중에 신중을 기해야 한다고 했다. 신중하다는 것은 적과 나를 살피고 승산의 여부를 면밀히 살피는 것이다. 이것은 곧 목표가 달성 가능한지를 파악하는 것이다. 불가능한 목표를 정하면 이룰 수 없을 뿐더러 자신과 주변에 원치 않는 피해를 가져올 수 있다. 예를 들어 승산이 없는 무모한 전쟁을 벌이면 수많은 군인들과 국민들이 소중한 목숨을 잃게 되고 나라의 자원을 탈취당하게 된다. 따라서 상황이 불리하거나 승산이 없어 보일 때는 과감히 경쟁하는 판을 바꿔야 한다. 만약 목표를 세웠는데 이것이 아무리 해도 도저히 이룰 수 없는 것처럼 보일 때 우리는 과감히 목표를 바꾸면 된다. 내가 이루고자 하는 목표가 잘못되었다는 것을 인정하고 다시 목표를 적절히 수정해나가면 되는 것이다. 지금 다소 불리한 판에 서 있는 것 같아도 다시 역전의 기회를 가질 수 있기 때문이다.

예를 들어 우리가 등산을 간다고 치자. 처음엔 누구나 정상에 오르는 것을 목표로 삼는다. 그런데 생각했던 것보다 등산 코스가 너무 험난하다면 어떻게 해야 할까? 체력은 점점 떨어지고 정상은 점점 더 멀게만 느껴질 수 있다. 실패할 것 같은 순간 포기하고 싶은 마음이 앞설 것이다. 그런데 이때 만약 목표를 바꾼다면 어떻게 될까? 단지 정상에 오르는 것이 아니라 산에 오르는 길에 마주하게 되는 풍경을 보는 것으로 목표를 바꾼다면 얘기는 달라질 수 있다. 날씨에 따라 각기 다른 경치를 감상할 수 있고, 체력이 떨어지면 오히려 쉬엄쉬엄 가면서 더 많은 풍경을 들여다볼 수 있을 것이다. 결과적으로 그 산행은 실패가 아니라 자신의 목표를 충실히 달성한 것으로 기록될 수 있다. 이처럼 목표를 한 번 세웠다 하더라도 상황에 따라 상향 혹은 하향 조정하게 되면 결과는 얼마든지 달라질 수 있다. 경쟁이 치열한 상황에서도 목표를 바꾸면 상대가 놓치고 있는 부분을 빠르게 캐치해 유리한 판으로 바꿀 수 있다. 그 변화의 틈 사이로 나를 둘러싼 상황을 유리하게 바꿀 묘안을 떠올릴 수 있는 것이다.

이처럼 목표를 세우는 일은 중요하다. 많은 이들이 목표의 중요성을 잠시 잊고 시간을 흘려보내곤 하는데, 그러면 수동적으로 상황에 끌려가게 된다. 정확한 목표를 세우지 않으면 남이 만들어놓은 불리한 판에 끌려들어가 하루하루 살아가기에 급급해진다. 제일 중요한 것은 상황이 불리하다고 좌절할 필요가 없다는 것이다. 목표를 조금만 바꿔도 경쟁의 판이 뒤틀려 축소되기도 하고 확대되기도 한다는 것을 알고 이를 적극 활용해야 한다. 이처럼 상황에 맞게 과감히 목표를 바꾼다면 경쟁하는 판의 차원이 달라지는 경험을 하게 될 것이다.

아마존의 목표는 이윤 아닌 고객 만족

수많은 기업들의 최우선 목표는 누가 뭐래도 이윤일 것이다. 이윤은 기업의 필수 생존 요건이기 때문이다. 그런데 이런 당연한 진리를 버리고 자신만의 확고한 목표를 세워 무섭게 성장해온 기업이 있다. 바로 글로벌 유통 공룡 아마존Amazon이다. 20세기 말 인터넷 서점으로 출발한 아마존은 IT, 유통을 넘어 미디어, 엔터테인먼트, 물류, 환경, 헬스케어, 금융에 이르기까지 사업 영역을 끝없이 넓혀가고 있다.

아마존은 어떻게 이런 몸집 키우기가 가능했던 걸까? 그 비결은 바로 남다른 목표에 있다. 아마존은 고객을 기업 운영의 제1원칙으로 외치며 실천해온 대표적인 기업이다. 이들은 마치 고객 강박증에라도 걸린 것처럼 철저히 고객의 관점에서 생각하고 고민한 후 회사의 모든 의사결정을 내린다. 아마존의 임원들은 회의할 때 늘 자리 하나를 비워둔다고 한다. 그 자리는 다름아닌 고객의 자리다. 항상 고객의 관점으로 바라보기 위한 상징적 장치를 마련해둔 것이다.

실제로 아마존에 입사한 직원들은 끊임없이 하나의 경영철학을 교육받는다. "고객에서부터 시작하라. 나머지는 그 다음이다[Start with costomer and work backwards]"라는 표어가 그것이다. 이것은 단지 구호로 끝나지 않는다. 어떤 프로젝트에 대해 논의하던 중 한 인턴 사원이

"이런 기능을 추가하면 아마존의 수익성이 떨어지지 않나?"라는 질문을 하자, 당시 임원은 고객이 원한다면 수익성은 포기해도 관계없다고 주저 없이 이야기했을 정도다. 아닌 게 아니라 아마존은 단지 기업의 수익을 내는 것보다 고객이 원하는 가격 경쟁력과 보유 상품군을 갖추기 위해 노력한다. 오직 고객이 필요로 하는 곳에만 돈과 시간을 쓰겠다는 신념도 확고하다.

이것은 아마존의 오랜 기업 문화에서 확인할 수 있다. 아마존의 직원들은 대부분 문짝으로 만들어진 책상, 즉 도어 데스크를 사용한다. 아마존의 창업주이자 CEO인 제프 베조스Jeff Bezos가 창업 당시 사무실을 마련할 때 새 책상을 구입하는 대신 기존에 쓰지 않던 문짝으로 간이 책상을 만들어 사용하던 것에서 유래되었다. 도어 데스크는 검소함의 상징이자 고객에게 중요한 곳에만 돈과 시간을 쓰겠다는 의지를 확고히 보여주는 것이다. 이런 고객제일주의는 아마존의 많은 사업 분야에 그대로 담겨 있다. 오직 고객이 원하는 것, 즉 저렴하고 빠르고 고객이 진짜로 원하는 다양한 상품군을 갖추기 위해 집중하고 있는 것이다. 이것이 바로 아마존이 산업 간 경계에 갇히지 않고 끊임없이 혁신하며 지금의 글로벌 유통 기업으로 성장한 비결이다. 기업의 목표를 '성장'이 아닌 '고객'에 둔 것이 오히려 아마존을 더욱 큰 기업으로 만들고 있다.

뉴노멀 시대 성공 전략 요소 2

수단

뉴노멀 시대에 맞는 성공 전략, 그 두 번째 요소는 바로 '수단'이다. 이것은 경쟁하는 수단을 바꿔서 내게 유리한 판을 만드는 것을 뜻한다. 역사를 통해 전쟁을 분석해보면 수단을 바꿔서 승리한 경우가 많다. 쉽게 말해 창과 활을 쓰던 전쟁의 판에서 신무기인 소총을 사용함으로써 전쟁에 승리한 것처럼 새로운 수단을 동원해서 이기는 것을 말한다.

제2차 세계대전만 해도 미국과 일본은 재래식 전력을 가지고 전쟁을 했다. 전쟁 기간이 길어지면서 그만큼 많은 희생이 따랐다. 미국은 일본 본토를 공격할 때 얼마나 많은 병력이 죽고, 또 얼마나 많은 시간이 소요될지 가늠하기 어려웠다. 난관에 봉착한 것이다. 하지만 미국은 새로운 무기를 만들었다. 바로 원자폭탄이다. 가공할 만한 위력을 가진 원자폭탄은 나가사키[長崎]에 한 발, 히로시마[廣島]에 한 발 투하되었고 엄청난 위력을 발휘했다. 원자폭탄은 그야말로 절대무기였다. 절대무기란 공격했을 때 이를 막을 수 있는 수단이 없는 무기를 말한다. 결국 일본은 원자폭탄 두 발에 무조건 항복을 선언한다. 일본에는 미국의 원자탄 공격에 상응하는 수단이 없었다. 결국 미국은 원자폭탄이라는 새로운 수단을 사용함으로써 전쟁의 판도를 완전히 뒤바꿀 수 있었다.

　과거 전쟁 사례를 통해 수단을 바꾼다는 것의 의미를 간단히 살펴봤지만, 사실 이것은 우리도 일상에서 흔히 사용해온 방법이다. 이 방법이 안되면 저 방법을 써보는 것, 그것은 어떤 문제에 직면했을 때 누구나 고민하는 문제이기 때문이다. 그럼에도 불구하고 『손자병법』을 빌어 '수단'의 중요성을 다시 설명하는 이유는 하나다. 갈수록 우리 사회가 고민을 싫어하는 분위기로 바뀌어가고 있기 때문이다. 인터넷이 발달하지 않았던 과거에는 모든 문제의 답을 우리 스스로 고민해서 찾아야 했다. 정보가 귀했던 만큼 발품을 팔아서 직접 알아보러 다녀야 했고, 그렇게 힘들게 모은 정보를 보다 더 잘 활용하기 위해 고민했다. 나 대신 누군가 정답을 찾아줄 사람이 없었기에 더욱 치열하게 고민해야 했다. 하지만 지금은 시대가 변했다. 컴퓨터 아니 내 손 안의 스마트폰만 켜면 언제든 내가 알고 싶은 답을 검색할 수 있다. 챗 GPT까지 동원되니 단순히 검색 뿐 아니라 내가 궁금해하는 문제를 알아서 처리한 후 번듯한 글로 완성해 보여준다. 그림도 그려주고 번역도 해주고 창작도 해준다. 편리만 좇다 보면 아무 고민 없이 휩쓸려갈 수 있는 시대가 된 것이다. 하지만 이런 기술의 발달을 나에게 더 유리하게 사용하려면 기본적으로 내가 고민하는 방법을 알아야 한다. 기술보다 한발 앞서나간 고민을 할 줄 알아야 한다. 수단을 바꾸는 것에 대한 고민도 마찬가지다. 어떤 수단으로 바꿀지 일단 고민을 해봐야 거기에 맞는 최적의 수단을 찾을 것이 아닌가. 항상 나만의 묘수를 지니고 있어야 한다. 나는 오래전부터 고민과 수단의 중요성을 알고 있었기에 평소에도 늘 문제 해결 능력을 키우려 노력해왔다. 노력이라고 해서 거창한 것은 아니다. 누구나 다 아는 방법 그대로다. 책을 열심히 읽는 것, 단지 책을 읽는 것에서 그치는 것이 아니라 책을 읽을 때 내 안에서 피어오르는 궁금증에 집중한다. 그리고 그 궁금증에 대한 답을 지치지 않고 계속 찾아나가는 것이다. 꼬리에 꼬리를 무는 궁금증들을 따라가며 나만의 답을 찾아보면 어느새 나만의 식견이 생기고 그것은 묘수를 짜내는 밑거름이 된다. 그리고 이렇게 키운 역량은 군 생활을 하는 내내 나의 큰 경쟁력이 되어주었다. 하나의 사례를 들어보겠다.

2004년경 합동참모본부에서 중령으로 근무하던 때다. 나는 군사협력과에서 군사외교를 담당하고 있었다. 그런데 어느 날 갑작스럽게 중요한 임무가 떨어졌다. 당시 합참의장께서 일본에 위치한 UN군사령부(UN사) 후방기지를 처음으로 다녀온 후 우리 군의 소령과 중령, 대령급 장교들의 견학도 추진하라고 한 것이다. 6·25 전쟁을 계기로 우리를 지원하기 위해 만들어진 UN사는 한국에도 있지만 도쿄 요코타, 가나가와현 요코스카·자마, 나가사키현 사세보, 오키나와현 가데나·후텐마·화이트비치 등 일본 7곳에 후방기지가 있다. UN사는 미군기지와 함께 사용하는데 미군의 증원 전력과 물자들이 이곳으로 온다. 쉽게 말하면 일본에 있는 UN사 후방기지는 한국 UN사와 미 증원군의 병참기지와도 같다. 한반도 유사시 UN이 한국으로 바로 병력을 증원할 수 있지만 대부분의 경우 일본으로 병력과 장비를 보내 편성을 한다. 전시에는 병력과 전차 등 전쟁

장비와 물자가 같이 오는 게 아니라 따로 오기 때문이다. UN사 후방기지를 견학하게 되면 UN사의 체계와 미군의 전쟁 능력을 이해할 수 있고, 전반적인 전시 작전, 전략, 전술을 파악할 수 있다.

　나 역시 우리 군 장교들에게 좋은 기회라 생각했다. 그런데 수단이 문제였다. 우리 군 장교들을 보낼 때 군 수송기를 이용하라는 지시가 함께 내려왔기 때문이다. 우리 군의 장비를 동원하는 것이니 비용을 절감할 수 있고, 7개 기지를 손쉽게 돌아볼 수 있을 것이라고 판단한 것이다. 그런데 나는 무척 난감할 수밖에 없었다. 이를 성사시키려면 미군과 일본 자위대의 협조가 필요했기 때문이다. 나는 미 태평양사령부 담당자와 일본 자위대 군사외교 담당자와 협의를 시작했다. 최소의 비용으로 프로그램을 만들기 위해서는 우리 군 수송기를 이용하고, UN사 후방기지에 있는 미군들의 숙소를 활용하면 될 거 같았다. 나는 3박 4일 일정으로 합동참모본부 인원 30명을 매 분기마다 보내 1년에 120명을 보내는 안을 마련했다. 그런데 난관에 부딪쳤다. 우리 군 수송기가 일본 땅에 들어오는 것을 놓고 이견이 있었던 것이다. 일본 군사외교 담당관이 우리 수송기가 일본 땅에 들어오는 것이라면 일본 자위대 수송기가 한국에도 갈 수 있게 해달라는 제안을 역으로 한 것이다. 외교는 상호주의가 원칙이어서 국제적 관례로 볼 때 일본 담당자의 말이 틀린 것도 아니었다. 일본 자위대 수송기가 우리 대한민국 땅에 착륙하는 것은 우리 군에서도 받아 들일 수 없었을 뿐만 아니라 당시 우리 국민 정서상 불가능했다.

　이러한 상황을 담당 과장과 부장에게 보고했더니 할 수 없다며 합참의장에게 프로그램 추진 중단을 건의하자고 했다. 그러나 나는 여전히 미련이 남았다. 영관급 장교들이 UN사 후방기지를 경험하는 것은 개개인들에게 도움이 될 뿐 아니라 더 크게는 우리 군에도 도움이 되기 때문이었다. 게다가 이번 프로그램을 통해 한미동맹을 더 단단히 할 수도 있기 때문에 나는 그대로 포기하고 싶지 않았다. 업무가 과중하게 늘어났지만 어떻게든 이를 계속 추진할 방법을 모색했다. 그리고 문제를 풀기 위해서 가장 기본적인 전략의 6가지 요소를 꼼꼼히 되짚어봤다. 목표, 수단, 방법, 시간, 장소, 심리 가운데 어떤 것을 바꾸면 새로운 길이 열릴지 고민하고 또 고민했다. 그러자 문제가 생각보다 쉽게 풀렸다.

방법은 바로 '수단'을 바꾸는 것이었다. 우리 수송기가 일본 땅에 들어가는 것이 문제라면, 우리 수송기가 아닌 미군 수송기를 이용하면 되는 것 아닌가. 다행히 미 태평양사령부에서는 군사 훈련 목적으로 한국과 일본, 괌 등을 미 수송기로 자주 이동하고 있다는 것에 착안했다. 해결의 실마리를 찾은 나는 즉시 미 태평양사령부 한국 담당자를 설득했고, 결국 미 태평양사령관이 이를 받아들였다. 일본에서도 미 수송기를 이용한 우리 군 장교들의 UN사 후방기지 방문을 문제 삼지 않겠다고 말했다. 우리가 추진한 프로그램이 최소의 비용으로 성사된 것이다. 내가 합참에 근무하는 2년간 이 프로그램은 별 탈 없이 진행됐고, 장교들의 호응도 컸다. 이를 통해 우리 군 장교들이 UN사 체계를 이해하는 계기가 되었고, 이는 대한민국 군 전략·전술 능력 향상에 큰 도움이 되었다고 확신한다.

수단을 바꾼다는 것은 이렇게 어려운 문제도 간단히 풀어내는 힘을 가졌다. 물론 한 가지 전제가 필요하다. 상황이 아무리 꼬여있어도 기필코 풀어내겠다는 긍정의 오기를 가지는 것. 그리고 기본적인 문제로 돌아가 하나씩 되짚어보고 고민해보는 것. 이런 의지만 있다면 누구든 묘수를 찾아낼 수 있다.

뉴노멀 시대 성공 전략 요소 3

방법

경쟁하는 '방법'을 변화시킴으로써 판을 유리하게 만들 수도 있다. 전략을 말할 때 '방법'이란 싸우는 개념일 수도 있고, 싸우는 전술일 수도 있다. 경쟁하는 방법을 변화시키는 방법에는 크게 세 가지가 있다.

① 새로운 개념의 방식을 만들어내는 법
② 경쟁자가 미처 생각하지 못한 방식으로 바꾸는 법
③ 여러 수단을 다르게 조합하는 법

이 중에서도 방법이란 요소를 지렛대로 사용하기 위해선 이제까지 적이 전혀 생각하지 못한 개념이나 전술을 도입하는 것이 가장 효과적이다. 이순신 장군이 불패 신화의 영웅이 될 수 있었던 비법도 전투 '방법'을 매번 바꿨기 때문이다. 앞서도 잠깐 짚어봤지만, 임진왜란 당시 조선 수군과 일본 수군은 배와 배를 붙여 근접전을 벌였다. 등선육박전, 즉 적군의 배에 바짝 붙인 후 그 배에 올라타서 칼이나 검으로 상대를 공격하는 방식이었다. 일본이 근접전에 강했기 때문에 이 방법을 많이 썼다. 사무라이 전통을 갖고 있던 일본인들은 검술이 발달해서 일단 배에 올라타면 강해졌다.

이순신 장군은 이를 극복하기 위해 고심했다. 그리고 전투 '방법'을 바꿨다. 근접전 대신 원거리 전투를 유도한 것이다. 조선 수군은 천자총, 지자총, 현자총과 같은 화포가 일본에 비해 발달되어 있었다. 이순신 장군은 이러한 화포를 조선 수군의 배 판옥선에 장착했다. 그리고 적이 멀리 보이면 화포로 공격하는 방식을 택했고, 일본 수군이 배를 붙여 등선하지 못하게끔 판옥선 위에 지붕을 덮어 철심을 박았다. 이를 위해 거북선까지 개발한 것이다. 그 결과는 23전 23승이라는 엄청난 기록으로 돌아왔다. 싸우는 방법만 바꿔도 전쟁을 얼마든지 유리하게 끌고길 수 있다.

여기 하나의 어려운 수학 문제가 있다고 치자. 여러분은 이 문제를 어떻게 풀어갈 것인가. 아마도 어떤 이들은 공식부터 찾기 시작할 것이다. 이미 정해진 공식대로 외워서 풀면 문제가 쉽게 해결될 거라 믿기 때문이다. 그런데 또 다른 이들은 공식에 갇히지 않고 자기만의 방식으로 문제를 풀어가기 시작한다. 스스로 고민하고 답을 탐구하는 과정 자체를 즐기며 새로운 시도를 거듭하며 끝내 답을 찾아낸다. 창의적인 사고를 할 줄 아는 이들의 경우다. 여러분은 두 부류 중 어느 쪽에 속하는가. 단언컨대 전자일 가능성이 크다. 공식대로 푸는 것이 훨씬 더 쉽고 시간도 절약할 수 있으니까. 반면 나만의 방법을 찾는다는 것은 굉장히 큰 용기를 필요로 한다. 새로운 것을 시도하는 것 자체가 어려운 일이지만, 용기를 낸다 해도 과정이 쉽지 않다. 필연적으로 시행착오가 따르기 마련이라 그렇다. 굳이 그런 수고를 하지 않아도 문제를 쉽게 풀 수 있는 방법이 있다면 당연히 그 길을 택하지 않겠는가.

나 또한 마찬가지였다. 문제가 생기면 공식부터 찾았고 정해진 답을 쫓았다. 하지만 『손자병법』에 심취하고 나서부터는 달라지기 시작했다. 어떤 문제를 풀든 나만의 방법을 찾는 힘을 키워야 나만의 새로운 경쟁력이 생긴다는 사실을 깨달았기 때문이다. 예를 들어 이런 것이다. 내가 약 100여 명의 병사를 지휘하던 포대장 시절의 일이다. 그때 나는 독립적으로 1개의 포대를 이끌고 있었다. 보통은 4개의 포대가 하나의 대대를 이뤄 같은 지역에 근무하지만 우리 포대만은 대대 지역에 있지 않고 대대로부터 약 10km 전방에 있었으며 군사분계선인 DMZ에 가까이 있었다. 당시 우리 포병은 105mm 포를 사용했는데 사거리가 11km밖에 나오지 않는 약점이 있었다. 유사시 북한을 효과적으로 공격하기 위해선 최대한 포를 깊숙히 보낼 수 있는 부대가 필요했는데, 바로 그 역할을 우리 포대가 하기 위해서 독립적인 활동을 이어갔다. 이런 이유로 우리 포대는 다른 부대들과 달리 최대한 북한 전방과 인접한 지역, 그것도 849m 해발고도를 자랑하는 산악지에 자리를 잡아야 했다. 당시엔 최전방 부대를 이끈다는 사명감에 힘든 줄도 모르고 근무를 했지만 지금 생각해도 엄청난 험지였다. 산 꼭대기 8부능선에 부대가 자리하고 있었으니 말이다. 그곳에서 지내는 동안 우리나라가 4계절이란 사실을 잊을 때가 많았다. 체감할 수 있는 계절은 오직 여름과 겨울 뿐. 여름엔 수시로 비가 왔고 겨울엔 강풍과 폭설을 동반한 추위가 극성을 부렸다. 그뿐인가. 부대까지 올라가는 길은 온통 비포장도로였을 뿐 아니라 가파르고 험한 산길이었다. 그래서 조금이라도 비나 눈이 내리면 차가 다니지 못했다. 그렇게 1년의 1/3은 고립된 채 마치 우리 부대만 유배된 듯한 나날을 보내야 했던 것이다. 상황이 그렇다보니 부대 분위기는 항상 침체돼 있었다. 병사들은 늘 침울해 있었고 겨울엔 특히 심했다. 그 해맑은 청춘들이 삭막한 환경에 점차 정서가 메말라 가는 것이 늘 눈에 밟혔고 안쓰러웠다. 그러던 중 군 부대 건물들에 도색을 해야 하는 시기가 다가왔다. 식당이나 막사, 창고 벽에 색을 칠하는 건데, 군에서의 도색은 위장을 위한 방법으로 쓰인다. 보통 산악지대에 있는 부대들은 회색톤이나 국방색으로 도색을 하는 것이 통상적이다. 어디서나 무난하게 두루 쓰이며 눈에 잘 띄지 않는 회색, 그리고 주변 나무나 숲과 비슷한 국방색이야 말로 위장을 위한 도색에 딱 어울리니 말이다. 하지만 나는 그때 도색의 방법을 바꿔보면 어떨까 싶은 생각이 들었다. 가뜩이나 침울한 병사들에게 칙칙한 색깔들만 보여주는 것이 미안했던 것 같다. 도색의 방법만 바꾸면 장병들의 기분 전환에 도움이 될 수 있을 것 같았다. 마침 그때 우리 부대에는 그림을 무척 잘 그리는 병사가 있었다. 가정 형편이 어려워 미대에 진학을 하진 못했지만 손재주가 뛰어나서 화가를 꿈꾸는 친구였다. 그 병사에게 혹시 막사 벽에 그림을 그려줄 수 있겠느냐고 물었다. 숲에 사는 기린이나 사슴 같은 동물 그림을 요청한 건데 그 병사도 흔쾌히 그리겠다고 했다. 그 길로 유색 페인트를 조달했다. 당시 유색 페인트 값이 상당히 비쌌기 때문에 비용적인 부담이 컸던 걸로 기억한다. 군대의 소박한 운영비로는 감당하기 힘들 정도였기에 나는 사비까지 털어야 했다. 병사들은 왜 이렇게까지 하나 싶었는지 모두들 어리둥절해 했지만 시간이 지날 수록 곧 수긍하는 분위기였다. 사방이 삭막했던 부대에 아기자기한 그림이 그려지고 알록달록한 색으로 생명력이 입혀질수록 병사들의 표정까지 밝아지기 시작한 것이다. 그림이라는 것이 사람들 정서에 얼마나 큰 위로를 주는지 새삼 느낄 수 있었다. 여러가지 색깔을 입혔을 때 위장 효과가 떨어질까 우려도 되었는데, 숲과 조화를 이루는 그림들이다보니 위장술 면에서도 더 효과가 좋았다. 당시 부대에 방문한 대대장이나 연대장들도 벽화를 보고 무척 좋아했던 기억이 난다. 지금이야 벽화가 흔해졌지만 1990년대 당시만 해도 벽에 그림을 그린다는 것은 굉장히 이례적인 일이었기에 더욱 빛이 났다. 결국 그 벽화로 인해 우리 독립포대는 벽화 부대로 이름을 알리게 되었고 무엇보다 병사들의 정서 순화에 큰 효과를 거뒀다. 그것만이 아니라 군 전략적으로도 위장 효과가 있었다. 나로서는 더 바랄 게 없었다. 간단히 도색의 방법만 달리했을 뿐인데 1석 2조의 효과를 톡톡히 누린 것이다. 지금도 그때 함께 했던 장병들을 만나면 누구 하나 예외없이 벽화 얘기를 꺼낸다. 자신들의 삭막했던 군 생활을 아름다운 벽화의 기억으로 간직할 수 있게 해줘서 고맙다는 인사와 함께. 나에게도 더없이 뿌듯한 추억이다.

방법을 바꿔서 놀라운 효과를 거둔 사례는 또 있다. 한미연합사령부 부사령관 시절의 이야기다. 한미연합사령부는 한국군과 주한미군을 통합해서 지휘하는 최고 전쟁 지휘 사령부이다. 나는 2017년부터 2019년까지 1년 6개월간 그곳에서 부사령관직을 수행했는데 당시 가장 공을 들여야 하는 부분 중 하나가 장병들의 영어 실력을 키워주는 것이었다. 한미연합사령부에서는 미군과 한국군이 거의 동등한 숫자로 배치 되고, 같은 사무실에서 함께 근무를 한다. 그래서 보다 업무를 수월하게 수행하려면 영어 실력이 중요했다. 물론 한미연합사의 장병들은 기본적인 영어 실력을 갖추고 있었지만 미군들과 스스럼 없이 대화를 하려면 원어민 수준의 회화가 가능해야 했기에 꾸준히 영어 실력을 업그레이드 해야 했다. 나는 어떻게 하면 장병들이 영어 공부를 쉽게 할까 고민하다가 한 가지 방안을 떠올렸다. 군에서 이뤄지는 모든 업무 보고와 관련 브리핑을 전부 영어로 시키는 것이었다. 장병들은 하나같이 울며 겨자 먹기로 영어 공부에 매달렸다. 노력한 만큼 영어 실력이 늘어가는 게 눈에 띄었다. 하지만 상관 앞에서 한국말로 보고하는 것도 부담스러운 마당에 전부 영어로 하려니 얼마나 스트레스가 컸겠는가. 단기간 학습 효과를 끌어올릴 순 있어도 장기간 계속 이어나가긴 어려울 것 같다는 판단이 들었다. 그래서 나는 또 고민하기 시작했다. 어떻게 하면 장병들에게 스트레스 없이 영어와 친해지게 할 수 있을까. 방법을 바꾸려 고민했더니 금세 좋은 아이디어가 떠올랐다. 그것은 바로 영어 연극이었다. 당시 한 과에 5명에서 10명 정도가 속해 있었는데 과별로 유명한 미국 영화를 고르게 한 후 영화 속 주인공들의 배역을 각각 나눠 갖게 했다. 그리고 자신이 맡은 역할에 맞게 영어 대사를 외워 연극을 하게 했다. 효과를 극대화하기 위해서 3개월 후 과별 발표회를 하기로 했고 우승팀에 상장과 두둑한 포상금도 걸었다. 그렇게 놀라운 기적이 시작됐다. 장병들은 자의 반 타의 반으로 매일 한두 시간씩 과별로 모여 영어 대사 연습을 하기 시작했는데 어색한 것도 잠시, 서로 눈에 띄게 친해지기 시작했다. 영화 속 대사 그대로 따라만 하면 되니 영어 공부에 대한 스트레스를 크게 받지 않았고, 서로 대사를 주고받고 장난도 치며 영어에 흥미를 느끼게 된 것이다. 어느새 영어는 힘들게 공부해야 하는 대상이 아니라 소통하는 도구로써 인식되기 시작했고, 그만큼 영어로 말하는 데 재미가 붙는 듯했다. 3개월 후 각자 연극 무대까지 성공적으로 마친 후에는 영어에 대한 자신감이 붙은 듯했다. 실제로 함께 참여했던 장병들 모두 영어 실력이 일취월장한 것을 확인했을 땐 나도 놀라움을 감출 수 없었다. 그야말로 연극이라는 새로운 방법을 통해 영어라는 힘겨운 상대와의 싸움에서 완승을 거둔 것이다. 그 뒤로 발표회는 꾸준히 지속되었다.

혹시 여러분들도 인생에서 도저히 넘을 수 없을 것 같은 산을 마주하고 있는가. 그렇다면 한 가지만 기억하라. 혹시 내가 너무 한 가지 방법만 고집하지 않았는지, 익숙한 방법으로만 문제를 해결하려 하지 않았는지부터 살펴라. 그리고 그동안 단 한 번도 생각해보지 않았던 창의적인 방법을 고민해 보라. 그러면 곧 새로운 시야가 열리고 그동안 미처 생각하지 못했던 당신만의 해법이 떠오를 것이다. 손자의 가르침대로 내가 그랬던 것처럼. 처음엔 어려울지 몰라도 한 번 두 번 반복하다보면 생각의 근력이 생겨날 것이고 보다 인생을 수월하게 헤쳐나갈 수 있을 것이다.

뉴노멀 시대 성공 전략 요소 4

장소

우리는 누구나 공간 속에서 살아간다. 공간은 저마다 특성을 갖는데, 어떤 공간에 있느냐에 따라 우리는 크고 작은 영향을 받는다. 예를 들어 집에서는 공부가 잘 안 되는데 공간을 변화시켜 도서관에 가면 거짓말처럼 갑자기 공부가 잘 되는 경험을 한 번씩은 해봤을 것이다. 좋아하는 장소에 가면 기운이 나고, 싫어하는 장소에 가면 힘이 빠지는 건 당연지사다. 이것은 다시 말해 여러 가지 여건 중 장소만 잘 바꿔도 경쟁의 판을 내게 유리한 쪽으로 바꿀 수 있다는 얘기가 된다.

손자 역시 공간의 중요성을 언급하며 전쟁 지역의 특성이 전쟁 승패에 아주 큰 영향을 미친다고 했다. 그래서 손자는 『손자병법』에 지地에 관한 내용을 아주 소상히 기술했다. 지地는 원근遠近, 험이險易, 광협廣狹, 사생死生으로 설명할 수 있다. 여기서 원근은 멀고 가까움, 험이는 험하고 평탄함, 광협은 넓고 좁음, 사생은 동식물이 살 수 있는가 없는가를 말한다. 즉, 사생의 사지는 부대가 머물러 있을수록 점점 불리한 지형이고, 생지는 부대가 머물러 있으면 점점 강해지는 지리적 여건을 뜻한다. 손자는 아군의 전투력이 적군보다 열세하면 험한 지형, 좁은 지형에서 전투하며 지형의 이점을 살려야 한다고 강조했다. 예를 들어 내가 힘이 강할 땐 전장이 넓고 트인 지역, 내가 약할 땐 험하거나 좁은 지형이 유리하다고 했다. 또한 손자는 "나는 생지에 있되, 적은 사지로 몰아야 쉽게 이긴다"고 강조했다. 손자가 말한 생지란 동식물이 살 수 있고 나에게도 유리한 장소를 말한다. 반면 사지는 동식물이 살지 못하고 머무를수록 내게도 불리한 장소를 의미한다. 즉 사막과 같이 동식물이 살지 못하는 척박한 지역은 전형적인 사지다. 학생에게 있어 도서관이나 학교는 생지라고 볼 수 있다. 왜냐하면 자기가 점점 발전하게 되기 때문이다. 그렇지만 학생에게 공부에 방해가 되는 곳은 사지가 될 수 있을 것이다. 그래서 우리는 생지를 활용해 유리한 판을 만들어가도록 노력해야 한다.

우리가 일상을 살아가다 보면 장소의 제약을 핑계로 게으름을 피울 때가 많다. 공부할 곳이 없어서, 직장이 너무 멀어서, 주변에 헬스클럽이 없어서 등등 핑계를 손에 꼽자면 열 손가락을 다 써도 모자란다. '장소'는 그렇게 우리의 행동을 결정하고, 무언가를 수행하는 데 있어 가장 기초적인 기반이 된다. 내가 군에 있을 때도 '장소'가 걸림돌이 될 때가 많았다. 강원도 인제에 있는 3군단장을 지낼 때 이야기다. 당시 3군단 사령부는 대한민국에서 유일하게 면 소재지에 자리하고 있었다. 보통 군단 사령부는 주로 시 단위에 자리하고 있지만 강원도 여건 상 규모가 큰 도시가 거의 없다시피 하니 달리 선택할 방법이 없었다. 문제는 군단 간부들이 수백 명 이상 근무를 하는데 주변 시설이 변변치 않은 것이었다. 도시에는 흔한 극장이나 쇼핑센터, 백화점은 언감생심이요 식당조차 몇 개 되지 않았다. 상황이 이렇다보니 간부들이 근무를 마친 후 마땅히 할 일이 없다는 것이 가장 큰 문제였다. 한참 의욕에 넘치는 나이다보니 자기 계발을 위해 새롭게 배우고 싶은 게 많을 터. 하지만 그 흔한 영어 학원도 제대로 없었으니 매일같이 허송세월하기 바빴다. 딱히 할 일이 없으니 퇴근 후 대부분의 간부들이 옹기종기 모여 술자리 갖기 바빴는데, 술만 마시면 늘 크고 작은 사고가 따랐다. 술자리를 단속하며 자기 계발의 시간을 가지라 충고하면, 주변에 갈 곳이 없다는 불만만 더 커져갔다. 어떻게 해결해 줄 방법은 없고 정말 답답한 노릇이었다. 그대로 두고 볼 수만 없던 나는 어떻게 하면 간부들에게 자기 계발의 기회를 줄 수 있을지 고민했는데 찾아보니 방법이 아예 없지 않았다. 당시 군단사령부에는 곳곳에 쓸만한 공간이 많았다. 넓은 강당과 부대 내 교실이 있었고 주변 군 아파트에는 체육시설도 있었다. 장소의 제약이 있다고 생각했는데 오히려 쓸만한 장소는 많았다. 다만 간부들에게 수업을 해줄 선생님들은 찾기가 쉽지 않았다. 지금이야 코로나 시대를 거치며 비대면 화상 과외 등이 폭 넓게 활용되고 있지만 당시 강원도에선 영어나 스포츠 등에서 전문성 있는 선생님 찾기가 하늘의 별 따기나 다름없었다. 그런데 다행히 비빌 언덕이 있었다. 아무리 면 소재지라도 주변에 초등학교가 있으니 그곳에서 활동하고 있는 선생님들께 도움을 구해볼 수 있었던 것이다. 영어의 경우 원어민 선생님들이 이미 수업을 하고 있었기에 걱정이 없었다. 테니스나 배트민턴의 경우도 코치들을 통해 가르쳤고, 캘리그라피, 시 낭송 등 지역 곳곳의 숨은 인재들을 찾아낼 수 있었다. 그렇게 선생님들을 물색하다보니 군 부대 안에도 좋은 선생님들이 있다는 것을 깨달았다. 군에 오기 전에 이미 예체능 쪽으로 소질이 있어서 기본기부터 탄탄히 배워온 간부들 말이다. 예를 들어 군악대 원사들의 경우 트럼펫을 정말 잘 불었다. 보통 30년 가까이 트럼펫을 배워온 친구들이다 보니 일반 강사들보다 훨씬 전문성을 갖춘 상태였다. 그런 친구들에겐 트럼펫 동아리를 만들어 지도하게 했다. 이렇게 하나둘 선생님을 모으다보니 제법 전문성 높은 선생님들과 함께하는 일주일 프로그램이 갖춰졌다. 장병과 간부들 모두 멀리 가지 않고 군대 내에서 자기 계발을 할 수 있게 되니 무척 열심이었다. 어떤 친구들은 3~4개씩 수강하며 열정을 불태웠고, 수업 만족도 또한 최상이었다. 재미 없고 심심했던 저녁에 활기를 불어넣어주니 낮에도 긍정적인 효과가 나타났다. 자기 계발을 통해 충분한 쉼과 힐링, 그리고 자기 성장의 기회를 갖게 되니 매사에 자신감이 넘쳤고, 업무 시간에 더욱 의욕적으로 일하게 된 것이다. 왠만한 도시 지역에 있던 간부들보다 자기 역량을 더 높게 키워서 간부들의 능력이 더 향상되고, 스스로 행복해 하는 것을 보니 마냥 뿌듯했던 기억이 난다. 갈 곳이 없다는 생각에 갇히지 않고, 갈 곳을 만들면 된다는 역발상! 선생님을 찾아갈 장소가 없으면 선생님을 내가 있는 장소로 모셔오면 된다는 역발상! 이런 생각의 차이가 내가 있는 공간과 장소의 가치를 무한하게 바꿀 수 있다는 것을 다시금 깨달았다. 혹시 지금 이 순간에도 장소 탓만 하고 있는가. 장소를 탓하기 전에 내가 무언가를 얼마나 절실히 원하고 있는지부터 고민하라. 그리고 나서 반드시 할 수 있다는 긍정의 마인드로 다시 장소에 대해 고민해보라. 바로 그곳에 새로운 길이 열려 있을 것이다

뉴노멀 시대 성공 전략 요소 5

시간

경쟁하는 '시간'을 바꿔 경쟁의 판을 유리하게 만들 수도 있다. 손자는 적에게 끌려가지 말고 내가 싸울 장소와 시간을 선택해 적을 그곳으로 끌어들이라고 말했다. 그렇게 할 수만 있다면 내가 주도권을 가지고 내가 유리하게 판을 끌고갈 수 있다고 했다. 만물은 변화한다. 1년 단위로 보면 봄, 여름, 가을, 겨울 계절의 변화가, 하루 단위로 보면 낮과 밤의 변화가 존재한다. 이에 따라 우리는 컨디션이 바뀌고 체력 조건이 달라지곤 한다. 그렇기 때문에 과거에 전쟁을 치를 땐 이런 시간의 흐름 역시 전략의 중요한 요소가 되었다. 손자 또한 적군을 상대할 때는 내가 유리한 시간에 싸워서 적에게 끌려가지 말아야 한다고 강조했다.

그런데 우리는 시간을 아예 염두에 두지 않는 경우가 많다. 시간이 내가 선택할 수 있는 요소임을 알지 못하는 것이다. 낮에는 낮에 하던 일, 밤에는 밤에 하던 일, 이렇게 고정된 사고방식에 사로잡혀 있다. 하지만 그 개념을 바꾸면 승리할 수 있는 길이 넓어진다. 기업이나 개인 역시 어떤 전략이나 계획을 세울 때 무엇보다 시간을 잘 고려해야 한다. 누구에게나 공평하게 주어지는 것이 시간이지만 어떻게 운용하느냐에 따라서 그 결과가 크게 달라질 수 있기 때문이다.

뉴노멀 시대 성공 전략 요소 6

심리

마지막으로 전략에 활용할 수 있는 여섯 번째 요소는 '심리'다. 사람은 행동하는 데 있어서 심리의 영향을 많이 받기 마련이다. 심리가 편안할 때는 보다 일에 집중할 수 있고 심리적으로 불안할 때는 이성적이지 못한 행동을 보이기도 한다. 그런데 사람의 심리는 기상이나 시간과 같은 외부 요소에 아주 민감하게 반응하기 마련이다. 이를 잘 알고 전략을 짤 때 상대방의 심리를 잘 이용하면 경쟁의 판을 유리하게 바꿀 수 있다.

손자도 전쟁을 할 때 심리전이 중요하다고 강조했는데, 놀란 병사는 총을 떨어뜨린다는 말을 한 번쯤 들어봤을 것이다. 전쟁에서 이기고자 한다면 적의 병사들 사기를 흔들고 적 장수의 심리를 흔들어야 한다는 것을 뜻하는 말이다. 심리적으로 공황이 발생한 부대는 무기를 가지고 있어도 전투력을 발휘할 수 없다. 반대로 상대가 침착하고 이성적이라면 정확한 판단을 내리고 보다 전투적으로 싸울 확률이 높다. 따라서 전쟁에서 이길 확률을 높이려면 적의 심리를 흔들어서 이성적인 판단을 하지 못하게 만들고 실수를 유도해야 한다.

기업 경영에서도 심리는 아주 중요한 요소다. '심리와 사기'에 관해 다룬 앞장에서도 강조했듯이 외부 경쟁 기업들과의 심리전, 그리고 내부 조직원들의 심리를 잘 통제해야 보다 높은 성과를 낼 수 있고 효율적인 조직 운영이 가능하다. 특히 대기업일수록 직원들의 심리를 잘 다스리는 것이 중요하다.

심리를 이용해 성공한 디즈니·픽사

조직원들이 자발적으로 즐겁게 일할 수 있는 역동적인 기업 문화가 갖춰졌을 때 기업이 얼마나 강한 경쟁력을 보이는지 잘 보여주는 사례가 있다. 바로 미국의 유명한 애니메이션 기업 디즈니Disney·픽사Pixar의 이야기다. 디즈니는 영화 〈라이언 킹The Lion King〉 이후 12년 동안 히트작이 없었다. 이유는 하나다. 성공에 대한 압박에 시달려 성과를 좇기 급급했던 탓이다. 이를테면 "1년에 히트할 영화 몇 개를 만들어라" 하는 식으로 강제로 시키는 문화가 자리한 데다 예산을 낭비하면 안 된다는 압박까지 주어졌기 때문에 조직원들은 하나같이 몸을 사릴 수밖에 없었던 것이다. 그 어떤 분야보다 크리에이티브한 사고를 해야 하는 디즈니 직원들에겐 그야말로 일하기 힘든 여건이었다. 성과주의에 내몰려서 새로운 아이디어를 창출할 수 없는 환경에 놓였던 것이다.

그런데 디즈니가 픽사를 인수한 후 분위기는 급변하게 된다. 디즈니·

픽사가 된 후 얼마 되지 않아 〈겨울왕국Frozen〉을 히트시키며 화려하게 부활한 것이다. 과연 픽사는 어떻게 디즈니를 바꿔놓았던 걸까? 그 답은 픽사의 조직 문화에 있었다. 픽사는 디즈니와 달랐다. 직원들이 자발적으로 재미있게 일할 수 있는 문화가 만들어져 있던 것이다. 서로 경쟁하지 않고 서로 도와줄 수 있는 문화가 형성되었기 때문이다.

그런 문화가 생겨난 배경은 이렇다. 픽사가 디즈니와 합병 후 첫 번째 장편영화 〈토이 스토리Toy Story 1〉을 만들 당시의 이야기다. 그때 픽사는 일찍이 성공 경험이 많았던 디즈니로부터 여러 가지 코치를 받아야 했다. 대부분의 작업을 시키는 대로 해야 했던 것이다. 그런데 결과가 좋아지긴커녕 점점 더 나빠졌다. 회사가 망가지는 걸 두고 볼 수 없었던 픽사는 중대한 결정을 내린다. 디즈니의 기존 성공 방식을 모두 버리고 본인들 스스로 만들고 싶은 것을 재미있게 만들기로 한 것이다.

그렇게 온전히 픽사의 방식으로 즐겁게 일한 결과는 어땠을까? 〈토이 스토리 1〉은 대성공을 거뒀고, 픽사의 구성원들은 본인들이 즐겁게 영화를 만들면 성공을 거둘 수 있다는 자신감을 얻게 되었다. 물론 픽사가 단지 즐겁게만 작업을 했던 건 아니다. 만족할 만한 작품이 나올 때까지 백 번이고 만 번이고 수정하는 건 기본이었다. 1mm의 아주 작은 차이까지도 그냥 넘어가지 않는 완벽함을 추구했다. 즐겁게 일하는 만큼 치열하게 완벽함을 추구했던 것이다.

또한 일을 하면서 자신이 맞다고 생각하는 의견은 직책과 나이에 상관없이 누구나 자유롭게 어필할 수 있는 문화가 만들어져 있었다. 물론 출퇴근이 자유롭고 자신이 원하는 자유시간을 충분히 가질 수 있었던 것은 기본이다. 이런 분위기가 조성되어 있다 보니 픽사는 구성원들 모두 협업을 조화롭게 해낼 수 있었다. 이런 픽사의 조직 문화는 디즈니에게 그대로 이식되었고, 그 힘으로 디즈니·픽사는 다시 화려하게 부활할 수 있었던 것이다. 성과주의에 내몰렸던 디즈니와 스스로 즐겁게 일할 수 있는 조직 문화를 가진 픽사. 그 차이점이 기업 운영에 있어서, 특히 조직원을 다루는 데 있어서 '심리'가 얼마나 중요한지를 깨닫게 해준다. 이것이 뉴노멀 시대 성공 전략의 6요소에 심리가 빠지지 않는 이유이기도 하다.

뉴노멀 시대 성공 전략 6요소를 활용한
지렛대 법칙

이렇게 해서 우리가 뉴노멀 시대 성공 전략의 6요소를 하나씩 짚어봤다. 이제 중요한 것은 이것을 어떻게 활용하느냐다. 방법은 어렵지 않다. 먼저 적절한 목표를 세우고 그에 맞게 수단과 방법을 고안한 다음, 시간과 장소, 심리를 우선적으로 고려해 실전에 적용하면 되는 것이다. 이것이 바로 뉴노멀 시대 성공 전략 6요소를 지렛대로 사용해 최소한의 노력으로 최대의 효과를 거두는 방법이다.

만약 전쟁이나 기업 경영, 개인의 업무 전략 수행 시 문제 상황에 봉착했다면 어떻게 해야 할까? 이때 뉴노멀 시대 성공 전략 6요소 중 한두 개 요소만 바꾸면 문제를 쉽게 해결할 수 있다. 대부분의 경우엔 고정된 틀 안에서 해결책을 찾으려고 하니 문제가 풀리지 않는다. 하지만 6요소 중 한두 개 요소만 바꿔도 문제가 의외로 쉽게 해결되는 경우가 많다. 이 한두 개 요소가 실제로 최소 노력으로 최대 효과를 내게끔 하는 지렛목이 되는 것이다.

성공 전략의 6요소를 활용한 지렛대 법칙으로 성공한 후지필름

실제로 이 6요소 중 한두 개를 바꾸어 쉽게 성공한 사례가 있다. 사진 찍는 것을 좋아하는가? 사진을 찍으려면 필름 카메라가 있어야 했던 시절이 있었다. 당시 코닥Kodak과 후지필름FujiFilm은 필름 시장을 주름잡는 1, 2위 기업이었다. 하지만 디지털 카메라의 등장으로 필름 카메라가 시대의 유물로 전락하자 두 라이벌 기업의 운명은 엇갈리게 된다. 시장 1위였던 세계적 기업 코닥은 디지털 카메라의 위세에 밀려 2012년 결국 파산하고 말았다. 하지만 코닥에 이어 필름업계 2위였던 후지필름만은 아직까지도 생존해 건재한 기업으로 남았다.

변화의 격랑 속에서 코닥은 실패하고 후지필름은 살아남을 수 있었던 비결은 무엇일까? 바로 목표의 변화다. 2000년을 정점으로 필름 시장의 규모가 매년 20~30%씩 감소했다. 1980년부터 필름 카메라가 사양산업이 될 것이라는 전망이 흘러나왔는데, 그것이 현실로 나타나기 시작한 것이다. 상황이 이러하자 후지필름은 경쟁사 코닥을 타도하겠다는 기존의 목표에서 필름 산업에서 필사적으로 탈출하겠다는 것으로 목표를 전면 수정한다. 후지필름은 후지필름 내부의 핵심 능력과 기술에 주목했다. 필름을 만들 때 사용되는 기술은 다양했다. 이러한 기술과 능력을 다른 분야에 적용해서 성장하자는 목표로 수정한 것이다.

목표를 바꾸자 회사는 당장 할 일이 많아졌다. 2004년, 후지필름은 먼저 필름공장을 폐쇄하고 판매·유통망들을 정리해나갔다. 이것은 필름 산업에서 다른 산업으로 변화하기 위한 준비이기도 했다. 2006년까지 5,000명의 인력을 감축해나가는 등 대대적인 구조조정을 실시했다. 이러한 과감한 구조조정은 특히 보수적인 일본 사회 특성상 쉽지 않은 결정이었지만, 평사원부터 최고경영자까지 올라간 고모리 시게타카[古森重隆]의 강력한 리더십에 의해 이뤄졌다.

그리고 후지필름은 새로운 성장 동력을 모색하는 데 나섰다. 당시 디지털 카메라를 만드는 데 전면적으로 나서야 한다는 내부 의견도 있었지만, 고모리 시게타카 회장의 생각은 달랐다. 고모리 회장은 디지털 카메라 시장에서는 이미 소니SONY, 니콘Nikon, 캐논Canon, 미놀타Minolta 등 쟁쟁한 경쟁자들이 있어 승부를 내기 어렵다고 판단했다. 그리고 단기적 성과가 아니라 장기적 안목으로 내부 핵심 역량을 살려 사업을 확장하는 길을 택했다. 후지필름은 축적해온 20만 개의 방대한 화학물질 데이터와 얇은 막을 균질하게 여러 겹 쌓아올려야 하는 필름제조 기술을 활용하여 LCD 패널용 편광판, 필름 재료인 콜라겐과 필름 변색을 막는 항산화물질을 이용한 기능성 화장품, 화학합성 데이터베이스에 기반한 제약사업 등을 전개했다. 전혀 무관해 보이는 영역이었지만 진정한 강점을 활용해 사업 영역을 확장했고, 결과는 성공적이었다.

예를 들면 필름과 무관해 보이는 화장품 산업으로 산업을 확장했다. 후지필름이 가지고 있는 핵심 기술인 필름 변색을 막는 항산화물질을 화장품에 적용한 것이다. 필름은 시간이 지나면 변색한다. 필름이 변색되면 최초의 필름과 같은 사진을 만들 수 없게 된다. 그래서 후지필름은 많은 연구를 했다. 그 덕에 항산화물질에 대한 핵심 기술과 능력을 보유하게 되었다. 사람의 피부도 나이가 들면서 노화한다. 이러한 노화를 지연시켜 나이보다 젊게 보이게 하기 위한 화장품이 인기가 있다. 후지필름은 이것에 주목했다. 필름 기술에 적용되는 항산화물질 기술을 화장품에 적용하기로 한 것이다. 그렇게 출시된 화장품은 후지필름이 다시 부활하는 발판이 되었다.

반면 코닥은 디지털 카메라를 가장 먼저 만들고도 디지털 카메라가 필름 카메라의 시장을 잠식할 것을 우려했다. 코닥은 아날로그 필름 시대를 낙관하며 필름 카메라가 앞으로도 유효할 것이라 생각했다. 시대 변화의 바람이 불고 있었지만 코닥은 여전히 필름 시장 점유율 1위를 지키는 일을 목표로 삼고 몰두하는 착오를 범한다. 그 결과 코닥은 적극적으로 새로운 시장을 개척하지 않아 쇠락의 길을 걷게 되었다.

이 두 기업이 우리에게 시사하는 것은 하나다. 한 번 큰 성공을 거둔 기업이라도 경영 환경이 변화하고 위기가 닥칠 땐 새롭게 전략을 수정할 필요가 있다는 것, 그리고 그 답을 찾기가 어려울 땐 성공 전략의 6요소를 염두에 두면 쉽게 길을 찾을 수 있다는 것이다. 그것이 바로 성공 전략 6요소를 활용한 지렛대 원리다.

지렛대 효과를 누려라

이런 지렛대 원리는 우리 일상에서도 쉽게 활용할 수 있다. 서로의 부족한 부분을 채워서 효과를 극대화하는 것이다. 사람은 누구나 강점이 있는 반면 약점도 있고, 나에게는 부족하지만 상대방에게는 넘치는 것이 있기 마련이다. 또 나는 하기 싫지만 상대방은 좋아하는 일도 있다. 이러한 사람들끼리 모여서 상대방의 장점을 지렛대 삼아 어떤 일을 도모한다면 최대의 효과를 낼 수 있다.

이런 효과는 팀 프로젝트에서 가장 빛을 발한다. 가장 대표적인 것이 영화를 만드는 일이다. 영화 한 편을 만들기 위해서는 적게는 수십 명에서 많게는 수백 명의 스태프staff가 필요하다. 그들 각자에게는 자신만의 고유한 재능이 있다. 어떤 사람은 촬영은 잘 하지만 글은 잘 못 쓰거나 쓰기 싫어한다. 그런 사람은 글을 잘 쓰는 사람에게 시나리오를 써달라고 하면 된다. 또 어떤 사람은 그림을 잘 그려서 영화의 세트 디자인을 멋지게 할 수 있지만 음악에는 별 재능이 없다. 그럴 땐 작곡가가 그 디자인에 어울리는 음악을 작곡하면 되는 것이다. 이렇게 서로가 서로의 지렛대가 되면 영화 한 편을 만들어내는 것도 어렵지 않게 해낼 수 있다.

일반적인 회사에서도 마찬가지다. 누군가는 사람을 만나 대화하고 영업하는 능력이 탁월하지만 손재주는 없다. 또 어떤 사원은 손재주가 좋아 생산 현장에서 물건을 만들어내는 일에 적합하지만 사람을 만나 대화하는 일에는 별로 흥미가 없다. 이러한 사람들이 서로를 지렛대 삼아 최종적으로 하나의 프로젝트를 완성해낼 때 비로소 기업이 쉽게 돌아갈 수 있는 것이다.

지렛대 원리의 범위를 더 넓혀보면 부부 사이에도 적용할 수 있다. 세상에 전혀 싸우지 않고 사는 부부가 있을까? 전혀 다르게 살아왔던 두 남녀가 함께 만나 살다 보면 이래저래 가끔 싸우게 된다. 이때 가장 중요한 것은 싸우지 않는 것보다 싸운 후에 잘 화해하는 것이다. 하지만 일반적인 사과로 배우자의 마음을 풀어주는 것이 쉽지 않을 때가 있다. 이럴 때도 지렛대의 원리를 이용할 수 있다. 예를 들어 평소 집에서 사과를 해도 안 통한다면 장소를 바꿔서 근사한 레스토랑에서 사과를 하는 것은 어떨까. 새로운 장소에서 분위기를 급반전시킬 수 있을 것이다. 혹은 사과하는 수단을 바꿔 평소처럼 말로 하는 것이 아니라 정성껏 쓴 손편지로 자신의 진심을 전달하는 것은 어떨까. 오해로 닫혀 있던 마음도 쉽게 열 수 있을 것이다.

이처럼 성공 전략의 6요소 중에서 한두 개만 바꿔도 나에게 불리했던 판을 유리하게 바꿀 수 있고, 수많은 장애물들도 쉽게 뛰어넘을 수 있다. 최근에 유행했던 신조어 중에 '노오력'이라는 말이 있다. 아무리 노력해도 더 나아지지 않는 현실을 비관하는 말이다. '노오력'이 더 이상 헛되지 않고 실제 성과로 이어지게 하는 방법, 그것이 바로 성공 전략의 6요소와 지렛대의 법칙이다. 최소의 노력으로 최대의 효과를 얻을 수 있는 그 방법이야말로 내가 『손자병법』을 통해 깨달은 가장 값진 진리다.